"十二五"职业教育国家规划教材
经全国职业教育教材审定委员会审定

汽车发动机机械维修

（第2版）

主 编 郭 彬
副主编 邱 平
参 编 陈生枝 沙 颂 郭伟东
主 审 杨益明

国防工业出版社
·北京·

内 容 简 介

本书以任务驱动为编写思路，根据企业一线具体工作任务来重构专业知识和技能。全书以汽车发动机机械维修作为学习对象，设置了发动机基本认识、汽缸盖和配气机构的检修、汽缸体和曲柄连杆机构检修、冷却系统的检修、润滑系统的检修、发动机总装、调试与磨合6个项目，共计17个训练任务。项目完成后，通过自我测试题，及时检查学习效果。

本书可作为高职高专院校汽车类专业的教材，也可供从事汽车维修与服务的技术人员参考。

图书在版编目（CIP）数据

汽车发动机机械维修 / 郭彬主编. —2版，—北京：国防工业出版社，2015.3（2016.7重印）
"十二五"职业教育国家规划教材
ISBN 978-7-118-10001-3

Ⅰ.①汽... Ⅱ.①郭... Ⅲ.①汽车—发动机—车辆修理—高等职业教育—教材 Ⅳ.①U472.43

中国版本图书馆 CIP 数据核字(2015)第 019903 号

※

国防工业出版社 出版发行
（北京市海淀区紫竹院南路23号 邮政编码100048）
天利华印刷装订有限公司印刷
新华书店经售

*

开本 787×1092 1/16 印张 14½ 字数 333 千字
2016年7月第2版第2次印刷 印数 3001—6000 册 总定价 34.80 元 教材 29.00元 工作单 5.80元

（本书如有印装错误，我社负责调换）

国防书店：(010)88540777 发行邮购：(010)88540776
发行传真：(010)88540755 发行业务：(010)88540717

前 言

为了满足我国汽车维修行业技能型紧缺人才培养的需要,达到高等职业院校以就业为导向的办学目标和要求,南京交通职业技术学院汽车工程系在近几年积极探索,勇于实践,大力改革教学模式,加大与企业合作办学的力度,推进工学结合的办学模式,取得了良好效果。为了进一步提高学生的综合素质,切实增强学生的实践动手能力,我们引入了以工作任务为驱动的项目化教学模式。为适应新的教学模式,就必须打破传统教材的内容体系,为此特意编写了本系列教材。

本教材以任务驱动为编写思路,采用与企业工作一线相接近的具体工作任务引出相应的专业知识,学习目标明确,突破了传统的"理论"与"实践"的界限,体现了现代职业教育"一体化"的特色,调动了学生的学习主动性。

本教材以汽车发动机机械部分作为学习对象,根据维修企业工作一线的实际情况,设置了6个项目,17个训练任务,每个训练任务有独立成册的学习工作单,以便更好地引导学生完成训练任务。本书首先对汽车发动机作了总体介绍,然后分别对配气机构、曲柄连杆机构、冷却系统及润滑系统的结构、原理、检测、维修作了详细介绍。每个项目结束后还设置了相应的自我测试,能及时地让学生测试自己的学习效果。

本教材图文并茂,深入浅出。每个项目均强调了学生综合素质的培养,既有对学生实践动手能力的训练,也有对学生自我学习能力、团队合作、资料收集、5S等方面的训练,可促使每一个学生积极参与、主动学习,以达到更好的学习效果。每个训练任务的设置,均充分考虑了现有的教学设施和教学资源,可操作性强,效率高。

本教材由南京交通职业技术学院郭彬担任主编,项目一、二、三由南京交通职业技术学院郭彬编写;项目四、五由南京交通职业技术学院陈生枝、沙颂和郭伟东共同编写;项目六由广州本田汽车南京雨田特约销售服务店服务经理邱平编写;全书由南京交通职业技术学院杨益明主审。在编写过程中,得到了南京外事旅游公司汽车修理厂魏世康的特别支持,在此表示感谢。此外,还得到南京交通职业技术学院汽车工程系各位教师的大力支持和帮助,实训中心的各位教师更是提供了很多有用的一手资料,同时,还得到了南京市相关汽车4S店维修技术人员的特别帮助,在此一并表示感谢。

由于时间仓促,加之编者水平有限,书中难免有不足之处。在此,恳请广大读者对本书提出宝贵的意见和建议,以便下次更正。

编 者

目 录

项目一 发动机基本认识 ... 1
- 一、项目描述 ... 1
- 二、项目实施 ... 2
  - 任务一 发动机总成的吊卸 ... 2
  - 任务二 发动机总体构造认识与常用工具的使用 ... 5
- 三、相关知识 ... 8
- 四、自我测试题 ... 38

项目二 汽缸盖和配气机构的检修 ... 40
- 一、项目描述 ... 40
- 二、项目实施 ... 41
  - 任务一 发动机正时带/传动带的检查与更换 ... 41
  - 任务二 汽缸盖和汽缸垫的拆装与检修 ... 47
  - 任务三 气门传动组的拆装与检修 ... 52
  - 任务四 气门组的拆装与检修 ... 58
  - 任务五 气门间隙的检查和调整 ... 63
- 三、相关知识 ... 66
- 四、自我测试题 ... 92

项目三 汽缸体和曲柄连杆机构检修 ... 94
- 一、项目描述 ... 94
- 二、项目实施 ... 95
  - 任务一 汽缸体和曲柄连杆机构的拆装 ... 95
  - 任务二 汽缸体的检修 ... 103
  - 任务三 检修活塞连杆组 ... 108
  - 任务四 检修曲轴飞轮组 ... 115
- 三、相关知识 ... 122
- 四、自我测试题 ... 149

项目四 冷却系统的检修 ... 152
- 一、项目描述 ... 152

二、项目实施 ··· 153
　　　　任务一　冷却系统的拆装与主要零部件的检修 ······················· 153
　　　　任务二　冷却系统的维护与调整 ·· 158
　　三、相关知识 ··· 161
　　四、自我测试题 ·· 172

项目五　润滑系统的检修　　　　　　　　　　　　　　　　　175
　　一、项目描述 ··· 175
　　二、项目实施 ··· 176
　　　　任务一　润滑系统的拆装与主要零部件的检修 ······················· 176
　　三、相关知识 ··· 183
　　四、自我测试题 ·· 205

项目六　发动机总装、调试与磨合　　　　　　　　　　　　207
　　一、项目描述 ··· 207
　　二、项目实施 ··· 208
　　　　任务一　发动机零件清洗及归类摆放 ······································ 208
　　　　任务二　发动机总成装配 ·· 209
　　　　任务三　发动机总成的吊装 ··· 214
　　三、相关知识 ··· 215
　　四、自我测试题 ·· 223

参考文献　　　　　　　　　　　　　　　　　　　　　　　　225

项目一 发动机基本认识

一、项目描述

接受学习工作单,以小组为单位,对发动机进行吊卸,并按维修手册,对桑塔纳 AJR 发动机进行分解,包括拆卸发动机附件,分解汽缸盖、汽缸体、曲柄连杆机构和配气机构等主要部件。同时按学习工作单要求描述各主要零部件的类型和作用。最后完成发动机组装。

通过项目的学习,学生能够达到以下要求。

1. 知识要求

(1)了解发动机的作用与分类。
(2)掌握发动机的工作原理与总体构造。
(3)理解发动机的性能指标,发动机的工作循环及换气过程。
(4)熟悉汽车发动机吊卸操作流程。

2. 技能要求

(1)能根据汽车发动机吊卸作业规范,实施汽车发动机吊卸作业。
(2)能够正确判断发动机的类型,识别和查阅发动机的基本性能指标参数。
(3)能完成拆装工具的选择及正确使用,指认发动机的结构总成和位置。
(4)会按照拆卸工艺分解发动机总成,同时观察发动机主要零部件的结构。
(5)会按照装配工艺,完成发动机的安装。

3. 素质要求

(1)注意 5S。
(2)注意劳动保护与安全操作。
(3)具备环境保护意识。

（4）具有团队协作精神。
（5）具有组织沟通能力。
（6）操作规范。

二、项目实施

任务一　发动机总成的吊卸

训练目标与要求

（1）熟悉汽车发动机吊卸操作流程。
（2）会正确使用发动机总成吊卸专用工具，对发动机进行总成吊卸。

训练设备

（1）桑塔纳2000型轿车一台。
（2）液压吊机、液压千斤顶、举升机。

训练步骤

一般在吊卸发动机前，应断开或松开所有电缆插头，并将发动机与变速器脱离，然后从前面将发动机拆卸下来，具体的拆卸步骤如下：

（1）在点火开关切断的情况下拆下蓄电池搭铁线。
（2）拆下蓄电池，注意先向外拉出后再取下。
（3）旋松蓄电池支架紧固螺栓，拆下蓄电池支架，如图1-1所示。
（4）在发动机下放置一个收集盘。
（5）旋开冷却液储液罐盖。
（6）如图1-2所示，松开散热器下水管夹箍，拔下散热器的下水管，放出冷却液。所抽取的冷却液必须用干净的容器予以收集，用于处理或再使用。

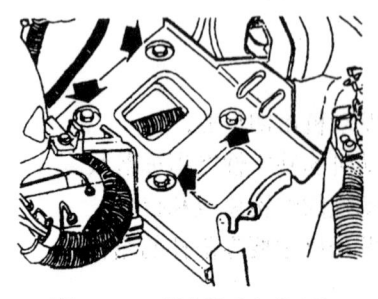

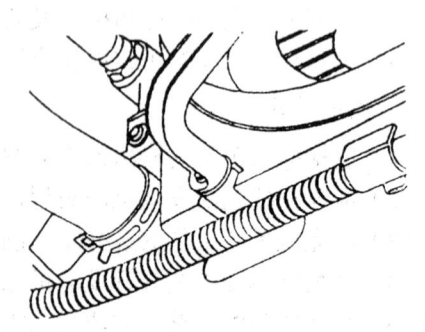

图1-1　蓄电池支架的拆卸　　　　图1-2　拔下散热器的下水管

（7）拔下电动冷却风扇的电线接头，如图1-3所示。
（8）拔下散热器左侧的热敏开关接头，如图1-4所示。
（9）松开散热器上水管的夹箍，拔下散热器的上水管。
（10）旋松电动冷却风扇的4个紧固螺栓，拆下电动冷却风扇和散热器。

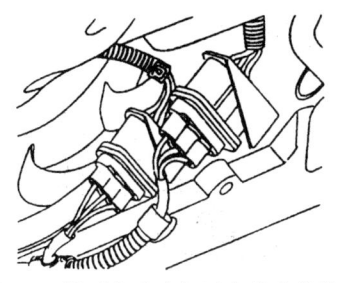

图 1-3　拔下电动冷却风扇的电线接头 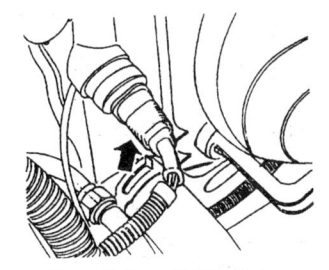　　　　图 1-4　拔下散热器左侧的热敏开关接头

(11) 拔下空气流量计的电线接头，如图 1-5 所示。

(12) 拔下活性炭罐电磁阀（ACF 阀）的电线接头，如图 1-6 所示。

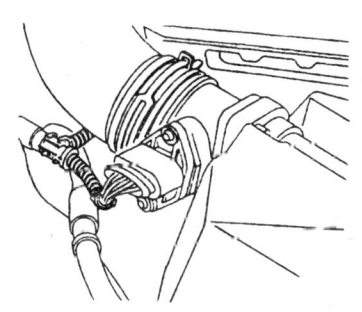

图 1-5　拔下空气流量计的电线插头 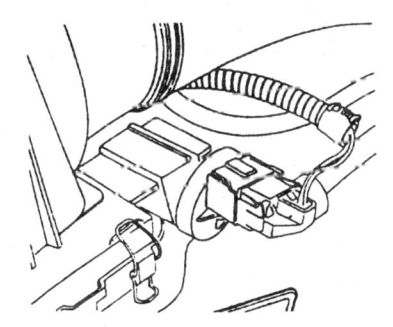　　　　图 1-6　拔下活性炭罐电磁阀的电线接头

(13) 从空气滤清器上取下活性炭罐电磁阀。

(14) 拆下空气滤清器至节气门控制器之间的空气管路。

(15) 拆下空气滤清器罩壳。

(16) 拔下燃油分配管上的供油管 1 和回油管 2，如图 1-7 所示。注意：燃油系统是有压力的，在打开系统之前先在开口处放置抹布，然后小心地松开接头以放出压力。

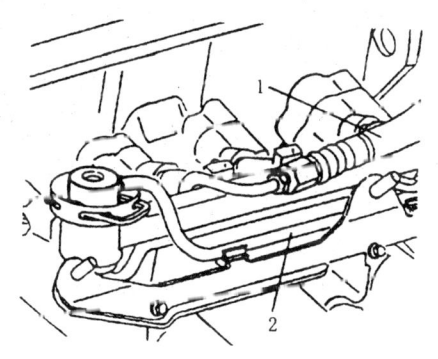

图 1-7　拔下供油管和回油管

1—供油管；2—回油管。

(17) 松开节气门拉索，如图 1-8 箭头所示。

(18) 拔下通向活性炭罐电磁阀的真空管 1，如图 1-8 所示。

(19) 拔下通向制动助力装置的真空管 2，如图 1-8 所示。

（20）拔下位于发动机底部通向暖风热交换器的冷却液管子。

（21）拔下汽缸盖通向暖风热交换器的冷却液管 2，如图 1-9 所示。

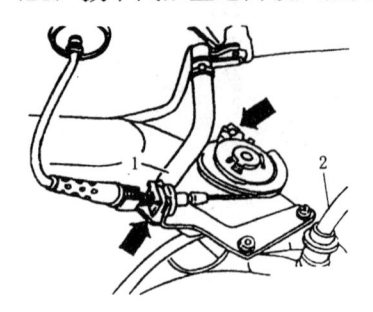

图 1-8　松开节气门拉索
1—通向活性炭罐电磁阀的真空管；
2—通向制动助力装置的真空管。

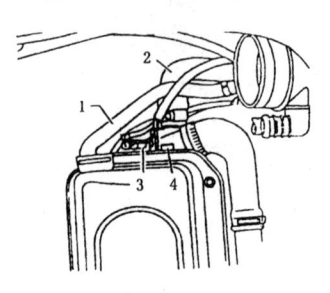

图 1-9　拔下气缸盖通向暖风热交换器的冷却液管
1—通向膨胀水箱软管；2—通向暖风热交换器软管；
3—冷却液水温传感器；4—空调控制开关。

（22）拔下变速器上的车速传感器插头、倒车灯开关。

（23）松开空调压缩机与支架的连接螺栓，取下 V 形带。

（24）移开空调压缩机并将其悬挂在副梁上（使用电线），不要悬挂在制冷剂管道上。此时不要打开空调管路。

（25）使用专用工具，按图 1-10 所示的方向扳动张紧轮，使传动带松开。

（26）使用销钉 3204 固定住张紧轮。

（27）从发电机上取下 V 形带。

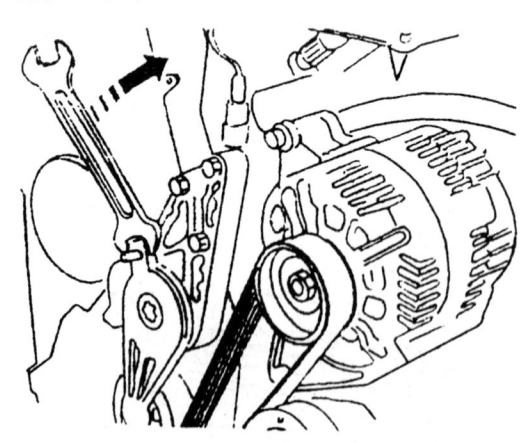

图 1-10　用专用工具扳动张紧轮

（28）取下销钉 3204。

（29）松开动力转向油泵 V 形带轮的螺栓，拆下 V 形带轮。

（30）从支架上拆下动力转向油泵，并将其固定在发动机舱内的一侧。

（31）旋下排气歧管和前排气管的连接螺栓。

（32）拔下起动机电线，并从变速器壳体上拆下起动机。

（33）松开车身上的搭铁线。

项目一　发动机基本认识

（34）旋下所有发动机与车身的连接螺栓。
（35）使用变速器托架托住变速器的底部，或者将支承工具 10-222A 固定在车身两侧（图 1-11），使用变速器吊装工具 3147 吊住变速器。

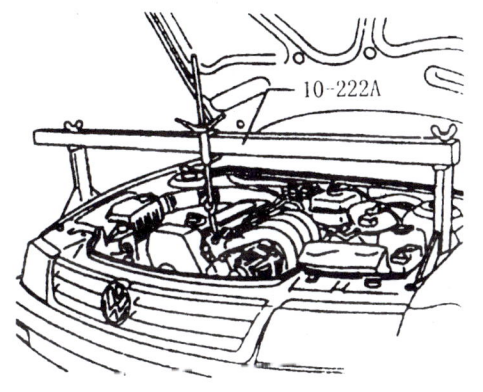

图 1-11　安装支承工具 10-222A

（36）旋下发动机与变速器的紧固螺栓，留下一个螺栓定位。
（37）如图 1-12 所示，使用小吊车 V.A.G1202A 和发动机吊架 2024A 吊住发动机的吊耳。

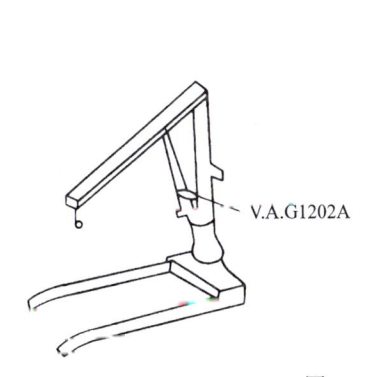

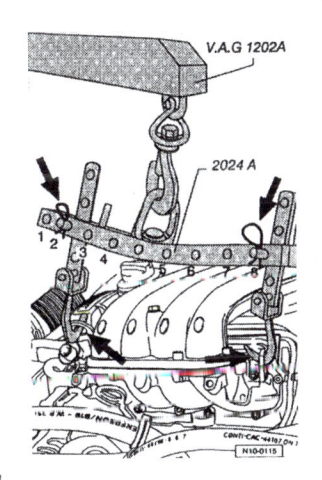

图 1-12　安装吊架

（38）松开最后一个紧固螺栓。
（39）小心地将发动机吊离发动机舱。

任务二　发动机总体构造认识与常用工具的使用

训练目标与要求

（1）了解发动机拆装与检修安全防护措施和发动机拆装与检修车间规范。
（2）掌握发动机拆装与检修安全操作规程，熟悉发动机修理与维护安全规则。
（3）掌握发动机拆装与检修常用工具的正确使用、维护和保养方法。
（4）准确地识别和选择各种类别、型号的工具，并能够正确地运用，掌握安全操作。

5

(5) 熟悉典型发动机的基本结构及主要零部件。

训练设备

(1) 桑塔纳2000型轿车AJR型发动机试验台4台。
(2) 扳手、螺钉旋具、锤子、手钳等常用工具4套。
(3) 活塞环拆装钳、气门弹簧拆装架、铜棒、拉出器、火花塞套筒扳手等专用工具。
(4) 棉纱、规定牌号冷却液、汽油、发动机润滑油、清洗剂等辅助材料若干。

训练步骤

(1) 将工具分类摆放,观察并认识工具。
(2) 小组讨论分解发动机的顺序,记录讨论结果并向指导教师汇报。
(3) 观察发动机,认识发动机外围各附件,对照图1-13,找出学习工单表1所列标号的发动机零件并在表中填写其名称(或标号),并写出该零件的作用。在已分解的发动机中查找到后在"认识"一栏中打"√"。

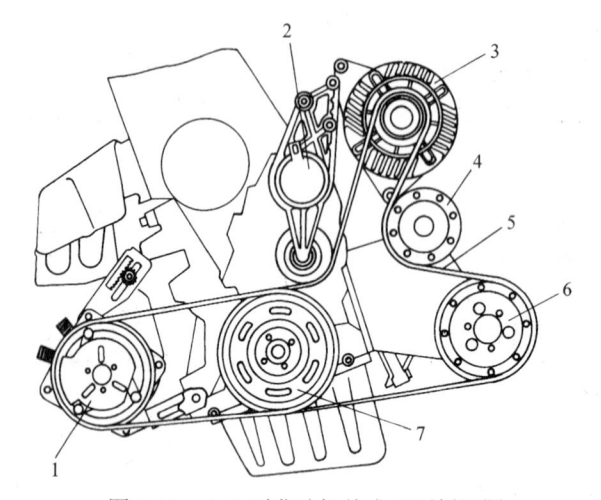

图1-13 AJR型发动机总成正面剖视图
1—空调压缩机;2—张紧装置;3—交流发电机;4—导向轮;
5—锯齿形皮带;6—动力转向盘;7—曲轴皮带轮。

(4) 拆开气门室盖和正时皮带罩后,转动发动机曲轴观察汽缸盖上配气机构的运动和曲轴运动的关系。了解曲轴每转动2圈,凸轮轴转动1圈。

(5) 拆除汽缸盖后,转动发动机曲轴,观察活塞的运动和第一缸上止点记号,画图记录观察结果。

(6) 分解发动机,对照图1-14,找出学习工单表2所列标号的发动机零件并在表中填写其名称,写出该零件的作用。在已分解的发动机中查找到后在"认识"一栏中打"√"。

(7) 分解发动机,对照图1-15,找出学习工单表3所列标号的发动机零件并在表中填写其名称(或标号),并写出该零件的作用。在已分解的发动机中查找到后在"认识"一栏中打"√"。

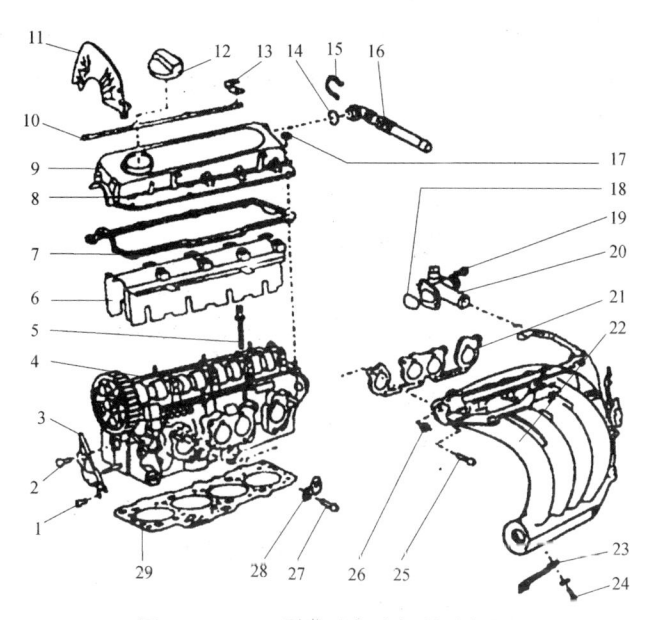

图 1-14　AJR 型发动机汽缸盖分解图

1—螺栓（拧紧力矩 15N·m）；2、25、27—螺栓（拧紧力矩 20N·m）；3—正时齿带后护板；4—汽缸盖总成；5—汽缸盖螺栓；6—机油反射罩；7—气门罩盖衬垫；8—紧固压条；9—气门罩盖；10—压条；11—正时齿带后上罩；12—加机油口盖；13—支架；14—密封圈；15—匝箍；16—曲轴箱通气软管；17—螺母（拧紧力矩 12N·m）；18—密封圈；19—螺栓（拧紧力矩 10N·m）；20—凸缘；21—进气歧管衬垫；22—进气歧管；23—进气歧管支架；24—进气歧管支架紧固螺栓；26—螺母（拧紧力矩 20N·m）；28—吊耳；29—汽缸盖衬垫。

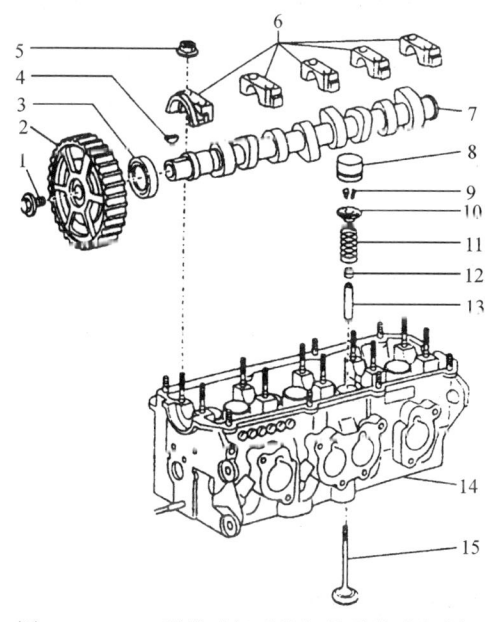

图 1-15　AJR 型发动机配汽机构零件分解图

1—正时齿带轮螺栓（拧紧力矩 100N·m）；2—凸轮轴正时齿带轮（带霍耳传感器的脉冲轮）；3—密封圈；4—半圆键；5—螺母（拧紧力矩 20N·m）；6—轴承盖；7—凸轮轴；8—液压挺杆；9—气门锁夹；10—气门弹簧座；11—气门弹簧；12—气门杆密封圈；13—气门导管；14—汽缸盖；15—气门。

（8）分解发动机，对照图1-16，找出学习工单表4所列标号的发动机零件（或找出已列出零件在表中填写其名称（或标号）），写出该零件的作用。在已分解的发动机中查找到后在"认识"一栏中打"√"。

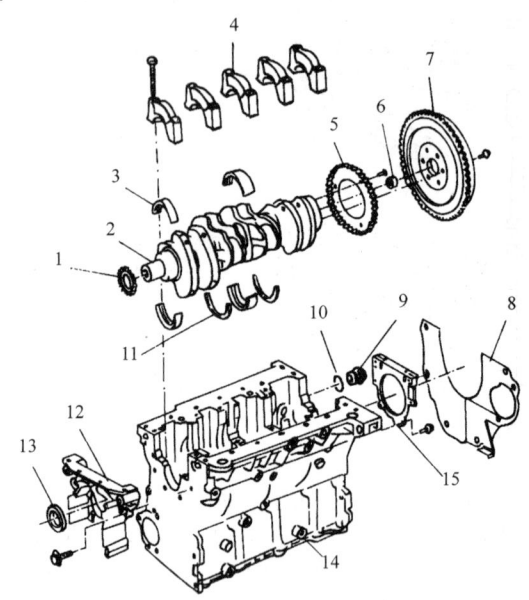

图1-16 AJR型发动机汽缸体总成分解图

1—机油泵链轮；2—曲轴；3—曲轴瓦；4—轴承盖；5—脉冲轮；6—滚针轴承；7—飞轮；8—中间支板；9—螺塞；10—O形圈；11—止推片；12—支架；13—前油封；14—汽缸体；15—后油封架。

（9）小组各成员相互考核对发动机零部件的认识情况。
（10）描述你所分解的发动机形式（在下列正确的描述上打"√"）。该发动机的形式如下。
① 汽油机、柴油机。
② 直列汽缸式、V形汽缸式。
③ 水冷式、风冷式。
④ 四冲程发动机、二冲程发动机。
⑤ 四缸发动机、六缸发动机。
（11）安装发动机。在安装汽缸盖之前，转动发动机，用直尺测量有关尺寸，据此计算该发动机的排量（记录测量结果，列出计算公式，计算结果）。请见学习工单2。
（12）由指导教师随机选取5件工具，考核每位学生对工具的认识情况。

三、相关知识

（一）发动机的工作原理与总体构造

1. 发动机的基本工作原理

1）发动机的基本术语

发动机的基本术语有上止点、下止点、活塞行程、曲柄半径、汽缸工作容积、燃烧室容积、汽缸总容积和压缩比等，如图 1-17 所示。

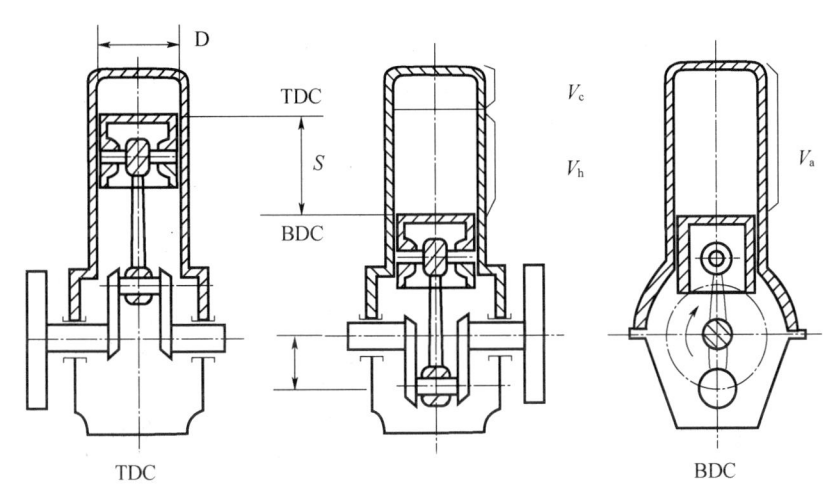

图 1-17　发动机基本术语

上止点 TDC（Top Dead Center）：活塞在汽缸里作往复直线运动时，当活塞向上运动到最高位置，即活塞顶部距离曲轴旋转中心最远的极限位置，称为上止点。

下止点 BDC（Bottom Dead Center）：活塞在汽缸里作往复直线运动时，当活塞向下运动到最低位置，即活塞顶部距离曲轴旋转中心最近的极限位置，称为下止点。

活塞行程 S：活塞从一个止点到另一个止点移动的距离，即上、下止点间的距离称为活塞行程，一般用 S 表示。对应一个活塞行程，曲轴旋转 180°。

曲柄半径 R：曲轴旋转中心到曲柄销中心之间的距离称为曲柄半径，一般用 R 表示。通常活塞行程为曲柄半径的 2 倍，即 S=2R。

汽缸工作容积 V_h：活塞从一个止点运动到另一个止点所扫过的容积，称为汽缸工作容积，一般用 V_h 表示。

$$V_h = \pi S (D/2)^2$$

式中　　D——汽缸直径（mm）；
　　　　S——活塞行程（mm）。

燃烧室容积 V_c：活塞位于上止点时，其顶部与汽缸盖之间的容积称为燃烧室容积，一般用 V_c 表示。

汽缸总容积 V_a：活塞位于下止点时，其顶部与汽缸盖之间的容积称为汽缸总容积，一般用 V_a 表示。显而易见，汽缸总容积就是汽缸工作容积和燃烧室容积之和，即 $V_a = V_h + V_c$。

多缸发动机各汽缸工作容积的总和，称为发动机排量，一般用 V_L 表示。

$$V_L = iV_h$$

式中　　V_h——汽缸工作容积；
　　　　i——汽缸数目。

压缩比 ε：汽缸总容积与燃烧室容积之比称为压缩比，一般用 ε 表示。压缩比是发动机中一个非常重要的概念，表示气体的压缩程度，它是气体压缩前的容积与气体压缩后的容积之比值，即

$$\varepsilon = V_a/V_c$$

式中　V_a——汽缸总容积；

　　　V_c——燃烧室容积。

通常汽油机的压缩比为6~10，柴油机的压缩比较高，一般为16~22。

2）四冲程发动机的工作原理

（1）四冲程汽油机的工作原理。四冲程汽油机的运转是按进气行程、压缩行程、做功行程和排气行程的顺序不断循环反复的，如图1-18所示。

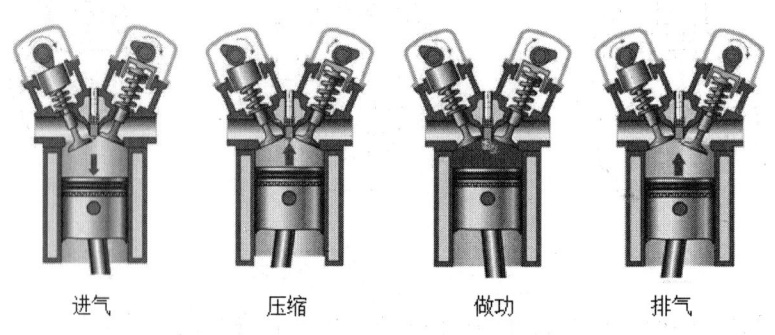

图1-18　四冲程汽油机工作循环

① 进气行程。由于曲轴的旋转，活塞从上止点向下止点运动，这时排气门关闭，进气门打开。进气行程开始时，活塞位于上止点，汽缸内残存有上一循环未排净的废气，因此，汽缸内的压力稍高于大气压力。随着活塞下移，汽缸内容积增大，压力减小，当压力低于大气压时，在汽缸内产生真空吸力，空气经空气滤清器并与喷油器供给的汽油混合成可燃混合气，通过进气门被吸入汽缸，直至活塞向下运动到下止点，如图1-19所示。在进气过程中，受空气滤清器、进气管道、进气门等阻力影响，进气终了时，汽缸内气体压力略低于大气压，为0.075MPa~0.09MPa，同时受到残余废气和高温机件加热的影响，温度达到370K~400K。实际汽油机的进气门是在活塞到达上止点之前打开，并且延迟到下止点之后关闭，以便吸入更多的可燃混合气。

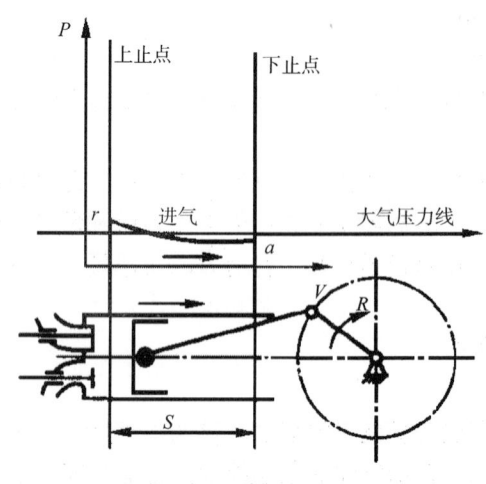

图1-19　进气行程

② 压缩行程。曲轴继续旋转，活塞从下止点向上止点运动，这时进气门和排气门都关闭，汽缸内成为封闭容积，可燃混合气受到压缩，压力和温度不断升高，当活塞到达上止点时压缩行程结束，如图 1-20 所示。此时气体的压力和温度主要随压缩比的大小而定，可燃混合气压力可达 0.6MPa～1.2MPa，温度可达 600K～700K。压缩比越大，压缩终了时汽缸内的压力和温度越高，则燃烧速度越快，发动机功率也越大。

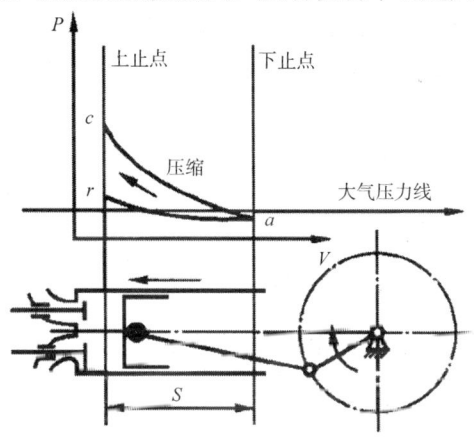

图 1-20 压缩行程

③ 做功行程。做功行程包括燃烧过程和膨胀过程，在这一行程中，进气门和排气门仍然保持关闭。当活塞位于压缩行程接近上止点（即点火提前角）位置时，火花塞产生电火花点燃可燃混合气，可燃混合汽燃烧后放出大量的热使汽缸内气体温度和压力急剧升高，最高压力可达 3MPa～5MPa，最高温度可达 2200K～2800K，高温高压气体膨胀，推动活塞从上止点向下止点运动，通过连杆使曲轴旋转并输出机械功，除了用于维持发动机本身继续运转外，其余用于对外做功。随着活塞向下运动，汽缸内容积增加，气体压力和温度降低，当活塞运动到下止点时，做功行程结束，气体压力降低到 0.3MPa～0.5MPa，气体温度降低到 1300K～1600K，如图 1-21 所示。

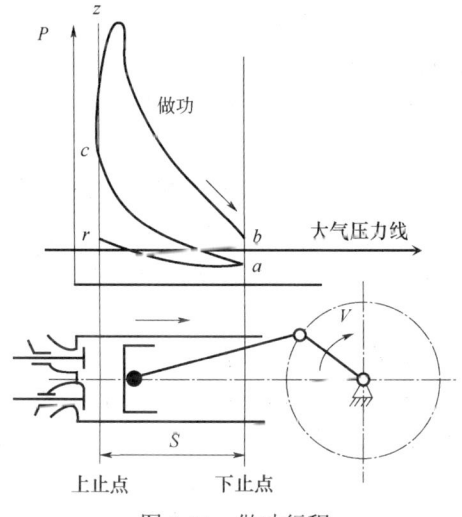

图 1-21 做功行程

④ 排气行程。可燃混合气在汽缸内燃烧后生成的废气必须从汽缸中排出去以便进行下一个进气行程。当做功接近终了时，排气门开启，进气门仍然关闭，靠废气的压力先进行自由排气，活塞到达下止点再向上止点运动时，继续把废气强制排出到大气中去，活塞越过上止点后，排气门关闭，排气行程结束，如图1-22所示。实际汽油机的排气行程也是排气门提前打开，延迟关闭，以便排出更多的废气。由于燃烧室容积的存在，不可能将废气全部排出汽缸。受排气阻力的影响，排气终止时，气体压力仍高于大气压力，约为0.105MPa～0.115MPa，温度约为900K～1200K。

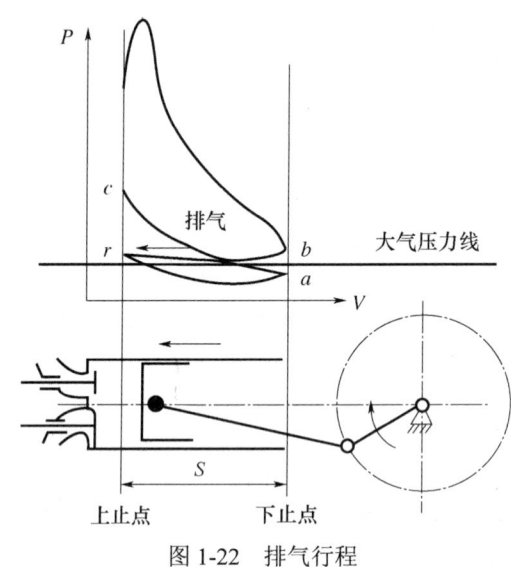

图1-22 排气行程

曲轴继续旋转，活塞从上止点向下止点运动，又开始了下一个新的循环过程。可见四行程汽油机经过进气、压缩、做功、排气4个行程完成一个工作循环，这期间活塞在上、下止点往复运动了4个行程，相应地，曲轴旋转了2圈。

(2) 四冲程柴油机的工作原理。四冲程柴油机和四冲程汽油机的工作过程相同，每一个工作循环同样包括进气、压缩、做功和排气4个行程，但由于柴油机使用的燃料是柴油，柴油与汽油有较大的差别，柴油黏度大、不易蒸发、自燃温度低，故可燃混合气的形成、着火方式、燃烧过程以及气体温度压力的变化都和汽油机不同。下面主要分析柴油机和汽油机在工作过程中的不同点。

四冲程柴油机在进气行程中所不同的是柴油机吸入汽缸的是纯空气而不是可燃混合气，在进气通道中没有化油器，进气阻力小，进气终了时气体压力略高于汽油机而气体温度略低于汽油机。进气终了时气体压力为0.0785MPa～0.0932MPa，气体温度为300K～370K。

压缩行程压缩的是纯空气，在压缩行程接近上止点时，喷油器将高压柴油以雾状喷入燃烧室，柴油和空气在汽缸内形成可燃混合气并着火燃烧。柴油机的压缩比比汽油机的压缩比大很多（一般为16～22），压缩终了时气体温度和压力都比汽油机高，大大超过了柴油机的自燃温度。压缩终了时，气体压力为3.5MPa～4.5MPa，气体温度为750K～1000K，柴油机是压缩后自燃着火的，不需要点火，故柴油机又称为压燃机。

柴油喷入汽缸后，在很短的时间内与空气混合后便立即着火燃烧，柴油机的可燃混合气是在汽缸内部形成的，而不像汽油机那样，混合气主要是在汽缸外部的进气支管中形成的。柴油机燃烧过程中汽缸内出现的最高压力要比汽油机高得多，可高达6MPa～9MPa，最高温度也可高达 2000K～2500K。做功终了时，气体压力为 0.2MPa～0.4MPa，气体温度为1200K～1500K。

柴油机的排气行程和汽油机一样，废气同样经排气管排入到大气中去，排气终了时，汽缸内气体压力为 0.105MPa～0.125MPa，气体温度为 800K～1000K。

柴油机与汽油机比较，柴油机的压缩比高、热效率高、燃油消耗率低，同时柴油价格较低，因此，柴油机的燃料经济性能好，而且柴油机的排气污染少，排放性能较好。但它的主要缺点是转速低、质量大、噪声大、振动大、制造和维修费用高。在其发展过程中，柴油机不断发扬其优点，克服缺点，提高速度，有望得到更广泛的应用。

（3）二冲程汽油机的工作原理。二冲程汽油机的工作循环也是由进气、压缩、燃烧膨胀、排气行程组成，但它是在曲轴旋转一圈（360°），活塞上下往复运动的两个行程内完成的。因此，二冲程发动机与四冲程发动机工作原理不同，结构也不一样。

例如：曲轴箱换气式二冲程汽油机，汽缸上有三排孔，利用这三排孔分别在一定时刻被活塞打开或关闭进行进气、换气和排气。工作原理如下：图 1-23（a）表示活塞向上运动，将三排孔都关闭，活塞上部开始压缩；当活塞继续上行时，活塞下方打开了进气孔，可燃混合气进入曲轴箱，如图 1-23（b）所示；活塞接近上止点时，火花塞点燃混合气，气体燃烧膨胀，推动活塞向下运动，进气孔关闭，曲轴箱内的混合气受到压缩，如图 1-23（c）所示；当活塞接近下止点时，排气孔打开，排出废气，活塞再向下运动，换气孔打开，受到压缩的混合气便从曲轴箱经进气孔流入汽缸内，并扫除废气，如图 1-23（d）所示。

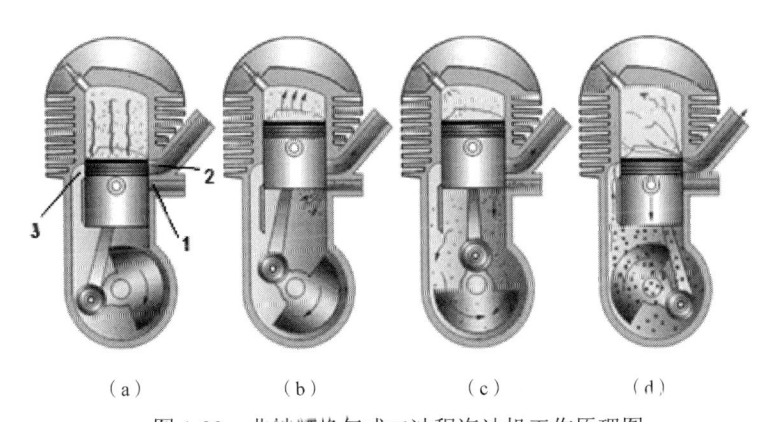

图 1-23　曲轴箱换气式二冲程汽油机工作原理图

（a）压缩；（b）进气；（c）燃烧；（d）排气。
1—进气孔；2—排气孔；3—扫气孔。

第一行程：活塞从下止点向上止点运动，事先已充满活塞上方汽缸内的混合气被压缩，新的可燃混合气又从化油器被吸入活塞下方的曲轴箱内。

第二行程：活塞从上止点向下止点运动，活塞上方进行做功过程和换气过程，而活塞下方则进行可燃混合气的预压缩。

（4）二冲程柴油机的工作原理。二冲程柴油机的工作原理和二冲程汽油机的工作原理类似，所不同的是，柴油机进入汽缸的不是可燃混合气，而是纯空气。例如带有扫气泵的二冲程柴油机工作过程如图 1-24 所示。

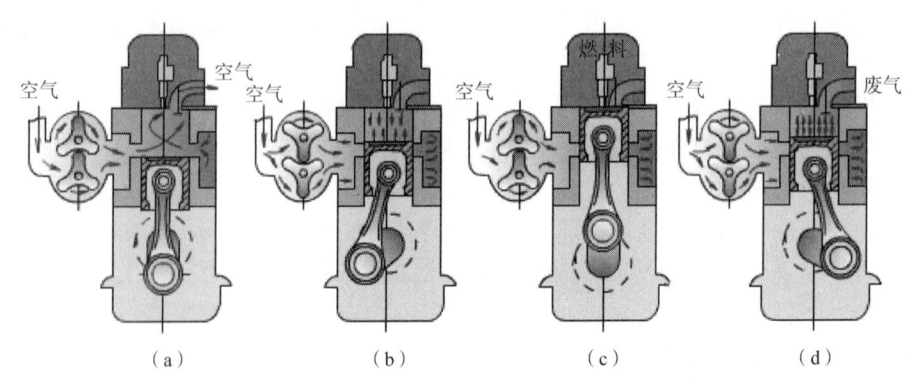

图 1-24 二冲程柴油机工作原理图
(a) 扫气过程；(b) 压缩过程；(c) 燃烧过程；(d) 换气过程。

第一冲程：活塞从下止点向上止点运动，行程开始前不久，进气孔和排气门均已开启，利用从扫气泵流出的空气使汽缸换气。当活塞继续向上运动时，进气孔被关闭，排气门也关闭，空气受到压缩，当活塞接近上止点时，喷油器将高压柴油以雾状喷入燃烧室，燃油和空气混合后燃烧，使汽缸内压力增大。

第二冲程：活塞从上止点向下止点运动，开始时气体膨胀，推动活塞向下运动，对外做功，当活塞下行到大约 2/3 行程时，排气门开启，排出废气，汽缸内压力降低，进气孔开启，进行换气，换气一直延续到活塞向上运动 1/3 行程进气孔关闭结束。

（5）多缸发动机的工作原理。前面介绍的是单缸发动机的工作过程，而现代汽车发动机都是多缸四冲程发动机。那么，多缸四冲程发动机与单缸四冲程发动机的工作过程有什么区别呢？就能量转换过程来说，发动机的每一个汽缸和单缸机的工作过程是完全一样的，都要经过进气、压缩、做功和排气 4 个行程。但是单缸发动机的 4 个行程中只有一个行程做功，其余 3 个行程不做功，即曲轴转两圈，只有半圈做功，所以运转平稳性较差，功率越大，平稳性就越差。为了使运转平稳，单缸机一般都装有一个大飞轮。而多缸发动机的做功行程是错开的，按照工作顺序做功，即曲轴转两圈交替做功，因此，运转平稳，振动小。缸数越多，做功间隔角越小，同时参与做功的汽缸越多，发动机运转越平稳。多缸机使用最多的有四缸发动机、六缸发动机和八缸发动机。

2．发动机的总体结构

发动机是一种由许多机构和系统组成的复杂机器。无论是汽油机还是柴油机，无论是四冲程发动机还是二冲程发动机，无论是单缸发动机还是多缸发动机，要完成能量转换，实现工作循环，保证长时间连续正常工作，都必须具备以下机构和系统。

1）曲柄连杆机构

曲柄连杆机构是发动机实现工作循环，完成能量转换的主要运动零件。它由机体组、活塞连杆组和曲轴飞轮组等组成，如图 1-25 所示。在做功行程中，活塞承受燃气压力在汽缸内作直线运动，通过连杆转换成曲轴的旋转运动，并从曲轴对外输出动力。而在进气、压缩和排气行程中，飞轮释放能量又把曲轴的旋转运动转化成活塞的直线运动。

2) 配气机构

配气机构的功用是根据发动机的工作顺序和工作过程，定时开启和关闭进气门和排气门，使可燃混合气或空气进入汽缸，并使废气从汽缸内排出，实现换气过程。配气机构大多采用顶置气门式配气机构，一般由气门组和气门传动组组成，如图1-26所示。

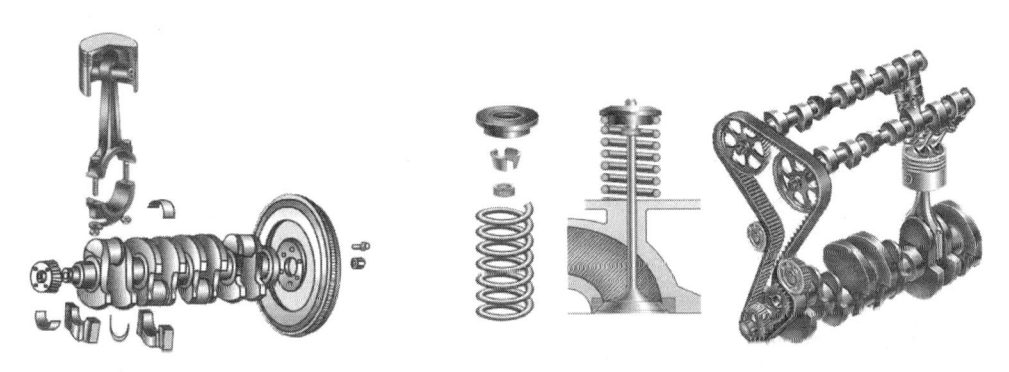

图1-25　曲柄连杆机构　　　　　　　　图1-26　配气机构

3) 燃料供给系统

汽油机燃料供给系统的功用是根据发动机的要求，配制出一定数量和浓度的混合气，供入汽缸，并将燃烧后的废气从汽缸内排出到大气中；柴油机燃料供给系统的功用是把柴油和空气分别供入汽缸，在燃烧室内形成混合气并燃烧，最后将燃烧后的废气排出。燃料供给系统通常由空气供给装置、燃油供给装置、可燃混合气形成装置、混合气供给及废气排出装置组成，如图1-27所示。

4) 润滑系统

润滑系统的功用是向作相对运动的零件表面输送定量的清洁润滑油，以实现液体摩擦，减小摩擦阻力，减轻机件的磨损，并对零件表面进行清洗和冷却。润滑系统通常由润滑油道、机油泵、机油滤清器和一些阀门等组成，如图1-28所示。

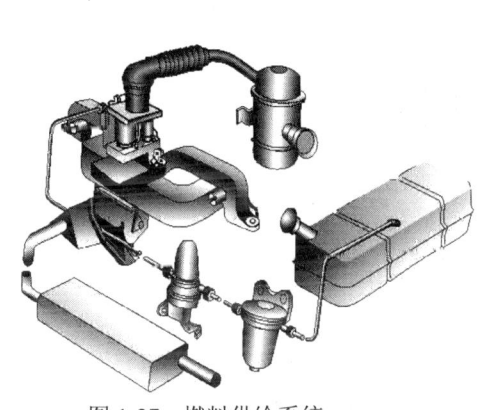

图1-27　燃料供给系统　　　　　　　　图1-28　润滑系统

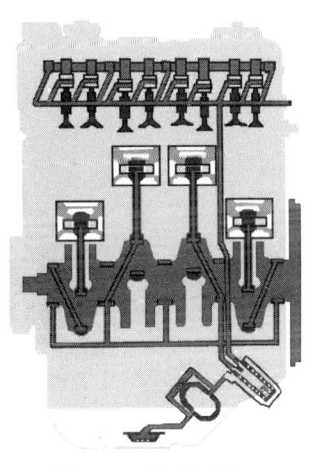

5）冷却系统

冷却系统的功用是将受热零件吸收的部分热量及时散发出去，保证发动机在最适宜的温度状态下工作。水冷发动机的冷却系统通常由冷却水套、水泵、风扇、水箱、节温器等组成，如图1-29所示。

6）点火系统

在汽油机中，汽缸内的可燃混合气是靠电火花点燃的，为此在汽油机的汽缸盖上装有火花塞，火花塞头部伸入燃烧室内。能够按时在火花塞电极间产生电火花的全部设备称为点火系统，点火系统通常由蓄电池、发电机、分电器、点火线圈和火花塞等组成，如图1-30所示。

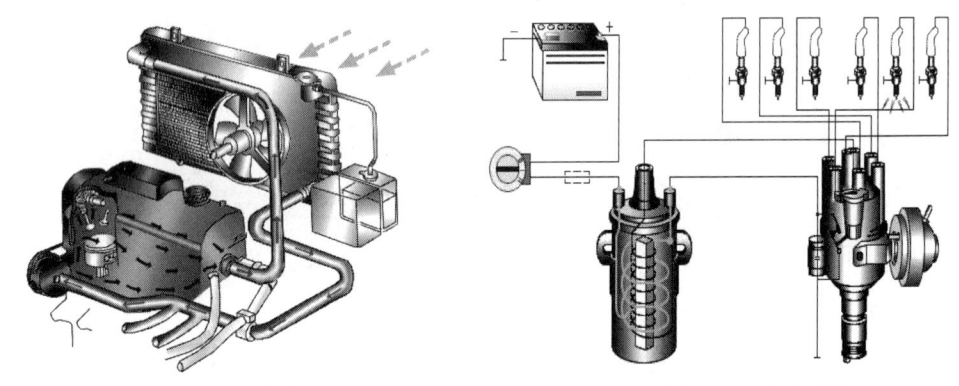

图1-29 冷却系统　　　　图1-30 点火系统

7）启动系统

要使发动机由静止状态过渡到工作状态，必须先用外力转动发动机的曲轴，使活塞作往复运动，汽缸内的可燃混合气燃烧膨胀做功，推动活塞向下运动使曲轴旋转，发动机才能自行运转，工作循环才能自动进行。因此，曲轴在外力作用下开始转动到发动机开始自动地怠速运转的全过程，称为发动机的启动。完成启动过程所需的装置，称为发动机的启动系统。启动系统主要由起动机及其控制电路组成，如图1-31所示。

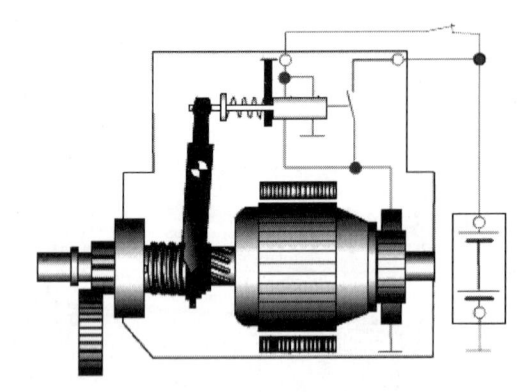

图1-31 启动系统

汽油机由以上两大机构和五大系统组成，即由曲柄连杆机构、配气机构、燃料供给系统、润滑系统、冷却系统、点火系统和启动系统组成；柴油机由以上两大机构和四大系统组成，即由曲柄连杆机构、配气机构、燃料供给系统、润滑系统、冷却系统和启动系统组成，柴油机是压燃的，不需要点火系统。

（二）发动机的性能指标

评价一台发动机好坏，需要有一批性能指标来衡量。常见的性能指标有动力性能指标、经济性能指标、运转性能指标和可靠性、耐久性能指标等。

1. 动力性能指标

1）有效转矩

发动机曲轴输出的平均转矩称为有效转矩，以 T_e 表示，单位为 N·m。有效转矩与外界施加于发动机曲轴上的阻力矩相平衡，可以用发动机台架试验方法测得。

2）平均有效压力

平均有效压力指单位汽缸工作容积所输出的有效功，以 P_{me} 表示，单位为 kPa。平均有效压力越大，动力性能越好。

3）有效功率

发动机曲轴输出的功率称为有效功率，用 P_e 表示。它等于有效转矩与曲轴角速度的乘积。

$$P_e = T_e \frac{2\pi n}{60} \times 10^{-3} = \frac{T_e n}{9550} \quad (kW)$$

式中　T_e——有效转距（N·m）；

　　　n——曲轴转速（r/min）。

有效功率也可以由下式计算：

$$P_e = \frac{P_{me} V_s n i}{30\tau} \quad (kW)$$

式中　P_{me}——平均有效压力（kPa）；

　　　V_s——汽缸工作容积（m³）；

　　　n——曲轴转速（r/min）；

　　　i——汽缸数；

　　　τ——冲程系数，二冲程 $\tau=1$，四冲程 $\tau=2$。

发动机制造厂按国家规定标定的有效功率，称为标定功率。标定功率时的发动机转速称为标定转速，发动机铭牌上标明的功率就是标定功率。

标定功率是根据发动机用途、使用特点以及连续运转时间来确定的，各个国家有所不同，我国内燃机功率标定如表1-1所列。

表1-1　我国内燃机功率标定

分　级	含　义	应　用
15min功率	在标准环境条件下，内燃机能连续稳定运转15min时的最大有效功率	汽车等
1h功率	在标准环境条件下，内燃机能连续稳定运转1h时的最大有效功率	工程机械、拖拉机等

(续)

分　　级	含　　义	应　　用
12h 功率	在标准环境条件下，内燃机能连续稳定运转 12h 时的最大有效功率	部分拖拉机和电站等
持续功率	在标准环境条件下，内燃机能长期连续稳定运转的最大有效功率	铁路机车、船舶和发电机组等

发动机还常用升功率 P_c 比较不同发动机的动力性能，它是指发动机在标定工况下每升汽缸工作容积所发出的有效功率。升功率越大，发动机动力性能越好。

$$P_c = \frac{P_e}{V_s i} \quad \text{（kW/L）}$$

2. 经济性能指标

1）燃油消耗率

发动机每发出 1kW 有效功率，在 1h 内所消耗的燃油质量（以 g 为单位），称为燃油消耗率，用 b_e 表示。可按下式计算：

$$b_e = \frac{B}{P_e} \times 10^3 \quad \text{g/（kW·h）}$$

式中　B——发动机每小时消耗的燃油质量（kg/h）；
　　　P_e——发动机的有效功率（kW）。

2）有效热效率

燃料中所含的热量转变为有效功的比例称为有效热效率，用 η_e 表示。

$$\eta_e = \frac{W_e}{Q_1}$$

式中　W_e——发动机有效功（kJ）；
　　　Q_1——燃料中所含的热量（kJ）。

当测得发动机有效功率 P_e 和每小时消耗的燃油质量 B 时，则

$$\eta_e = \frac{3.6 \times 10^3 P_e}{B H_u}$$

或

$$\eta_e = \frac{3.6 \times 10^6}{b_e H_u}$$

式中　H_u——燃料低热值（kJ/kg）。

现代汽车汽油机 η_e 值一般为 0.30 左右，柴油机为 0.40 左右。

3. 运转性能指标

发动机的运转性能指标主要指排放指标、噪声、启动性能等。

1）排放指标

发动机的排气中含有多种对人体有害的物质，主要有一氧化碳（CO）、碳氢化合物（HC）、氮氧化物（NO_x）、二氧化硫（SO_2）、醛类和微粒（含碳烟）等。其主要危害如表 1-2 所列。

表1-2 发动机主要有害排放及危害

有害排放	有害物特征	危 害
CO	无色、无臭、有毒气体	使人出现恶心、头晕、疲劳等缺氧症状,严重时窒息死亡
NO_x	赤褐色带刺激性的气体	伤害心、肝、肾,与光化学反应形成臭氧和醛等
HC	刺激性的气体	破坏造血机能,造成贫血、神经衰弱,降低肺对传染病的抵抗力。与光化学反应形成臭氧和醛等
光化学烟雾	HC与NO_x在阳光作用下所形成的烟雾,有刺激性	降低大气可见度,伤害眼睛、咽喉,影响植物生长
醛类	较强的刺激性臭味	伤害眼睛、上呼吸道、中枢神经
微粒	碳烟等	伤害肺组织
SO_2	无色、刺激性气体	刺激鼻喉、引起咳嗽、胸闷、支气管炎等

1955年9月中的几天里,美国洛杉矶的光化学烟雾非常浓烈,两天之内就有400多名65岁以上的老年人死亡,比平时高出几倍。此外,还有几千人受到不同程度的伤害,地里的蔬菜变质,1/4的森林干枯而死,那一幕幕惨状至今令人难忘。

目前世界汽车保有量6.6亿辆,每年排向大气中的有害物质高达7亿多吨,严重污染了大气,已形成公害。为此,各国都制定了相应的汽车排放标准,如美国加州汽车排放法规是目前世界上最严的标准,规定2004年后生产的汽油轿车排放必须满足表1-3的低排放要求。

表1-3 美国加州汽车排放法规(2004年实施)的标准

排放物		NMOG	CO	NO_x	甲醛
要求	g/mile	0.075	3.4	0.05	0.0145
	(g/km)	(0.047)	(2.11)	(0.03)	(0.009)

注:① 用"非甲烷有机气体"NMOG替代了传统的碳氢化合物HC,因为排气中的组合物会随燃料的改变而改变,而NMOG的不同组成物对环境的影响不同,给予不同的加权后再叠加;
② 表中指标测试耐久性要求为50000mile。

我国排放标准参照欧洲法规体系,2000年开始执行EU I标准,2003年开始执行EU II标准。

2)噪声

噪声是发动机工作时发出的一种声强和频率无一定规律的声音,主要有燃烧噪声和机械噪声。它不仅损害人的听觉器官,还伤害神经系统、心血管系统、消化系统和内分泌系统,容易使人性情烦躁,反应迟钝,甚至耳聋,诱发高血压和神经系统的疾病。汽车是城市主要噪声源之一,发动机又是汽车的主要噪声源,应该给予控制。我国的噪声标准中规定,小型水冷汽油机噪声不大于110dB(A),轿车的噪声不大于82dB(A)。

3)启动性能

启动性能是表征发动机启动难易的指标。发动机启动性能好,便于汽车起步行驶,同时减少了启动时的功率消耗和发动机的磨损。

启动性能一般以一定条件下的启动时间长短来衡量。我国标准规定，不采用特殊的低温启动措施，汽油机在-10℃、柴油机在-5℃以下的气温条件下启动，能在 15s 以内达到自行运转。

4. 可靠性与耐久性能指标

可靠性与耐久性也是汽车发动机使用中的两个重要指标。

1）可靠性

可靠性是指发动机在规定的运转条件下，具有持续工作，不至因为故障而影响正常运转的能力。一般以保证期内的不停车故障数、停车故障数、更换主要零件数和重要零件数等具体指标来衡量。按照汽车发动机可靠性试验方法的规定，我国汽车发动机应能在标定工况下连续运行 300h～1000h。

2）耐久性

耐久性是指发动机在规定的运转条件下，长期工作而不大修的性能。一般以发动机从开始使用到第一次大修前累计运转的时间表示。

上述发动机的动力性能指标、经济性能指标、运转性能指标和可靠性、耐久性等指标，对不同用途的发动机要求是不同的。各项指标之间既相互联系又相互制约，往往为了降低排气污染，而不得不牺牲发动机的动力性和经济性能指标。

（三）内燃机命名规则

为了便于内燃机的生产管理和使用，国家标准（GB 725—2008）《内燃机产品名称和型号编制规则》中对内燃机的名称和型号作了统一规定。我国内燃机型号由以下 4 个部分组成。

1. 内燃机的名称和型号

内燃机型号依次包括下列四部分，表示方法如图 1-32 所示。

第一部分：由制造造商代号或系列符号符组成。本部分代号由制造商根据需要选择 1 位～3 位相应字母表示。

第二部分：由汽缸数、汽缸布置形式符号、冲程形式符号、缸径符号组成。

（1）汽缸数用 1～2 位数字表示。

（2）汽缸布置形式符号按图 1-32 规定。

（3）冲程形式为四冲程时符号省略，二冲程用 E 表示。

（4）缸径符号一般用缸径或缸径／冲程数表示，也可用内燃机排量或功率数表示。其单位由制造商自定。

第三部分：由结构特征符号、用途特征符号组成。其符号按图 1-32 规定。

第四部分：区分符号。同系列产品需区分时，允许制造商用适当符号表示。第三部分与第四部分可以用"—"分开。

2. 型号编制举例

1）柴油机型号

（1）G12V190ZLD——12 缸、V 形、四冲程、缸径 190、冷却液冷却、增压中持、发电机用（G 为系列代号）。

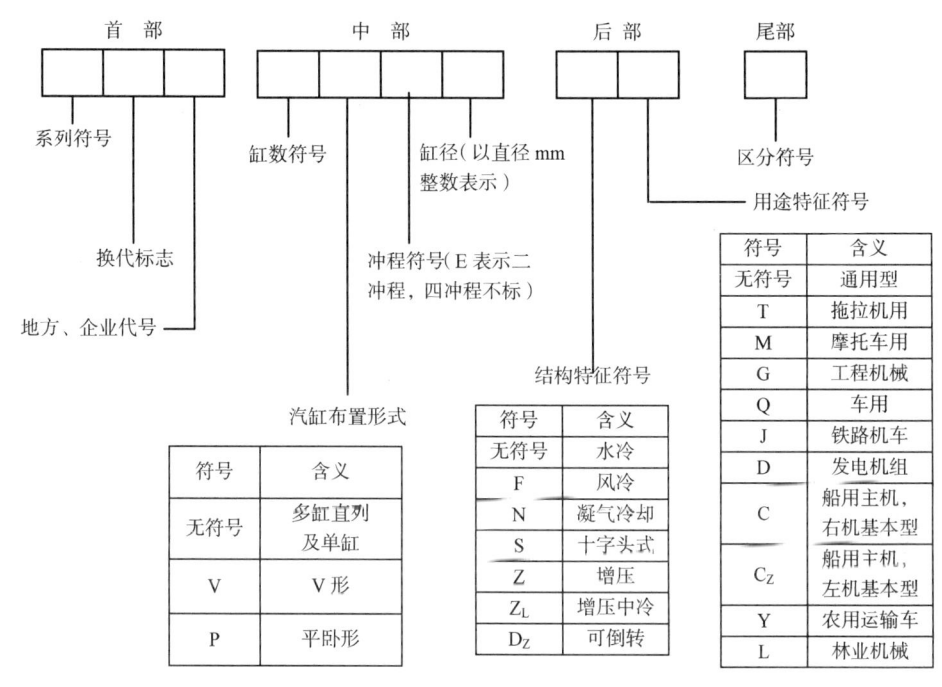

图 1-32 内燃机型号编制规则

（2）R175A——单缸、四冲程、缸径 75mm、冷却液冷却（R 为系列代号、A 为区分符号）。

（3）YZ6102Q——六缸直列、四冲程、缸径 102mm，冷却液冷却，车用（YZ 为扬州柴油机厂代号）。

（4）G8300/380ZDzC——八缸直列、四冲程、缸径 300 mm、冲程 380mm，冷却液冷却、增压可倒转、船用主机、右机基本型（G 为系列代号）。

2）汽油机型号

（1）1E65F/P——单缸、二冲程、缸径 65 mm、风冷、通用型。

（2）492Q/P-A——四缸、直列、四冲程、缸径 92 mm、冷却液冷却、汽车用（A 为区分符号）。

（四）拆装工具的选择及正确使用

汽车修理要求使用各种工具。这些工具有特殊的使用方法，只有使用得当才能保证工作安全和准确。使用工具的基本概念如下。

1. 选择工具

1）根据工作的类型选择工具

为拆下和更换螺栓/螺母或拆下零件。汽车修理中使用成套套筒扳手比较普遍。如果由于工作空间限制不能使用成套套筒扳手，可按其顺序选用梅花扳手或开口扳手（图 1-33）。

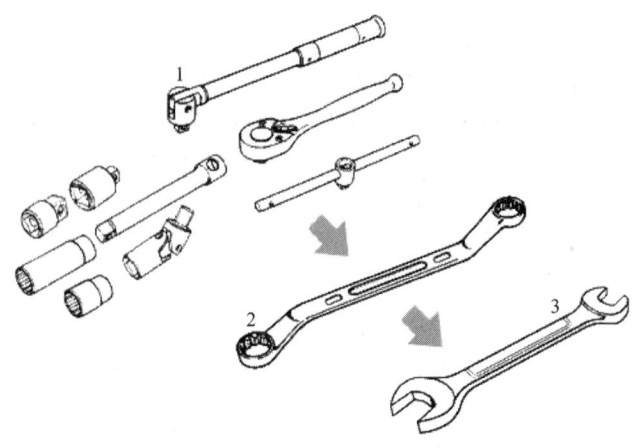

图 1-33　扳手使用的优先顺序

1—成套套筒扳手；2—梅花扳手；3—开口扳手（扳手）。

2）根据工作进行的速度选择工具

套筒扳手的用处在于它能旋转螺栓/螺母而不需要重新调整。这就可以迅速转动螺栓/螺母。套筒扳手可以根据所装的手柄以各种方式工作（图 1-34）。

注意：

（1）棘轮手柄适合在狭窄空间中使用。然而，由于棘轮的结构，它不可能获得很高的扭矩。

（2）滑动手柄要求极大的工作空间，但它能提供最快的工作速度。

（3）旋转手柄在调整好手柄后可以迅速工作。但此手柄很长，很难在狭窄空间使用。

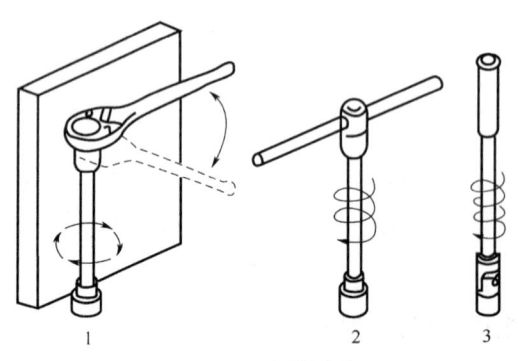

图 1-34　套筒扳手

3）根据旋转扭矩的大小选择工具（图 1-35）

如果最后拧紧或开始拧松螺栓/螺母需要大扭矩，那么使用允许施加大力的扳手。

注意：

（1）可以施加的力的大小取决于扳手柄的长度。手柄越长，用较小的力得到的扭矩越大。

（2）如果使用了超长手柄，就有扭矩过大的危险，螺栓有可能折断。

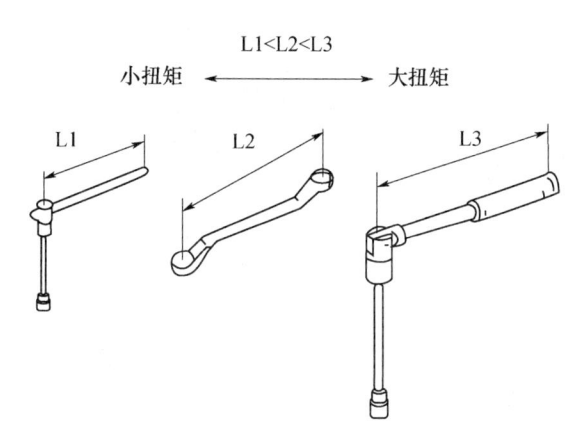

图 1-35　根据旋转扭矩的大小选择工具

4）操作时的注意事项

（1）工具的大小和应用。如图 1-36 所示，要确保工具的直径与螺栓/螺母的头部大小合适，使工具与螺栓/螺母完全配合。

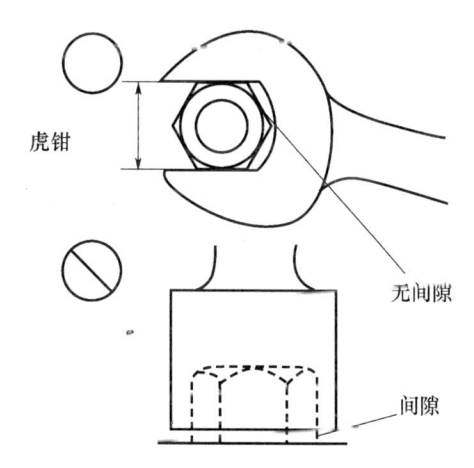

图 1-36　工具的直径与螺栓/螺母的头部大小合适

（2）用力强度（图 1-37）。

① 始终转动工具，以便拉动它。如果由于空间限制无法拉动工具，用手掌推它。

② 已经拧得很紧的螺栓/螺母可以通过施加冲击力轻松松开。但是不能使用锤子和管子（用来加长轴）来增加扭矩（图 1-38）。

（3）使用扭力扳手。最后的拧紧用扭力扳手来完成，以便将其拧紧到标准值（图 1-39）。

2. 拆装工具的使用

1）成套套筒扳手

（1）套筒。这种工具根据工作条件装上不同手柄和套筒后可以很轻松地拆下并更换螺栓/螺母。应用这种工具利用一套套筒扳手夹持住螺栓/螺母，将其拆下或更换（图 1-40）。

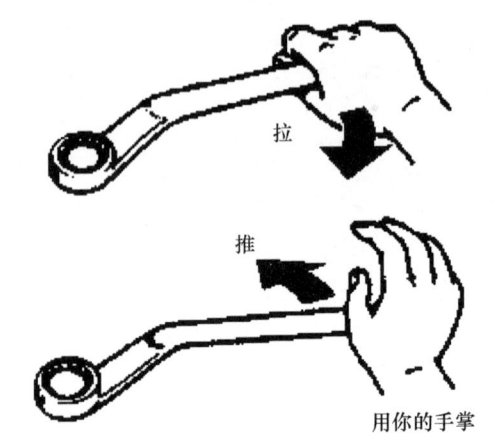

图 1-37　用力强度

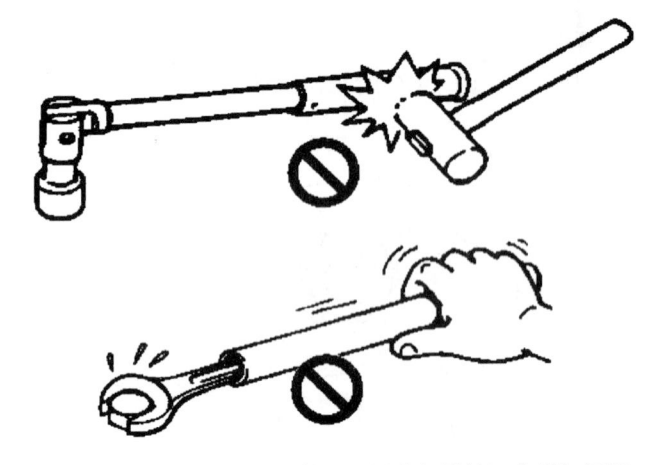

图 1-38　不能使用锤子和管子（用来加长轴）来增加扭矩

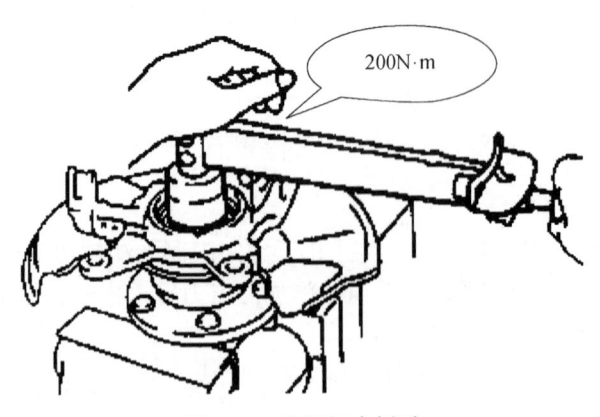

图 1-39　使用扭力扳手

① 套筒尺寸：有大和小两种尺寸。大的一种可以获得比小的一种更大的扭矩。
② 套筒深度：有两种类型——标准的和深的，后者比标准的深 2 倍～3 倍。较深的套

筒可用于螺栓突出的螺帽，而不适于用标准型套筒。

③ 钳口：有两种类型——双六角形和六角形的。六角部分与螺栓/螺母的表面有很大的接触面，这样就不容易损坏螺栓/螺母的表面。

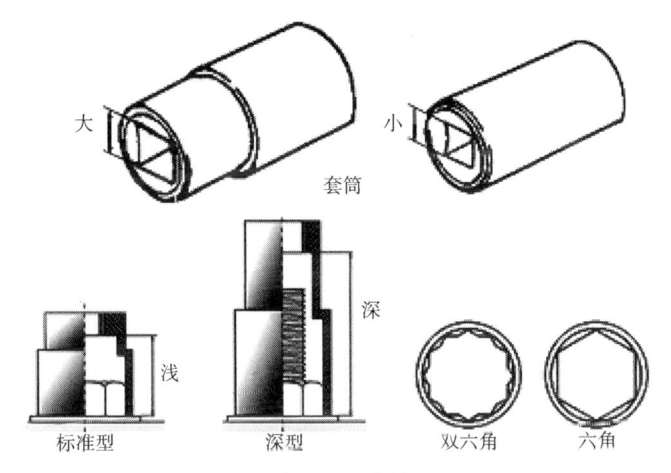

图 1-40　套筒

（2）套筒接合器。用作一个改变套筒方形套头尺寸的连接器（图 1-41）。

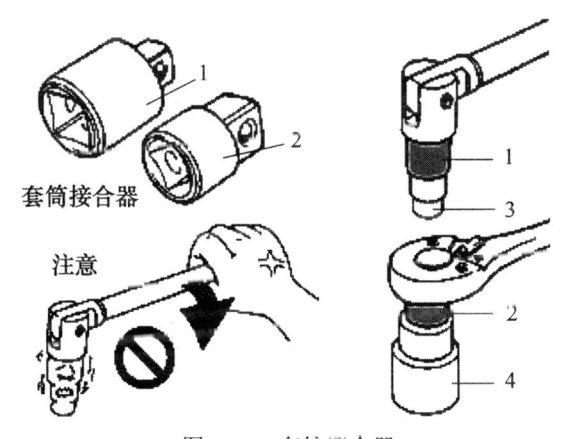

注意：超大力矩会将负载施加在套筒本身或小螺栓上。力矩要根据规定的拧紧极限施加。

图 1-41　套筒接合器

1—套筒接合器（大-小）；2—套筒接合器（小-大）；3—小尺寸套筒；4—大尺寸套筒。

（3）万向节。套筒的方形套头部分可以前后或左右移动，手柄和套筒扳手之间的角度可以自由变化，使其成为在有限空间内工作的有用工具（图 1-42）。

注意：
① 不要使手柄倾斜较大角度来施加扭矩。

② 勿用于风动工具。球节由于不能吸收旋转摆动而脱开，并造成工具、零件或车辆损坏。

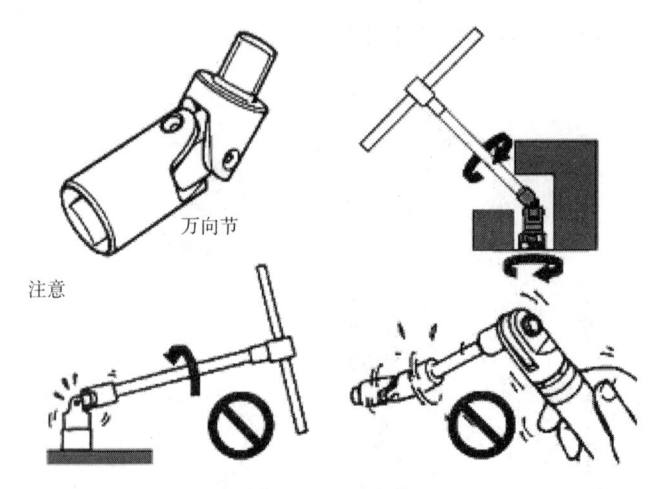

图 1-42 万向节

(4) 加长杆（图 1-43）。
① 可用于拆下和更换装得太深不易接触的螺栓/螺母。
② 加长杆可将工具抬离平面一定高度，便于使用。

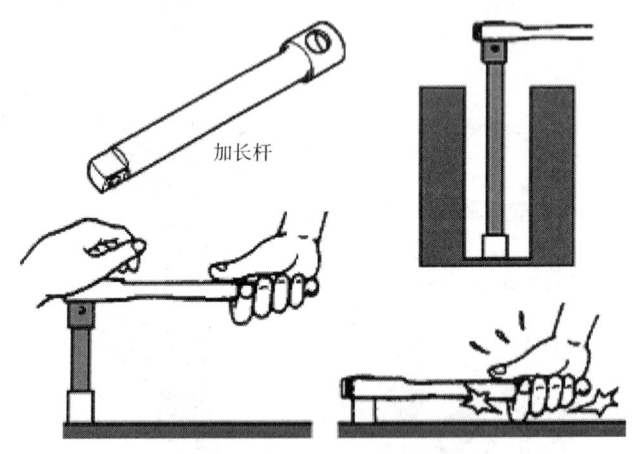

图 1-43 加长杆的使用

(5) 旋转手柄。此手柄用于拆下和更换要求用大力矩的螺栓/螺母。套筒扳手头部可作铰式移动，这样可以调整手柄的角度使之与套筒扳手相配合。手柄滑动，允许改变手柄长度（图 1-44）。

注意：滑移手柄直到其碰到使用前的锁紧位置。如果不在锁紧位置上，手柄在工作时可以滑进滑出。这样会改变技术员的工作姿势并造成人身伤害。

(6) 滑动手柄。通过滑动套筒的套头部分，手柄可以有两种使用方法（图 1-45）。

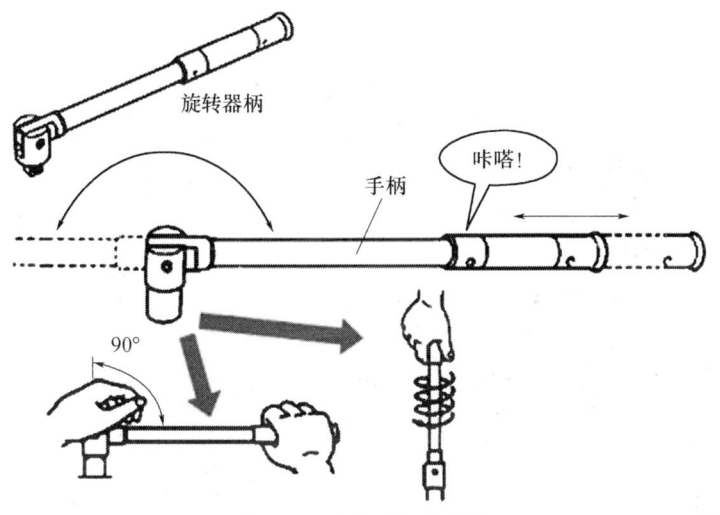

图 1-44 旋转手柄的使用

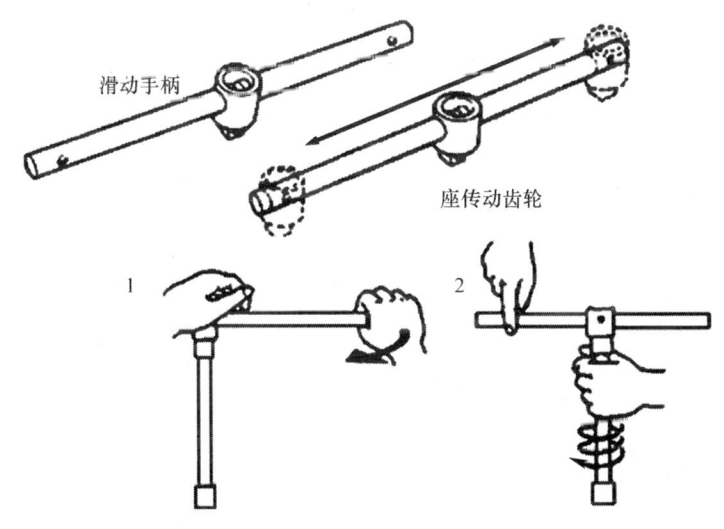

图 1-45 滑动手柄
1—L 形改进扭矩；2—T 形增加速度。

（7）棘轮手柄（图 1-46）。
① 将锁紧手柄往右转可以拧紧螺栓/螺母，往左转可以松开它们。
② 螺栓/螺帽可以不需要使用套筒扳手而单方向转动。
③ 套筒扳手可以以小的回转角锁住，可以在有限的空间中工作。

注意：不要施加过大扭矩，否则会损坏棘爪的结构。

2）梅花扳手
用在补充拧紧和类似操作中，可以对螺栓/螺母施加大扭矩（图 1-47）。
（1）因为扳手钳口是双六角形的，可以容易地装配螺栓/螺母。这样可以在一个有限空间内重新安装。

图 1-46 棘轮手柄

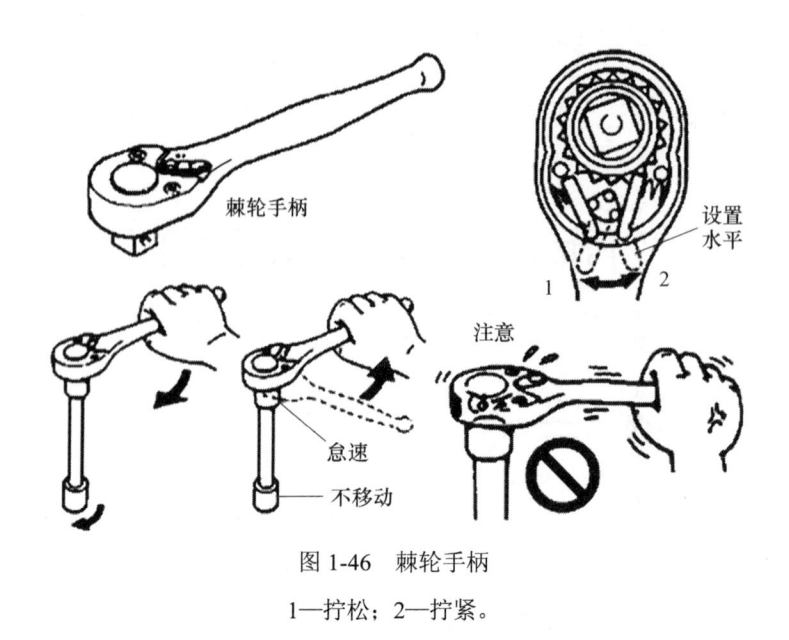

1—拧松；2—拧紧。

（2）由于螺栓/螺母的六角形表面被包住，因此没有损坏螺栓角的危险，并可施加大扭矩。

（3）由于轴是有角度的，因此可用于在凹进空间里或在平面上旋转螺栓/螺母。

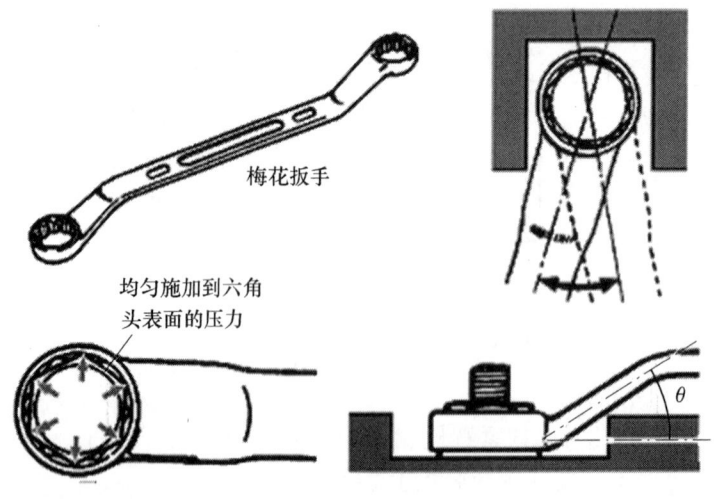

图 1-47 梅花扳手

3）开口扳手

用在不能用成套套筒扳手或梅花扳手拆除或更换螺栓/螺母的位置（图1-48）。

（1）扳手钳口以一定角度与手柄相连。这意味着通过转动开口扳手（扳手），可在有限空间中进一步旋转。

（2）为防止相对的零件也转动，如在拧松一根燃油管时，用两个开口扳手去拧松一个螺母。

（3）扳手不能提供较大扭矩，因此不能用于最终拧紧。

注意：不能在扳手手柄上接套管。这会造成超大扭矩，损坏螺栓或开口扳手（扳手）。

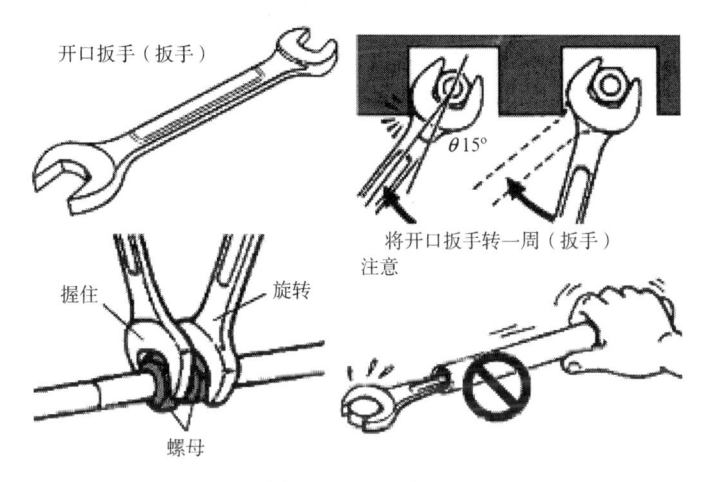

图 1-48 开口扳手

4）可调扳手

适用于尺寸不规则的螺栓/螺母或压紧 SST（专用维修工具）。旋转调节螺丝改变孔径。一个可调扳手可用来代替多个开口扳手。不适于施加大扭矩。在操作时转动调节螺杆，使孔径与螺栓/螺母头部配合完好（图 1-49）。

注意：使调节钳口在旋转方向上来转动扳手。如果不用这种方法转动扳手，压力将作用在调节螺杆上，使其损坏。

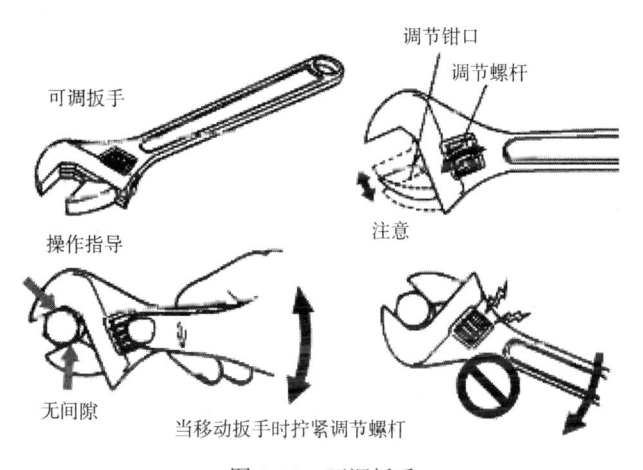

图 1-49 可调扳手

5）火花塞扳手

此工具专用于拆卸及更换火花塞。有大小两种尺寸，要配合火花塞尺寸。扳手内装有一块磁铁，用以保持住火花塞（图1-50）。

注意：

（1）磁性可保护火花塞，但仍要小心不要使其坠落。

（2）为确保火花塞正确地插入，首先要用手仔细地旋转它，最后用扭力扳手最终拧紧。

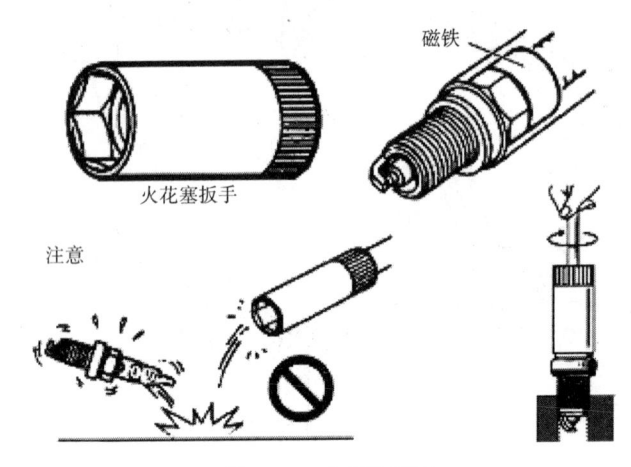

图 1-50 火花塞扳手

6）螺丝刀

用于拆卸和更换螺钉。分（-）、（+）型号，取决于尖部的形状（图1-51）。

（1）使用尺寸合适的螺丝刀，螺钉的槽大小合适。

（2）保持螺丝刀与螺钉尾端成直线，边用力边转动，且施加压力：旋转力=7：3。

注意：切勿用锂鱼钳或其他工具过度施加扭矩。这可能会刮削螺钉的凹槽或损坏螺丝刀尖头。

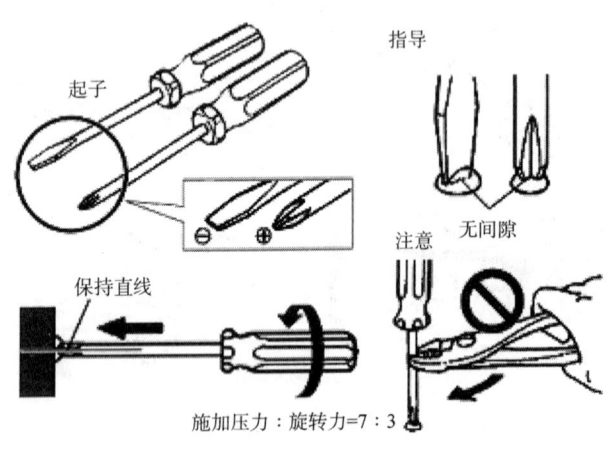

图 1-51 螺丝刀

参考：按照用途选择螺丝刀。虽然普通螺丝刀使用最为频繁，但以下型号的螺丝刀也在不同用途下得以使用（图1-52）。

A．穿透螺丝刀：用于上紧固定螺钉。
B．短柄螺丝刀：可用在有限的空间内拆卸并更换螺钉。
C．方柄螺丝刀：可用在需要大扭矩的地方。
D．精密螺丝刀：可用以拆卸并更换小零件。

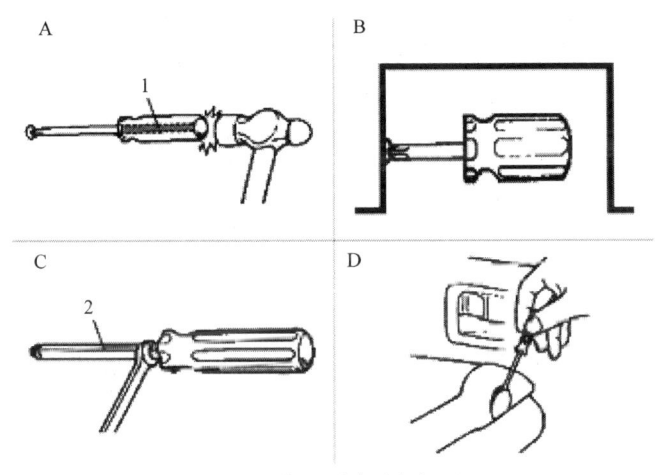

图1-52 按照用途选择螺丝刀

1—尾端全部穿透手柄；2—尾端是方的。

7）尖嘴钳

用在密封的空间里操作或夹紧小零件。钳子是长而细的，使其适于在密封空间里使用。包括一个朝向颈部的刀片，可以切割细导线或从电线上去掉绝缘层（图1-53）。

注意：切勿对钳子头部施加过大的压力。它们可以成U字形打开，因此不能用以做精密工作。

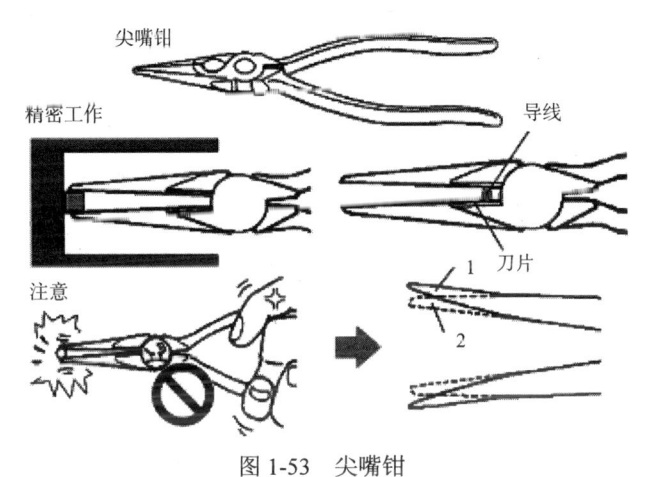

图1-53 尖嘴钳

1—变形；2—变形前。

8）鲤鱼钳

鲤鱼钳用以夹东西。改变支点上的孔的位置使钳口打开的程度可以调节。可用钳口夹紧或拉动。可在颈部切断细导线（图1-54）。

注意：在用钳子夹紧前，须用防护布或其他防护罩遮盖易损坏件。

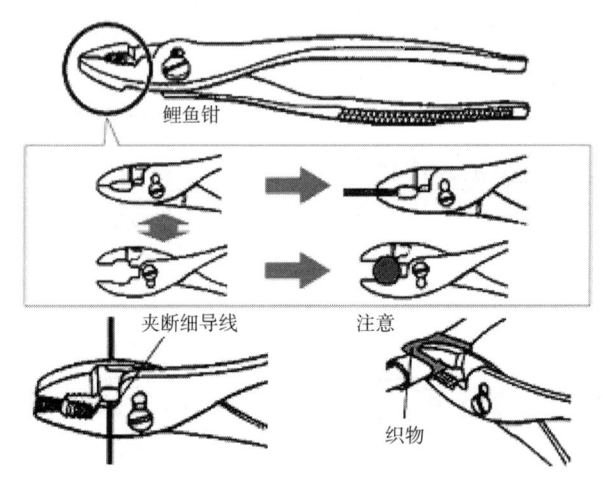

图1-54 鲤鱼钳

9）剪线钳

用于切割细导线。由于刀片尖部为圆形，它可用于切割细线，或者只要选择所需的线从线束中切下（图1-55）。

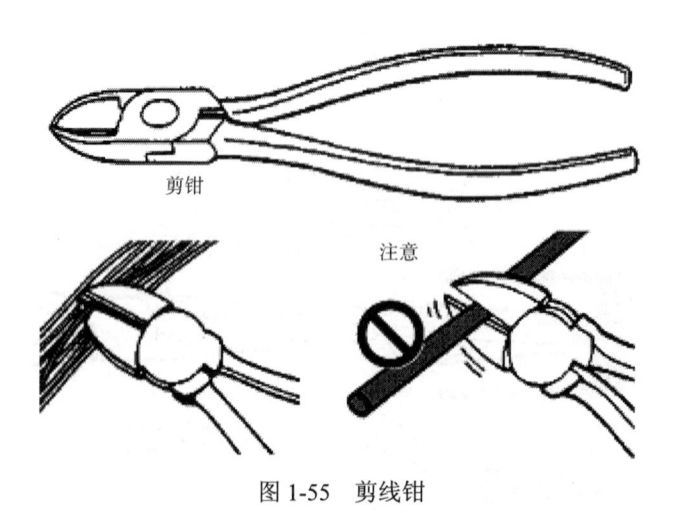

注意：不能用于切割硬的或粗的线。这样做会损坏刀片。

图1-55 剪线钳

10）锤子

可通过敲击来拆卸和更换零件，并且根据声音来测试螺栓的松紧度。有以下类型可供使用，它取决于应用或材料（图1-56）。

（1）球头锤：有铸铁头部。

（2）塑料锤：有塑料头部，用于必须避免撞坏物件的地方。

（3）检修用锤：用带有细长柄的小锤子，根据敲击时的声音和振动来测试螺栓/螺母的松紧度。

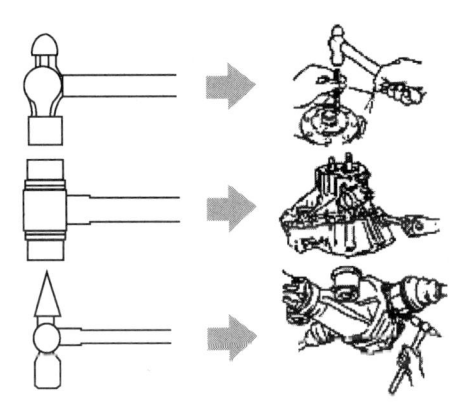

图 1-56　锤子

11）黄铜棒

防止锤子直接敲击零件而损坏，从中起到保护的支撑工具（图 1-57）。用黄铜制成，所以不会损坏零件（因为零件变形前它将会变形）。

注意：如果尖头变形，用磨床研磨。

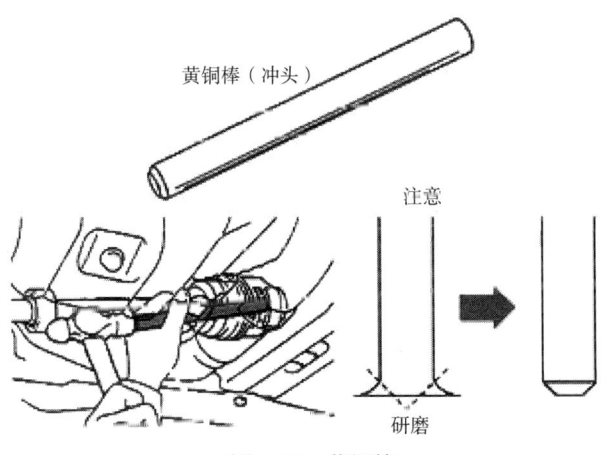

图 1-57　黄铜棒

（五）吊装发动机专用工具的使用

吊卸发动机专用工具有液压吊机、液压千斤顶和举升机。

1. 液压吊机（图 1-58）安全操作流程

（1）液压吊机是起吊重物并允许短距离移位的专用设备。使用时必须遵守操作规程和注意安全。

图 1-58 液压吊机

（2）使用前必须把液压吊机底架的活动前轮臂调整到使用的位置，并确认定位钢销安装可靠及保险卡销安插到位。

（3）起吊重物前先把吊臂调整到所需的长度，并可靠固定；起吊物体的重量必须在吊臂允许的负荷范围内，严禁超负荷起吊。

（4）升降吊臂时，应确保吊臂下无人才能进行操作。

（5）起吊重物时将吊臂的链钩钩住重物的吊绳，慢慢操作升降手柄，将重物平稳缓慢地吊起到所需要的高度。

（6）需要使用吊机移动重物时，应将重物放到尽量低的位置(一般不超过 1m)，以降低重心，减少重物摔落的危险。特殊情况时（越障碍物），被吊物体周围严禁有人，否则不准起吊。

（7）降落重物时应缓慢松开释放阀，使吊臂缓缓下降，把重物降落到预定的位置；严禁急松释放阀使吊臂及重物快速落下。

（8）液压吊机不允许长期吊载着重物静置停放。

（9）严禁在倾斜的斜面或陡坡上操作液压吊机起吊重物。

（10）严禁把手脚伸入已起吊的重物下面。

（11）液压吊机出现故障时请勿自行拆解，需请专业人员维修或报送专业维修商修理。

（12）实训作业完毕，必须把吊臂收回并降回最低的位置。如果确定长时间不使用吊机，要把底架的活动前轮臂收起，并用定位钢销固定，插上保险卡销，按定置管理的要求把液压吊机放回指定的位置。

2. 液压千斤顶（图 1-59）安全操作流程

（1）使用前应检查各部分是否完好、主缸是否漏油、活塞顶部的调整螺杆和回油阀是否灵活可靠。

图 1-59 液压千斤顶

（2）千斤顶不允许在超过规定负荷和行程的情况下使用，不得加长操作杆。

（3）千斤顶应设置在平整、坚实处使用，必须与负荷的重面垂直，其顶部与重物的接触面间应加防滑垫层，并用垫木垫在平底部支撑。

（4）千斤顶顶升作业时，应观察有无漏油和千斤顶位置是否偏斜，必要时应回降调整。

（5）千斤顶在使用时，顶升操作必须均匀、平稳，回降时应缓慢松开放油阀，并使活塞缓慢平稳地回程到底。

（6）在顶升的过程中，应随着重物的上升在重物下加设保险垫层，到达顶升高度后应及时将重物垫实。

（7）在两台及两台以上千斤顶同时顶上一个重物时，千斤顶的总起重能力应不小于负荷重的 2 倍。顶升时应由专人统一观察和指挥，确保各千斤顶的顶升速度及受力基本一致。

（8）使用卧式液压千斤顶顶升车辆进行底盘作业时，必须选择平坦地面并用三角木将着地轮胎塞稳，防止顶升车辆发生位移。

（9）作业车辆被顶升至作业高度后，必须使用安全凳把车辆支撑稳固。严禁单独以千斤顶支撑车辆在车底下作业。

（10）实训作业完毕把千斤顶清洁干净，按定置管理的要求放回指定的位置。

3．举升机安全（图 1-60）操作流程

（1）使用前应清除举升机附近妨碍作业的器具及杂物，并检查操作系统是否正常。

图 1-60　举升机

（2）操作机构灵敏有效，液压系统不允许有爬行现象。

（3）支车时，四个支角应在同一平面上，调整支角胶垫高度使其接触车辆底盘支撑部位。

（4）支车时，车辆不可支的过高，支起后四个托架要锁紧。

（5）待举升车辆驶入后，应将举升机支撑块调整移动对正该车型规定的举升点。

（6）举升时人员应离开车辆，举升到需要高度时，必须插入保险锁销，并确保安全可靠才可开始车底作业。

（7）除低保及小修项目外，其他繁琐笨重作业，不得在举升器上操作修理。

（8）举升器不得频繁起落。
（9）支车时举升要稳，降落要慢。
（10）有人作业时严禁升降举升机。
（11）发现操作机构不灵，电机不同步，托架不平或液压部分漏油，应及时报修，不得带病操作。
（12）作业完毕应清除杂物，打扫举升机周围以保持场地整洁。
（13）定期排除举升机油缸积水，并检查油量，油量不足应及时加注相同牌号的压力油。同时应检查润滑、举升机传动齿轮及链条。

（六）安全文明生产

1. 个人安全

1）眼睛的防护

在汽车维修企业中，眼睛经常会受到各种伤害，如飞来的物体、腐蚀性的化学飞溅物、有毒的气体或烟雾等，但这些伤害几乎都是可以防护的。

常见的保护眼睛的装备是护目镜和面罩。护目镜可以防护各种对眼睛的伤害，如飞来物体或飞溅的液体。在下列情况下，应考虑佩戴护目镜：进行金属切削加工、用錾子或冲子铲剔、使用压缩空气、使用清洗剂等。面罩不仅能够保护眼睛，还能保护整个面部。如果进行电弧焊或气焊，要使用带有色镜片的护目镜或深色镜片的特殊面罩，以防止有害光线或过强的光线伤害眼睛。

注意：在摘下护目镜时，要闭上眼睛，防止粘在护目镜外的金属颗粒掉进眼睛里。

2）听觉的保护

汽车修理厂是个噪声很大的场所，各种设备如冲击扳手、空气压缩机、砂轮机、发动机等的噪声都很大。短时的高噪声会造成暂时性听力丧失，而但持续的较低噪声则更有害。

常见的听力保护装备有耳罩和耳塞，噪声极高时可同时佩戴。一般在钣金车间必须佩戴耳罩或耳塞。

3）手的保护

手是身体经常受伤的部位之一，保护手要从两个方面着手：一是不要把手伸到危险区域，如发动机前部转动的传动带区域、发动机排气管道附近等。二是必要时应戴上防护手套。不同的场合需用不同的防护手套，金属加工用劳保安全手套，接触化学品用橡胶手套。

4）衣服、头发及饰物

宽松的衣服、长袖子、领带都容易卷进旋转的机器中，所以在修理厂中，首先一定要穿合体的工作服，最好是连体工作服，外套、工装裤也可以，这些工作服比平时衣着安全多了。如果戴领带则要把它塞到衬衫里。

工作时不要戴手表或其他饰物，特别是金属饰物，在进行电气维修时可能会导入电流而烧伤皮肤，或导致电路短路而损坏电子元件或设备。

在工厂内要穿劳保鞋，可以保护脚面不被落下的重物砸伤，且劳保鞋的鞋底是防油、防滑的。

长发很容易被卷入运转的机器中，所以长发一定要扎起来，并戴上帽子。

2. 工具和设备安全使用

1）手动工具的安全使用

手动工具看起来是安全的，但使用不当也会导致事故，如用一字旋具代替撬棍，会导致旋具崩裂、损坏；飞溅物会打伤自己或他人；扳手从油腻的手中滑落，掉到旋转的元件上，再飞出来伤人；等等。

另外，使用带锐边的工具时，锐边不要对着自己和工作同事。传递工具时要将手柄朝向对方。

2）动力工具的安全使用

所有的电气设备都要使用三相插座，地线要安全接地，电缆或装配松动应及时维护；所有旋转的设备都应有安全罩，以免部件飞出伤人。

在进行电子系统维修时，应断开电路的电源，方法是断开蓄电池的负极搭接线，这不仅可以保护人身安全，还能防止对电器的损坏。

许多维修工序需要将车辆升离地面，在升起车辆前应确保汽车已被正确支撑，并应使用安全锁以免汽车落下。用千斤顶支起汽车时应当确保千斤顶支撑在汽车底盘大梁部分或较结实的部分。

注意：升起汽车时要先看维修手册，找到正确的支撑点，错误的支撑点不仅危险，而且会破坏汽车的结构。

工具和设备都要定期检查和保养。

3）压缩空气的安全使用

使用压缩空气时，应非常小心，不要玩弄它们，不要将压缩空气对着自己或别人，不要对着地面或设备、车辆乱吹。压缩空气会撕裂耳鼓膜，造成失聪；会损伤肺部或伤及皮肤；被压缩空气吹起的尘土或金属颗粒会造成皮肤、眼睛损伤。

3. 日常安全守则

（1）工具不使用时应保持干净并放到正确的位置。

（2）各种设备和工具要及时检查和保养。

（3）手上应避免油污，以免工具滑脱。

（4）启动发动机的车辆应保证驻车制动正常。

（5）不要在车间内乱转。

（6）在车间内启动发动机要保持通风良好。

（7）在车间内穿戴、着装要合适，并佩戴必要的安全防护装备，如手套、护目镜、耳塞等。

（8）不要将压缩空气对着人或设备吹。

（9）尖锐的工具不要放到口袋里，以免扎伤自己或划伤车辆。

（10）常用通道上不要放工具、设备、车辆等。

（11）用正确的方法使用正确的工具。

（12）手、衣服、工具应远离旋转设备或部件。

（13）开车进出车间时要格外小心。

（14）在极疲劳或消沉时不要工作，这种情况下会降低注意力，有可能会导致自身或他人的伤害。

（15）如果不知道车间设备如何使用，应先向师傅请教，以得到正确、安全的使用方法。

（16）用举升器或千斤顶升起车辆时一定要按正确的规程操作。

（17）应知道车间灭火器、医疗急救包、洗眼处的位置。

四、自我测试题

（一）概念题

1．压缩比

2．燃烧室容积

3．汽缸工作容积

4．工作循环

5．发动机排量

6．YZ6102Q 发动机

（二）填空题

1．发动机的动力性指标主要有_____、_____等；经济性指标主要是_____和_____。

2．发动机的有效功率与指示功率之比称为_____。

3．汽油机由____大机构____大系统组成；柴油机由____大机构____大系统组成。

（三）判断题

1．四冲程发动机在进行压缩行程时，进排气门都是开启的。（   ）

2．二冲程发动机完成一个工作循环，曲轴共转两周。（   ）

3．四冲程柴油机在进气行程时，进入汽缸的是可燃混合气。（   ）

4．汽油机的组成部分有点火系统，而柴油机没有点火系统。（   ）

5．以发动机曲轴对外输出功率为基础指标称为发动机有效性能指标。（   ）

6．对多缸发动机来说，所有汽缸的工作行程都是同时进行的。（   ）

（四）选择题

1．活塞每走一个行程，相应于曲轴转角（   ）。

    A．180°　　　　　　　　　　　　B．360°

    C．540°　　　　　　　　　　　　D．720°

2．对于四冲程发动机来说，发动机每完成一个工作循环曲轴旋转（　　）。
　　A．180°　　　　　　　　　　　　B．360°
　　C．540°　　　　　　　　　　　　D．720°
3．下列说法错误的是（　　）。
　　A．可靠性是指发动机在规定的运转条件下，具有持续工作，不至因为故障而影响正常运转的能力
　　B．发动机负荷越大，可靠性越差
　　C．耐久性是指发动机在规定的运转条件下，长期工作而不大修的性能
　　D．启动性能是表征发动机启动难易的指标。发动机启动性能好，便于汽车起步行驶，同时减少了启动时的功率消耗和发动机的磨损

（五）简答题
1．发动机工作循环包括哪几个过程？
2．配图叙述四冲程汽油机的工作原理。
3．简述四缸四冲程柴油机的工作过程。
4．发动机由哪些部分组成？
5．汽油机和柴油机各有哪些优缺点？

项目二 汽缸盖和配气机构的检修

一、项目描述

接受学习工作单；运用维修手册获得该车型发动机汽缸盖及配气机构维修标准技术数据；确定检修所需的工具、设备和材料；拆卸并分解汽缸盖及配气机构零件；运用检测工量具，检查汽缸盖及配气机构各零件，确定检修方案；记录维修过程并填写学习工作单。通过该项目的学习，学生能够达到以下要求。

1. 知识要求

（1）了解配气机构的功用、组成；熟悉气门和凸轮的布置形式；理解气门间隙的概念、配气相位。

（2）掌握配气机构拆装的步骤、要求以及配气机构主要零件的结构。

（3）掌握气门间隙检查和调整的方法。

（4）掌握气门组和气门传动组主要零部件的检修知识。

2. 技能要求

（1）会独立按正确的步骤、方法和要求对配气机构进行拆装。

（2）能够独立检查和调整气门间隙。

（3）具有气门组和气门传动组主要零部件检修的能力。

3. 素质要求

（1）注意5S。

（2）注意劳动保护与安全操作。

（3）具备环境保护意识。

（4）具有团队协作精神。

（5）具有组织沟通能力。

(6) 操作规范。

二、项目实施

任务一 发动机正时带/传动带的检查与更换

训练目标与要求

(1) 能够正确进行发动机正时带/传动带的拆卸。
(2) 会检查和调整发动机正时带/传动带的张紧度。
(3) 会按规范更换发动机传动带/正时带。
(4) 会分析发动机正时带安装不正确对点火正时的影响。
(5) 会解释发动机传动带张紧度对充电系统和空调系统的影响。
(6) 会解释发动机运转时正时带断裂对发动机的影响。

训练设备

(1) 桑塔纳 2000 型轿车 AJR 型发动机拆装台 4 台。
(2) 扳手、螺钉旋具、锤子、手钳等常用工具、专修工具 4 套。
(3) 棉纱、规定牌号冷却液、汽油、发动机润滑油、清洗剂等辅助材料若干。

训练步骤

1. 发电机、动力转向油泵和 V 形带的拆装

在拆卸 V 形带之前要先做好方向记号。如果按相反方向安装使用 V 形带,有可能损坏 V 形带,在安装时还要保证 V 形带正确地啮合进入 V 形带轮内。发电机、动力转向油泵和 V 形带的分解图,如图 2-1 所示。

(1) 发电机的拆卸。
① 断开蓄电池搭铁线。
② 抽取冷却液,拔下通向散热器的上冷却液管。
③ 松开发电机的上、下连接螺栓。轻轻转动发电机,拔下下部连接螺栓。
④ 拆下发电机。
(2) V 形带的拆卸。

拆卸空调压缩机的传动带时,不要打开空调制冷回路。在拆卸 V 形带之前要先做好方向记号。

① 松开空调压缩机,拆下空调压缩机 V 形带。
② 用开口扳手按图 2-2 所示的箭头方向扳动 V 形带张紧轮,使 V 形带松弛。
③ 用销钉 3204 固定住张紧轮。
④ 拆下固定住的 V 形带张紧轮。
⑤ 拆下 V 形带,如图 2-3 所示。检查磨损情况,不得有扭曲现象。
(3) V 形带的安装。

在安装 V 形带之前保证所有的附件(发电机、空调压缩机和动力油泵)都已经安装牢固。

① 套上V形带。
② 安装连同销钉3204的张紧轮。
③ 将V形带在发电机V形带轮上定位。
④ 检查V形带的正确位置,V形带的布置如图2-4所示。

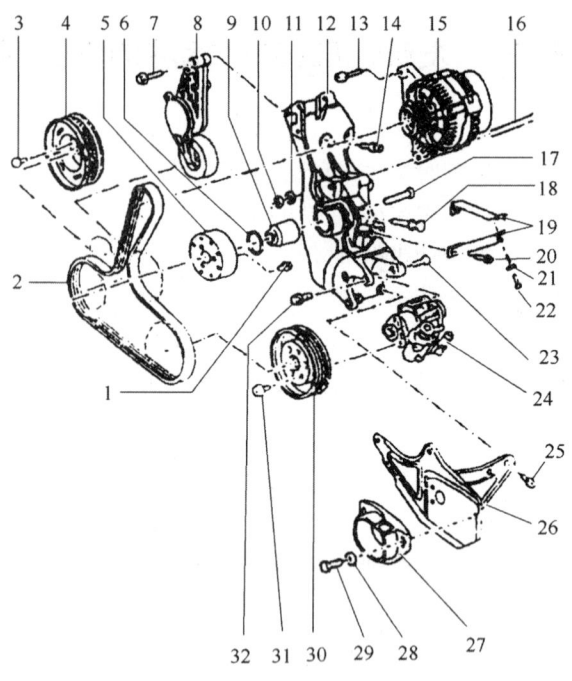

图2-1 发电机、动力转向油泵和V形带的分解图

1—螺栓(拧紧力矩10N·m);2—V形带;3—螺栓(拧紧力矩40N·m);4—V形带轮;
5—曲轴传动带轮;6—保持夹;7、13、23、25、29、31、32—螺栓(拧紧力矩25N·m);
8—V形带张紧轮;9—过渡轮;10、14、16、17、18—螺栓(拧紧力矩45N·m);
11、21、28—垫圈;12—支架;15—发电机;19—支架;20、22—螺栓(拧紧力矩20N·m);
24—动力转向油泵;26—支架;27—扭力臂止位块;30—动力转向油泵带轮。

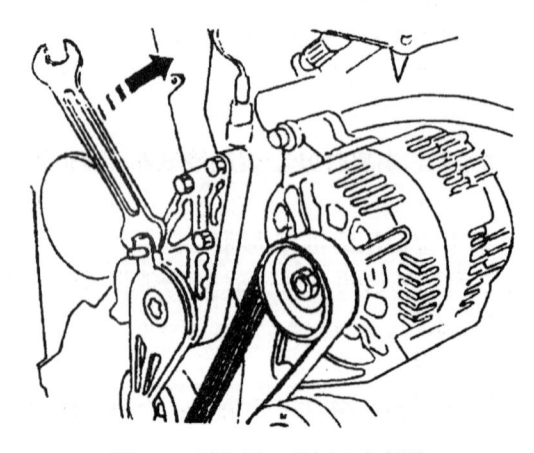

图2-2 用专用工具扳动张紧轮

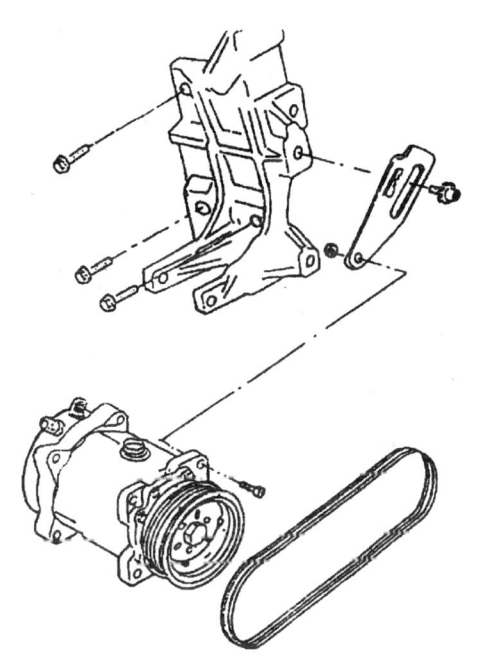

图 2-3 空调压缩机的 V 形带

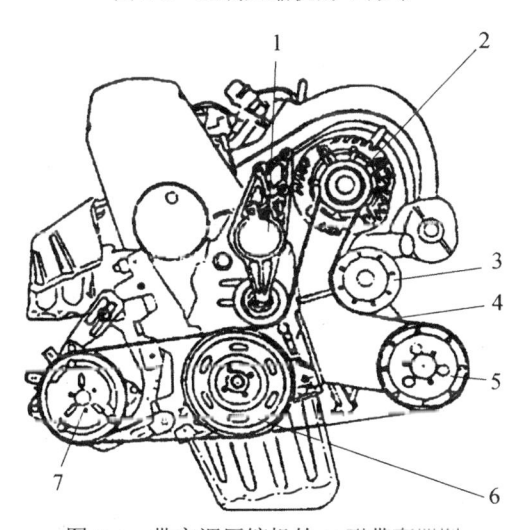

图 2-4 带空调压缩机的 V 形带布置图

1—张紧装置；2—交流发电机；3—导向轮；4—V 形带；5—动力转向油泵；
6—曲轴 V 形带轮；7—空调压缩机。

⑤ 张紧 V 形带，拆下张紧轮上的销钉 3204。

⑥ 启动发动机，并检查 V 形带的运转情况。

2. AJR 型发动机正时齿带的拆装

AJR 型发动机正时齿带的拆装如图 2-5 所示。

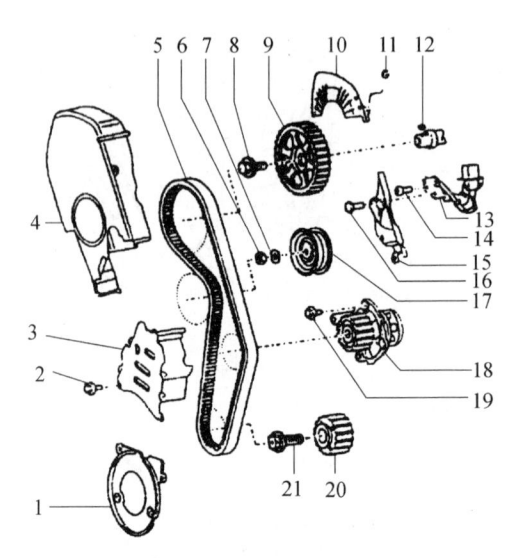

图 2-5 正时齿带及附件的分解图

1—正时齿带下防护罩；2—中间防护罩螺栓（拧紧力矩 10N·m）；3—正时齿带中间防护罩；4—正时齿带上防护罩；5—正时齿带；6—张紧轮固定螺栓（拧紧力矩 15N·m）；7—波纹垫圈；8—凸轮轴正时齿带轮固定螺栓（拧紧力矩 100N·m）；9—凸轮轴正时齿带轮；10—正时齿带后上防护罩；11—防护固定螺栓（拧紧力矩 10N·m）；12—半圆键；13—霍耳传感器；14—螺栓（拧紧力矩 10N·m）；15—正时齿带后防护罩；16—螺栓（拧紧力矩 20N·m）；17—半自动张紧轮；18—水泵；19—螺栓（拧紧力矩 15N·m）；20—曲轴正时齿带轮；21—曲轴正时齿带轮螺栓（拧紧力矩 90N·m+1/4 圈）。

（1）正时齿带的拆卸。
① 将发动机安装在维修工作台上。
② 拆卸 V 形带。
③ 将曲轴转到第一缸的上止点位置，如图 2-6 中箭头所示。
④ 拆卸正时齿带上防护罩。
⑤ 将凸轮轴正时齿带轮上的标记（图 2-7 中箭头）对准正时齿带防护罩上的标记。

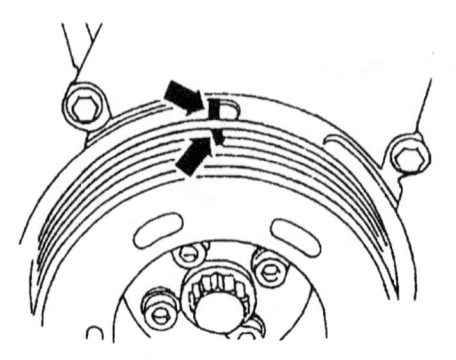

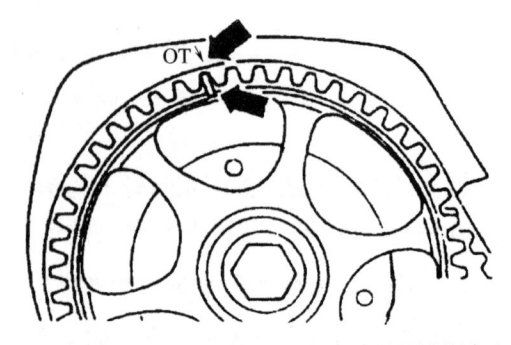

图 2-6 第一缸上止点记号　　图 2-7 凸轮轴正时齿带轮与正时齿带防护罩上的标记

⑥ 拆卸曲轴正时齿带轮。
⑦ 拆卸正时齿带中间及下防护罩。
⑧ 用粉笔等在正时齿带上做好记号,检查磨损情况,不得有扭曲现象。
⑨ 松开半自动张紧轮并拆下正时齿带。
(2) 正时齿带的安装(调整配气相位)。

正时齿带的安装如图2-8所示,图2-8为拆去正时齿带上、中防护罩后的视图。凡是进行过与正时齿带相关的修理工作后,都要按下述步骤对正时齿带进行调整。

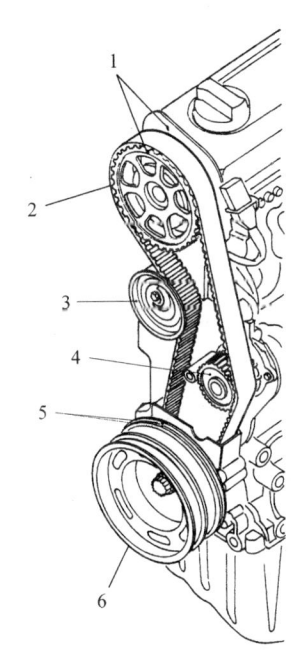

图 2-8 正时齿带的安装

1—凸轮轴正时记号;2—凸轮轴皮带轮;3—半自动张紧轮;
4—水泵;5—曲轴正时记号;6—曲轴皮带轮。

① 转动凸轮轴,使曲轴不在上止点的位置,以免损坏气门及活塞。
② 将凸轮轴正时齿带轮上的标记对准正时齿带防护罩上的标记。
③ 检查曲轴正时齿带轮上止点记号与参考标记是否对准。
④ 将正时齿带安装到曲轴正时齿带轮和水泵上,注意安装位置。
⑤ 将正时齿带安装到张紧轮和凸轮轴正时齿带轮上。注意半自动张紧轮的位置,定位块(图2-9中箭头)必须嵌入汽缸盖上的缺口内。
⑥ 将半自动张紧轮逆时针转动,直到可以使用专用工具(Matra V159)为止,如图2-10中箭头所示。松开张紧轮,直到指针1位于缺口2下方约10mm处。旋紧张紧轮,直到指针1和缺口2重叠,将张紧轮上锁紧螺母以15N·m的力矩拧紧。
⑦ 用手转动曲轴,检查并调整。
⑧ 安装正时齿带下防护罩、曲轴正时齿带轮、正时齿带上部和中间防护罩。

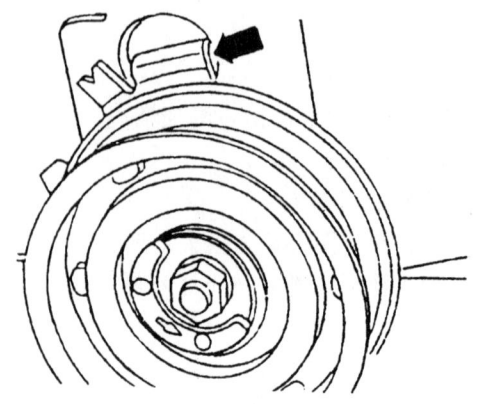

图 2-9 半自动张紧轮的位置

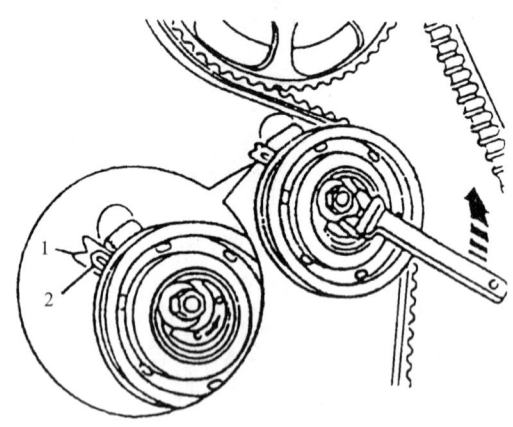

图 2-10 用专用工具安装半自动张紧轮
1—指针；2—缺口。

（3）检查半自动张紧轮。

当发动机前端位于维修工作台上，正时齿带已安装并张紧时，拆下正时齿带上防护罩，用拇指用力弯曲正时齿带，指针 2 应该移向一侧，如图 2-11 所示。当放松正时齿带时，张紧轮应该回到初始位置（缺口 1 和指针 2 重叠）。

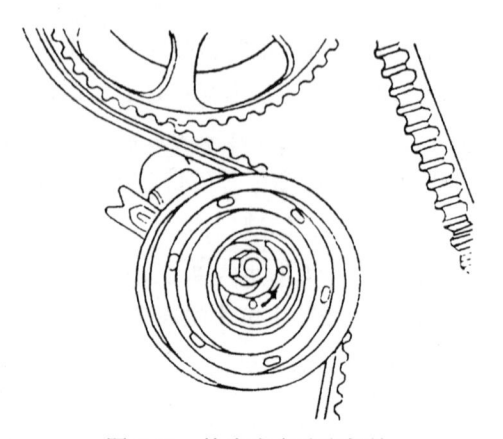

图 2-11 检查半自动张紧轮

任务二　汽缸盖和汽缸垫的拆装与检修

训练目标与要求

（1）熟悉发动机汽缸盖、汽缸垫的功用、结构特点。
（2）掌握发动机汽缸盖、汽缸垫的拆装与检修工艺。
（3）掌握工具、量具、设备使用方法，文明操作，安全生产。

训练设备

（1）桑塔纳轿车 AJR 型发动机 4 台，拆装工作台、零件架。
（2）轿车发动机汽缸体、汽缸盖各数个，最大压力 1MPa 的水压机 1 台。
（3）常用工具和桑塔纳轿车专修工具等专用工具各 4 套。
（4）金属直尺或刀口尺、塞尺、水平仪、高度游标卡尺，燃烧室容积检测工具各 4 个。
（5）棉纱、汽油、清洗剂等辅助材料若干。

训练步骤

发动机汽缸盖和汽缸垫的拆装与检修（以桑塔纳 2000GSi 轿车 AJR 发动机为例）。

桑塔纳 200GSi 型轿车 AJR 型发动机与 AFE 型发动机相比，少了中间轴、分电器及其驱动系统，点火系统由电控单元 ECU 控制。另外，又增加了凸轮轴的转角测量装置，水泵、发电机结构及安装位置也有所改变，采用双爆振传感器。汽缸盖的拆装如图 2-12 所示。

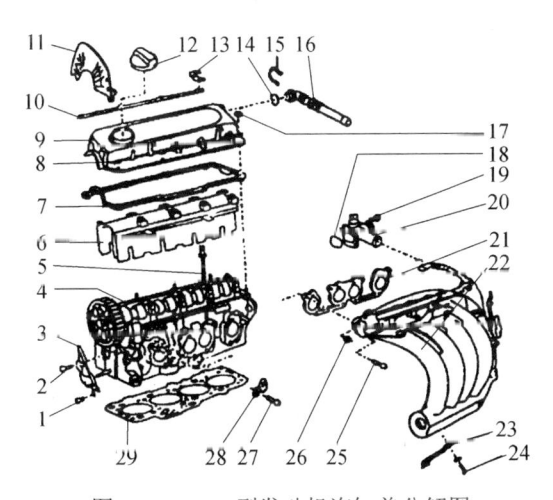

图 2-12　AJR 型发动机汽缸盖分解图

1—螺栓（拧紧力矩 15N·m）；2、25、27—螺栓（拧紧力矩 20N·m）；3—正时齿带后护板；4—汽缸盖总成；5—汽缸盖螺栓；6—机油反射罩；7—气门罩盖衬垫；8—紧固压条；9—气门罩盖；10—压条；11—正时齿带后上罩；12—加机油口盖；13—支架；14—密封圈；15—匝箍；16—曲轴箱通气软管；17—螺母（拧紧力矩 12N·m）；18—密封圈；19—螺栓（拧紧力矩 10N·m）；20—凸缘；21—进气歧管衬垫；22—进气歧管；23—进气歧管支架；24—进气歧管支架紧固螺栓；26—螺母（拧紧力矩 20N·m）；28—吊耳；29—汽缸盖衬垫。

1. 汽缸盖的拆卸

（1）关闭点火开关，拔下蓄电池搭铁线。

（2）抽取冷却液。

（3）拆下发动机罩盖。

（4）断开空气流量计的接头。

（5）断开活性炭罐电磁阀（ACF 阀）的接头。

（6）拔下空气滤清器罩壳上的活性炭罐电磁阀。

（7）拆下空气滤清器和节气门控制器之间的空气管路。拆下空气滤清器罩壳。

（8）拔下散热器底部和发动机上的冷却液软管。

（9）拆下冷却液储液罐，拆下至散热器的冷却液软管。

（10）如图 2-13 所示，拔下燃油分配管上的供油管和回油管。注意燃油系统是有压力的，在打开管路之前在开口处放上抹布，然后缓慢地打开接头以排出压力。

（11）如图 2-14 所示，拆下节气门拉索（箭头）。

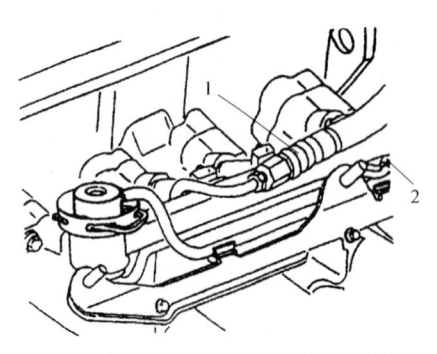

图 2-13 拆下供油管和回油管

1—供油管；2—回油管。

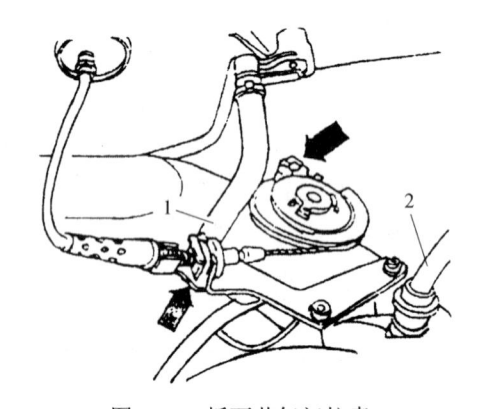

图 2-14 拆下节气门拉索

1—通向活性炭罐电磁阀的真空管；
2—通向制动助力装置的真空管。

（12）拔下到活性炭罐电磁阀的真空管 1，如图 2-14 所示。

（13）拔下到制动助力装置的真空管 2，如图 2-14 所示。

（14）拔下喷油器、节气门控制器、霍耳传感器、进气温度传感器接头，如图 2-15 所示。

（15）如图 2-16 所示，拔下通向暖风热交换器的冷却液软管。

（16）拔下冷却水温传感器上的接头，拔下机油温度传感器的接头。

（17）旋下进气歧管支架的螺栓，如图 2-17 所示。从排气歧管上拆下前排气管的螺栓。

（18）如图 2-18 所示，拔下氧传感器插头。

（19）拆下正时齿带上护罩。如图 2-20 所示，将凸轮轴正时齿带轮的标记对准正时齿带护罩上的标记。

（20）如图 2-21 所示，将曲轴转动到第一缸的上止点位置。

（21）松开半自动张紧轮，并从凸轮轴正时齿带轮上拆下正时齿带。

（22）旋下正时齿带后护罩的螺栓。

(23) 拔出火花塞插头,并放置在一边。

(24) 拆下气门罩盖。按照图 2-19 从 1 到 10 的顺序松开汽缸盖螺栓。

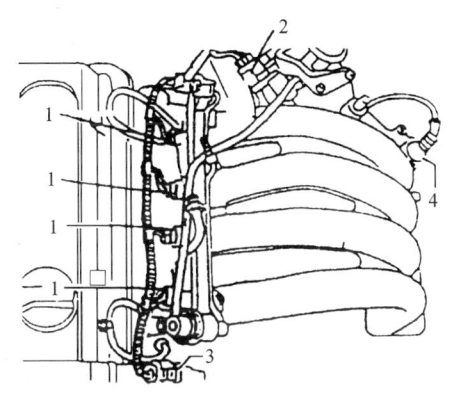

图 2-15 拔下各个接头
1—喷油器；2—节气门控制器；
3—霍耳传感器；4—进气温度传感器。

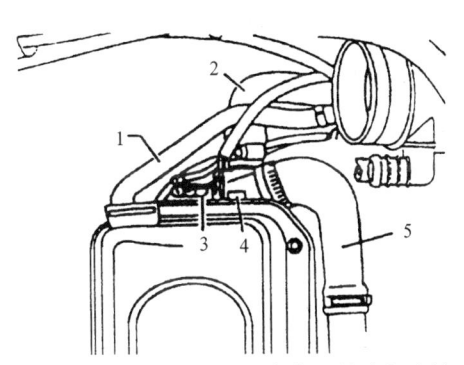

图 2-16 拔下通向暖风热风交换器的冷却液管
1—通向膨胀水箱软管；2—通向暖风热风交换器软管；3—冷却液水温传感器；4—空调控制开关；5—通向散热器软管。

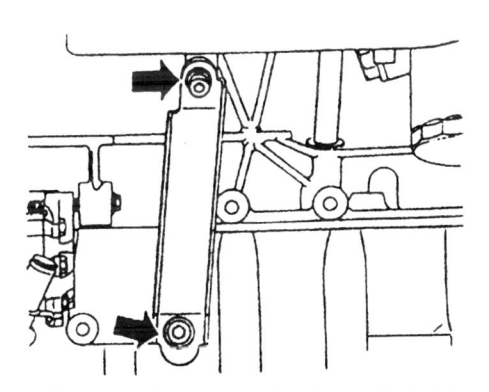

图 2-17 松开进气歧管支架的下紧固螺栓

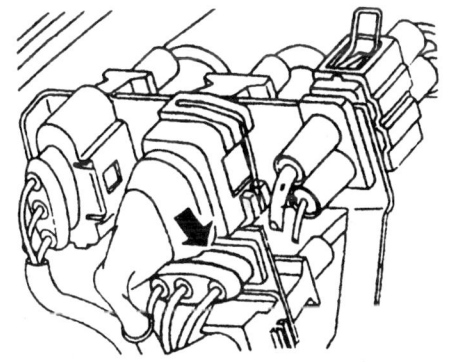

图 2-18 拔下氧传感器的插头

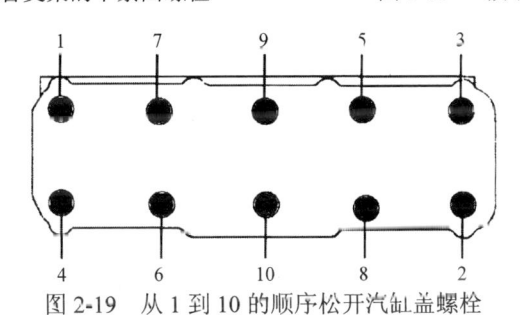

图 2-19 从 1 到 10 的顺序松开汽缸盖螺栓

(25) 将汽缸盖与汽缸盖衬垫一起拆下。

2. 检查汽缸盖平面度

(1) 将汽缸盖翻过来,把刀形样板尺放到汽缸盖下表面上,用厚薄规检查汽缸盖的平面度,如图 2-22 所示。汽缸盖的平面度最大不得超过 0.1mm,如超过最大极限值,应予以修理或更换。修理后的汽缸盖高度不得低于 $a=133$mm,如图 2-23 所示。

49

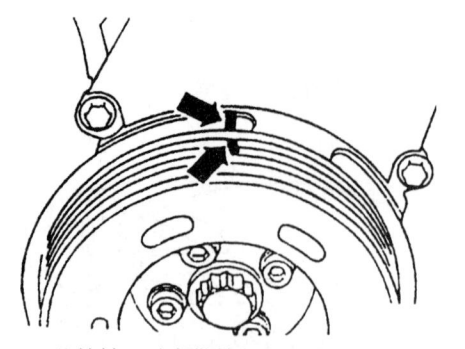

图 2-20　凸轮轴正时齿带轮与正时齿带护罩上的标记

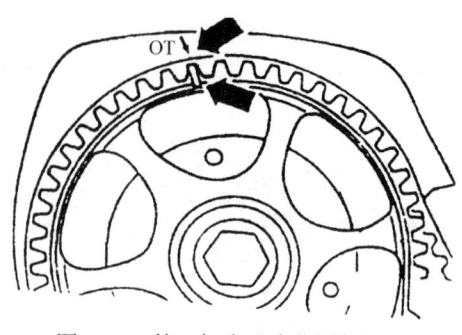

图 2-21　第一缸上止点位置标记

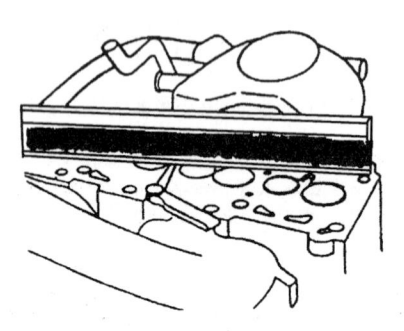

图 2-22　检查汽缸盖平面度

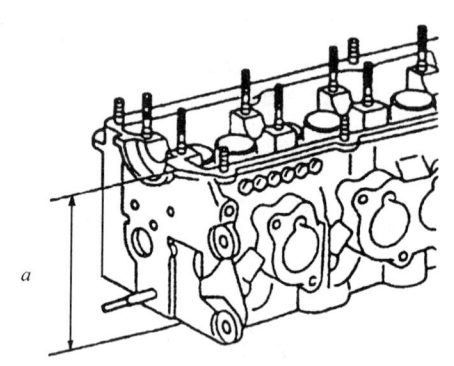

图 2-23　汽缸盖修复尺寸

（2）若汽缸盖平面度误差较大，可采用压力校正的方法：校正时，应在缸盖下平面处垫置软金属板，并对缸盖加温至 500℃ 左右，增加压力时应平缓，保持一定的加压时间，待缸盖冷却后，进行检查。若平面度超差不大，可再进行修磨；若能通过压力校正，保证平面度误差值符合规定要求，也可不再加工。

3. 汽缸盖与进排气歧管结合平面（侧平面）的检修

（1）用同样的方法检查汽缸盖与进排气歧管结合平面（侧平面）的平面度误差。

（2）桑塔纳轿车 AFE 发动机汽缸盖与进排气歧管结合平面的平面度误差不大于 0.05mm。超过后应修磨，修磨量不大于 1mm，否则应更换。

4. 汽缸盖裂纹的检修

（1）汽缸盖裂纹的检查方法。

① 汽缸盖、汽缸体和汽缸垫按要求装合在一起。

② 将水压机水管接在汽缸体进水口处，并将其他水口封住。

③ 用水压机将水压入水套，压力在 0.3MPa～0.4MPa 时，保持 5min，汽缸盖表面、燃烧室等部位无水珠出现，表明无裂纹。

（2）汽缸盖裂纹的修理。

① 汽缸盖的裂纹凡出现漏水、漏油、漏气时，一般应予更换。

② 对尚未影响到燃烧室、水道、油道等关键部位的裂纹，可以在裂纹末端钻一小孔，将集中在裂纹末端的应力分散，避免裂纹向纵深发展。

③ 在受力和受热不大的部位若出现裂纹，采环氧树脂粘结法；受力较大的部位出现

裂纹时，应采用焊接法。

④ 也可采用将堵漏剂加注在水道里以堵住缸体上细小裂纹的方法加以修复。

5. 汽缸盖燃烧室容积的检测

（1）检测的准备。

① 彻底清洗待检验的汽缸盖的燃烧室，清除积炭、结胶和油污等，清洗后要呈现出金属原色。

② 装上汽缸盖的全部火花塞，并按规定力矩拧紧。

③ 将气门组按规定装在气门座上（气门组经过修理已达技术要求）。

④ 将汽缸盖下平面朝上搁置在工作台或平台上，下部用可调支撑支撑。

⑤ 用水平仪将汽缸盖下平面调整至水平位置。

（2）测量汽缸盖燃烧室容积。

① 在燃烧室周围平面上涂以薄层润滑油，盖上中间带有圆孔的平板玻璃，使其与缸盖有效密合。

② 用量杯加入量约为燃烧室容积95%的混合液时，停止加注。

③ 用注射器或滴管从玻璃板中间的圆孔向燃烧室内注入混合油液，直至液面同平板玻璃相接触时停止加注。

④ 总注入量即为燃烧室容积。若活塞顶部有凹坑，还应测量凹坑的容积。

⑤ 依次测量并计算各缸燃烧室的实际容积。将所有燃烧室容积测量数据填入试验报告册，并分析结果。

⑥ 轿车发动机燃烧室容积，一般规定不得小于公称容积的95%，同一汽缸盖各燃烧室之间容积的差值为公称容积的1%～2%。

6. 汽缸盖螺纹孔的修理

（1）桑塔纳轿车发动机汽缸盖的维修。轿车汽缸盖如有裂纹，螺栓、螺孔螺纹以及火花塞孔螺纹有乱牙滑牙，凸轮轴支撑座孔用盖若有磨损等现象，则应更换汽缸盖。

（2）其他发动机按规定要求，汽缸体螺纹孔螺纹损伤不多于2牙，汽缸盖上火花塞螺孔损伤不多于1牙，更不允许有滑牙、乱牙的现象。否则，需对螺纹孔进行修理，方法如下：

若螺纹孔损伤严重而无法使用时，可扩大缸体螺孔一级，镶上内、外均有螺纹的螺纹套，配用原规格的缸盖螺栓使用。也可只扩大一级螺孔，不镶螺纹套，另车配专用高强度台阶螺栓装于汽缸休上；或扩大相应的缸盖上的安装孔，换用加大螺栓使用。在加工缸体螺孔时，应保证螺孔轴线与缸体平面的垂直度要求。

汽缸盖上火花塞螺孔损坏时，也可镶上螺纹套，铸铁缸盖宜用中碳钢、铝质缸盖宜用铜质材料镶配，镶套时应涂以红铅油，镶入后应将内套下口加以冲大，以防松动。

7. 汽缸盖的安装

汽缸盖的安装顺序基本与拆卸顺序相反，但是应注意以下事项：

（1）汽缸盖在安装前，必须将汽缸盖、汽缸体、螺栓及螺孔等处的脏物彻底清除掉。

（2）在安装汽缸盖之前，要将曲轴转动到第一缸的上止点位置。

（3）安装汽缸盖衬垫时，有标号（配件号）的一面必须可见。标有"OPEN TOP"字样的一面必须朝向汽缸盖，如图 2-24 所示。

汽缸垫有卷边的一面，应朝向易修整的接触面或硬平面。如汽缸盖和汽缸体同为铸铁时，卷边应朝向易修整的汽缸盖；汽缸盖为铝合金，汽缸体为铸铁时，卷边应朝向汽缸体。

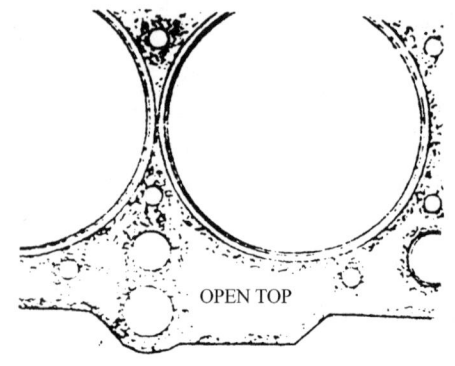

图 2-24 汽缸盖衬垫的标记

（4）更换汽缸盖紧固螺栓，不能重复使用已经按照拧紧力矩拧紧过的螺栓。

（5）按照图 2-25 的顺序以 40N·m 的力矩拧紧汽缸盖螺栓，然后用扳手再拧紧 180°。

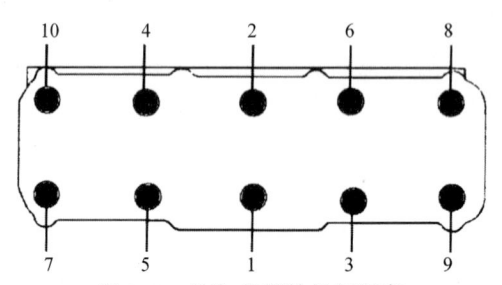

图 2-25 汽缸盖螺栓拧紧顺序

（6）安装正时齿带（调整配气相位），安装气门罩盖。

（7）调整节气门拉索，加注新的冷却液。

（8）执行节气门控制单元匹配。

（9）查询故障代码。拔下电控单元电子元件插头会导致故障存储，查询故障代码，必要时删除故障代码。

（10）注意主要部件螺栓的拧紧力矩。前排气管与排气歧管紧固螺栓拧紧力矩为 20N·m，进气歧管支架与发动机之间的螺栓紧固拧紧力矩也为 20N·m，进气歧管支架与进气歧管紧固螺栓拧紧力矩为 30N·m。

任务三 气门传动组的拆装与检修

训练目标与要求

（1）熟悉发动机气门传动组的组成、功用与结构。

（2）掌握发动机凸轮轴的拆装与检修工艺；熟悉挺柱、推杆、摇臂的检修方法。

(3) 掌握工具、量具、设备使用方法，文明操作，安全生产。

训练设备

(1) 桑塔纳轿车 AJR 型发动机 4 台，拆装工作台、零件架。
(2) 常用工具和桑塔纳轿车专修工具等专用工具各 4 套。
(3) 塞尺、千分尺、百分表与磁力表架等量具、检测设备各 4 套。
(4) 棉纱、汽油、清洗剂等辅助材料若干。

训练步骤

1. 凸轮轴的拆装与检测

(1) 凸轮轴和液压挺柱的拆装。气门传动组的结构如图 2-26 所示。

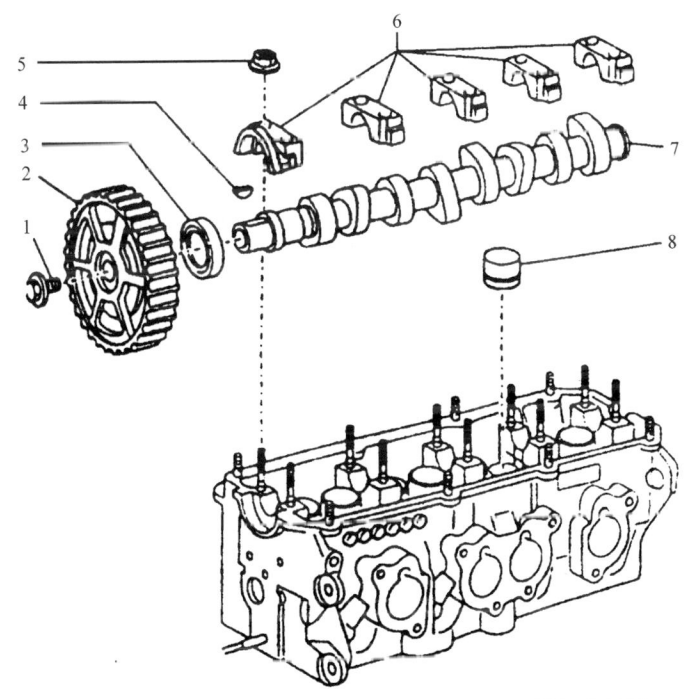

图 2-26 AJR 型发动机配气机构零件（传动组）分解图

1—正时齿带轮螺栓；2—凸轮轴正时齿带轮（带霍耳传感器的脉冲轮）；3—密封圈；4—半圆键；5—螺母；6—轴承盖；7—凸轮轴；8—液压挺杆。

拆卸之前应确保曲轴正时带轮和凸轮轴正时齿带轮对准相应的正时标记后，拆下正时齿带，再按照以下步骤拆卸凸轮轴：

① 旋松正时齿带轮螺栓，拆下凸轮轴正时齿带轮。以免在拆卸凸轮轴时损坏霍耳传感器。

② 拆下密封圈和半圆键。

③ 拆下凸轮轴轴承盖紧固螺母，其顺序先松第 1、3、5 号轴承盖，然后按对角交替方式旋松第 2、4 号轴承盖螺母，拆下凸轮轴。

④ 拆卸时将液压挺杆做上标记，液压挺杆不可互换。

(2) 凸轮轴弯曲度检测。

用顶针（或 V 形铁）支起凸轮轴，在平台上用百分表检查凸轮轴的弯曲度，如图 2-27 所示。凸轮轴弯曲度允许极限值为 0.01mm。

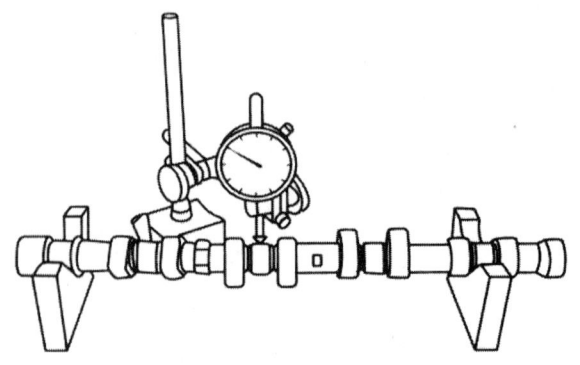

图 2-27 检查凸轮轴的弯曲度

在表 2-1 中记录百分表的径向跳动量，查阅维修手册，制订修复计划。

表 2-1 凸轮轴径向跳动量的检测与修复计划

该凸轮轴的最大径向跳动/mm	凸轮轴径向跳动的技术要求/mm	在合适的选项中打"√"		
		校正	更换	继续使用

(3) 凸轮磨损的检测。

如图 2-28 所示，用外径千分尺在每个凸轮的前后两个位置检测它们的尺寸（基圆底部到桃尖位置）。

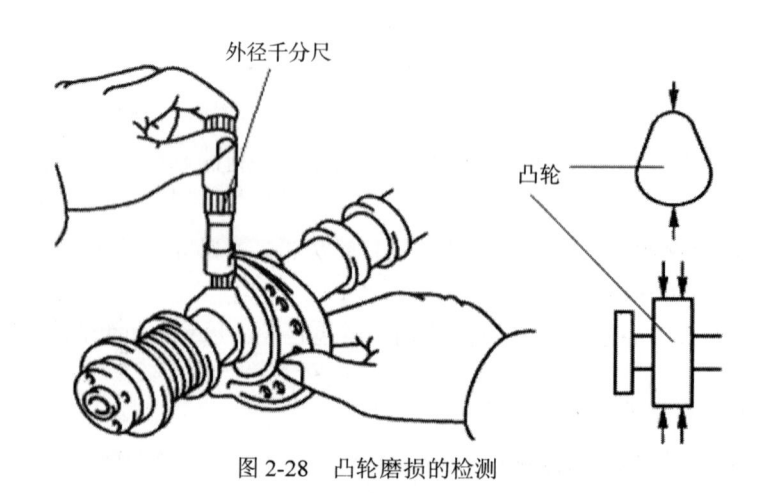

图 2-28 凸轮磨损的检测

在表 2-2 中记录检测数据，查阅维修手册，制订修复计划。

表 2-2　凸轮的磨损检测及修复计划

凸轮标准高度尺寸/mm	最大磨损凸轮高度尺寸/mm	在合适的选项中打"√"		
		校正	更换	继续使用

（4）凸轮轴轴颈磨损的检测。

如图 2-29 所示，用外径千分尺，在每个轴颈前后两个截面圆上，分别检测垂直和水平方向两个直径。

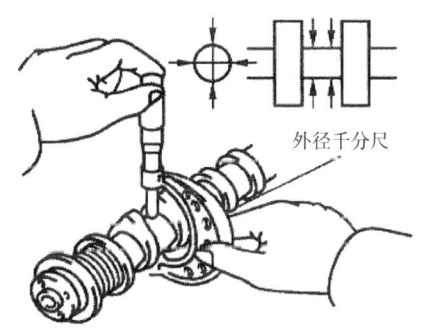

图 2-29　凸轮轴轴颈磨损的检测

在表 2-3 中记录凸轮轴轴颈，查阅维修手册，制订修复计划。

表 2-3　凸轮轴轴颈磨损检测与修复计划

标准轴颈直径/mm	允许的最小轴颈直径/mm	测得的最小轴颈直径/mm	在合适的选项中打"√"		
			修复	更换	继续使用

（5）凸轮轴油膜间隙的检测。

把凸轮轴放置在汽缸盖轴承座上，在各轴颈表面按轴向位置放上一小段塑料线规，装上轴承盖并按规定力矩紧固螺栓。重新把轴承盖拆下，通过规尺确定油膜间隙的大小，如图 2-30 所示。

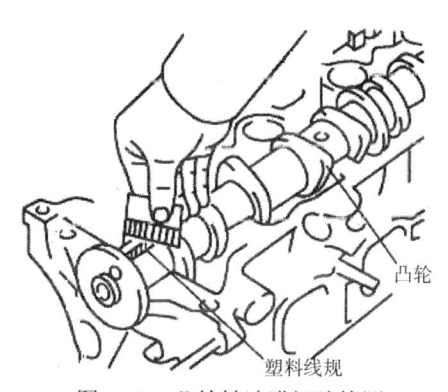

图 2-30　凸轮轴油膜间隙检测

在表2-4中记录油膜间隙读数，查阅维修手册，制订修复计划。

表2-4 凸轮轴轴颈油膜间隙检测与修复计划

轴颈油膜间隙技术要求/mm	允许最大的油膜间隙/mm	测得的最大油膜间隙/mm	在合适的选项中打"√"		
			更换汽缸盖	更换凸轮轴	继续使用

（6）凸轮轴轴向间隙的检测。

测试前，拆下液压挺杆并安装好1号和5号轴承盖。如图2-31所示，用百分表检查凸轮轴轴向间隙。凸轮轴轴向间隙磨损极限为0.15mm。

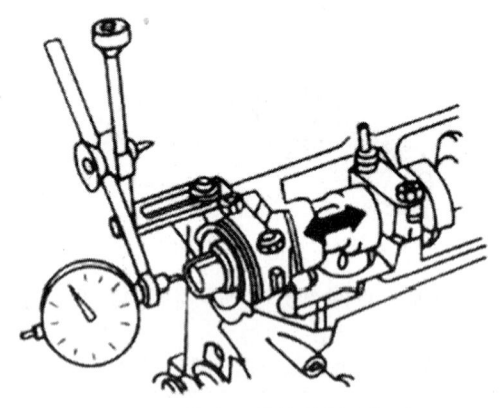

图2-31 检查凸轮轴的轴向间隙

在表2-5中记录轴向间隙读数。查阅维修手册，制订修复计划。

表2-5 凸轮轴轴向间隙的检测与修复计划

轴向间隙技术要求/mm	最大允许轴向间隙/mm	测得的轴向间隙/mm	在合适的选项中打"√"			
			更换轴承盖或汽缸盖	更换凸轮轴	更换调整垫片	继续使用

（7）凸轮轴的安装。

① 安装凸轮轴时，第一缸凸轮必须朝上。安装前放上轴承盖，确定安装位置（注意孔的上下两半部要对准，如图2-32所示）。凸轮轴转动时，曲轴不可置于上止点位置，否则会损坏气门和活塞顶部。

② 先对角交替拧紧第2、4号轴承盖螺栓，拧紧力矩为20N·m。

③ 装上第1、3、5号轴承盖，其螺栓拧紧力矩为20N·m。

④ 装入凸轮轴正时齿带轮并紧固，拧紧力矩为80N·m。

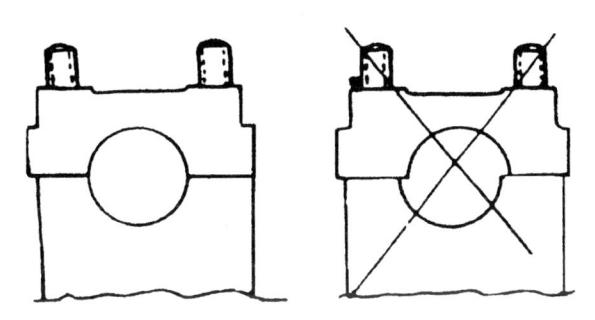

图 2-32　凸轮轴轴承盖安装位置

2. 液压挺柱及气门油膜间隙的检测

（1）检查液力挺柱。检查液压挺柱顶部工作面（与凸轮接触的端面）的磨损程度，若磨损严重或出现其他损伤时则应更换挺柱。

（2）检查自由行程。检查时，启动发动机以 2500r/min 转速运转 2min 后，拆卸气门室罩，按照顺时针方向转动曲轴，直到待检查的液压挺柱的凸轮朝上，顶住气门挺柱，用木片或塑料棒按压挺柱（图 2-33）。如果自由行程（下压量）在气门打开前超过 0.1mm 时，应更换挺柱。

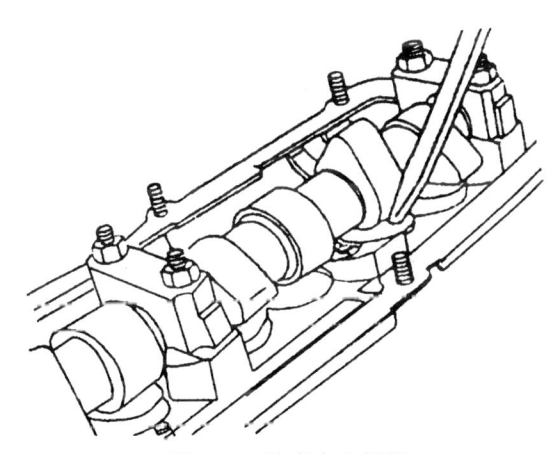

图 2-33　检查自由行程

在表 2-6 中记录自由行程的检查结果。查阅维修手册，并制订修复计划。

表 2-6　自由行程的检测与修复计划

| 气门挺柱自由行 | 自由行程的检测结果 || 在合适的选项中打"√" ||
程技术要求/mm	符合技术要求/个	不符合技术要求/个	继续使用/个	更换/个

挺柱总成只能更换，不得调整与修理，新换的挺柱应做上标记，挺柱不可互换。启动发动机时，挺柱有不大的响声是正常的。在安装新的液压挺柱后，发动机在 30min 内不得高速运转，因为液压挺柱此时有可能未充满机油，以防气门撞击活塞。

(3) 检测气门挺柱直径。

用外径千分尺检测气门挺柱直径,如图 2-34 所示。

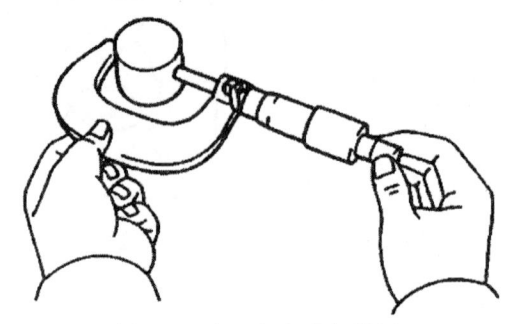

图 2-34　气门挺杆直径检测

在表 2-7 中记录气门挺柱的检测结构。查阅维修手册,并制订修复计划。

表 2-7　气门挺柱的检测与修复计划

气门挺柱直径技术要求/mm	气门挺柱的检测结果		在合适的选项中打"√"	
	符合技术要求/个	不符合技术要求/个	继续使用/个	更换/个

(4) 气门挺柱油膜间隙的检测。

使用测径规,测量汽缸盖的挺柱孔直径,此直径与对应的气门挺柱的直径的差值为气门挺柱油膜间隙。

在表 2-8 中记录检测数据。查阅维修手册,并制订修复计划。

表 2-8　气门挺柱最大油膜间隙的检测与修复计划

允许的气门挺柱最大油膜间隙/mm	油膜间隙检测结果		在合适的选项中打"√"	
	符合技术要求/个	不符合技术要求/个	更换对应的气门挺杆	更换汽缸盖

任务四　气门组的拆装与检修

训练目标与要求

(1) 熟悉发动机气门组的组成、功用与结构。

(2) 掌握气门组拆装工艺;气门弯曲变形及磨损的检验方法及主要技术要求。

(3) 掌握气门座圈的铰削、研磨工艺以及气门与座圈的密封性检查。

(4) 掌握工具、量具、设备的使用方法,文明操作,安全生产。

训练设备

(1) 桑塔纳轿车 AJR 型发动机 4 台,拆装工作台、零件架;具有完整配气机构发动机汽缸盖若干。

（2）常用工具和桑塔纳轿车专修工具、气门拆装钳等专用工具各4套；气门研磨机、气门座圈铰刀、外径千分尺、百分表、检测平台、V形架、检测设备各4套。

（3）棉纱、汽油、煤油、足量研磨膏、清洗剂等辅助材料若干。

训练步骤

1. 气门零件组的拆卸

气门弹簧的拆卸过程如下。

（1）用专用工具 VW2037 将气门弹簧座压下，取下气门锁夹，拆出气门弹簧，如图 2-35 所示。

气门弹簧座锥形孔下沿口非常锋利，可能会损伤气门杆（拉毛等）。损伤的气门应予更换，必要时在安装前就去除气门座毛边。

（2）用专用工具 3047 拆下弹簧下座，如图 2-36 所示。

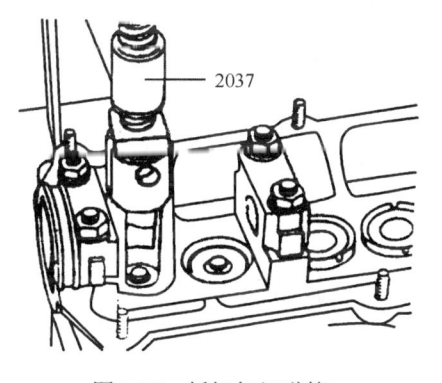

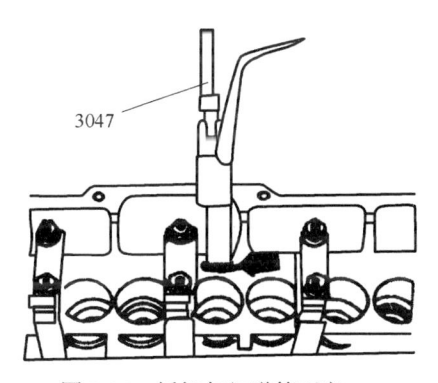

图 2-35　拆卸气门弹簧　　　　　　　图 2-36　拆卸气门弹簧下座

2. 气门零件组的放置

气门组件拆卸后应将整套气门组件按顺序放置在指定的地方，防止碰撞而导致位置的错乱，如图 2-37 所示。

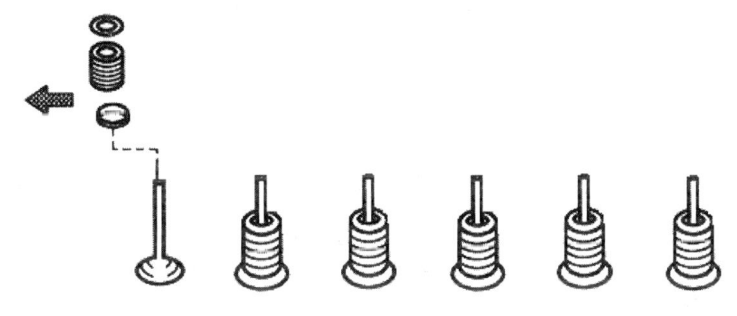

图 2-37　气门组件的摆放

3. 气门弹簧的检测

（1）目视检验气门弹簧，不允许有任何裂纹或折断。

（2）气门弹簧自由长度的检测。

如图 2-38 所示，检测时弹簧的两端应平整地与游标卡尺接触，在游标卡尺上读出弹簧的自由长度。

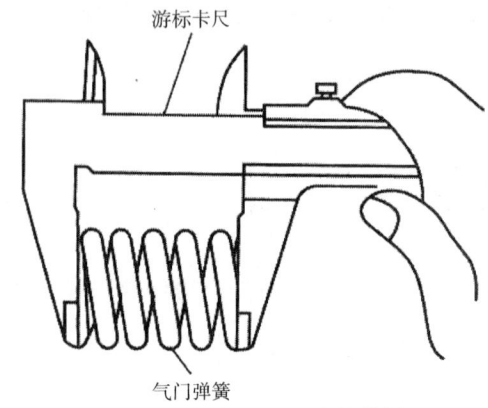

图 2-38　弹簧自由长度的检测

（3）气门弹簧垂直度的检测。如图 2-39 所示，使用专用直角尺和厚薄规，对气门弹簧垂直度进行检测。

（4）气门弹簧弹力的检测。用专用的弹簧拉压试验器，如图 2-40 所示。压下弹簧至一定长度，可以看出指示力的大小，以确定其弹力。

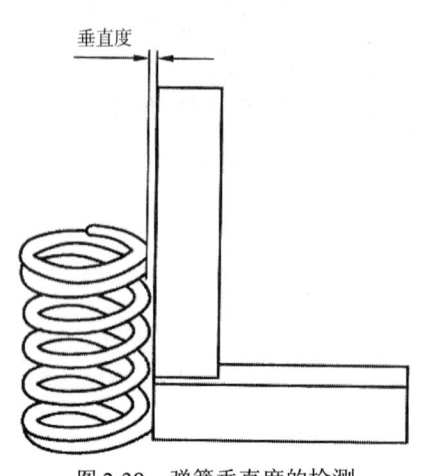

图 2-39　弹簧垂直度的检测

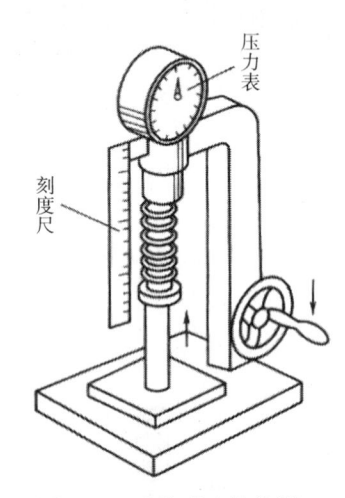

图 2-40　弹簧弹力的检测

在表 2-9 中填写测量数据并与维修手册的技术要求比较，制订修复计划。

表 2-9　测量数据与修复计划

气门弹簧自由长度		气门弹簧垂直度		气门弹簧弹力		在合适的选项中打"√"	
测量值	标准要求	测量值	标准要求	测量值	标准要求	更换	继续使用

4. 气门及气门油膜间隙的检测

(1) 气门长度的检测。用游标卡尺对气门的长度进行检测,如图 2-41 所示。检测时,使气门头部端面与气门杆杆部端面平整地与游标卡尺接触。

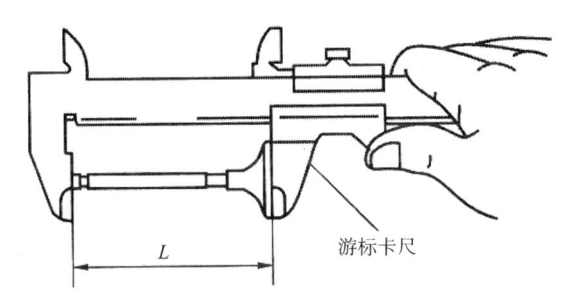

图 2-41 气门长度的检测

(2) 气门头部边缘厚度的检测(图 2-42)。

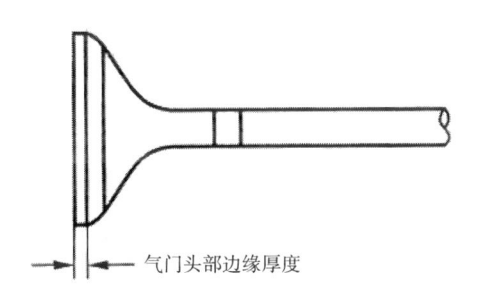

图 2-42 气门头部边缘厚度的检测

(3) 气门杆部直径的检测。用外径千分尺检测气门杆部的直径。如图 2-43 所示,分别在气门杆部的上、中、下 3 个位置进行检测。

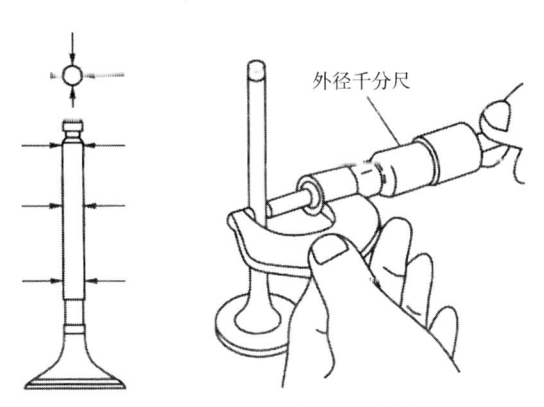

图 2-43 气门杆部直径检测

(4) 气门杆部油膜间隙的检测。拆下气门杆油封,将符合气门杆部直径要求的气门,在气门杆部清洁干净后涂上机油插回相配的气门导管中,如能在自身重量的作用下慢慢往下落,说明油膜间隙符合要求。如果气门不能靠自身的重量慢慢往下落,有可能是气门杆发生变形,需要更换。如果气门杆插回导管后迅速下落,说明气门杆部的油膜间隙过大,需要更换气门导管。

在表2-10中记录所检测气门的结果,查阅维修手册,制订修复计划。

表2-10 气门的检测与修复计划

气门技术要求(长度、头部厚度和杆部直径)/mm	符合气门要求的气门数量	在合适的选项中打"√"	
		更换	继续使用

5. 气门与气门座的密封检验与修复

(1)用画线法检测气门与气门座之间的密封性。检测时,用软铅笔在气门头部工作锥面上每隔4mm的距离划线(图2-44),然后把气门插回气门座并与座接触。

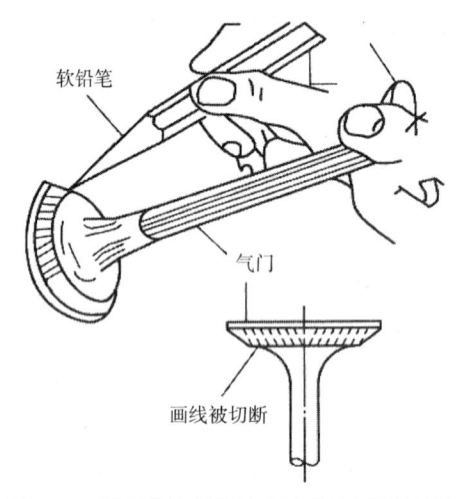

图2-44 用画线法检测气门与气门座的密封

转动气门1/4圈,取出气门,若所有的线条都被切断,说明气门与座密封良好。

转动气门1/4圈线条未全断,有两种可能:

① 再转一圈线条仍未全断是气门问题。
② 再转一圈线条全断是气门座圈问题。

在表2-11中根据气门与气门座的密封情况,查阅维修手册,制订修复计划。

表2-11 气门与气门座的密封检测与修复计划

气门与气门座的密封技术要求(接触宽度:mm)		在合适的选项中打"√"		
进气门	排气门	继续使用	研磨修复	更换气门与气门座

(2)用人工研磨法研磨气门。如图2-45所示,研磨气门时,在气门与座之间涂上少许研磨膏,用捻子捻住气门顶面转动手柄进行打磨,注意用力均匀。研磨一段时间后取出气

门,进行清洁再作密封检测。

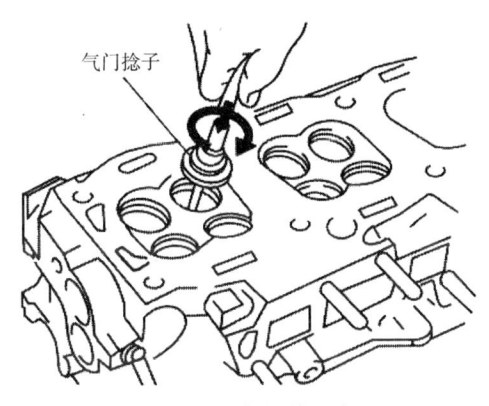

图 2-45 气门的研磨

(3)气门座圈的更换。用温差法更换气门座圈,将汽缸盖加热至80℃~100℃(图2-46),取出气门座圈,更换新的座圈。如需更换气门导管,可同步进行。

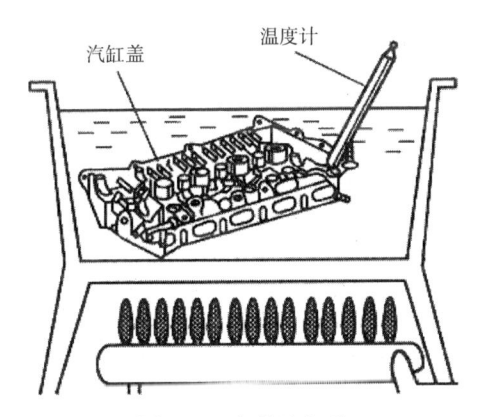

图 2-46 加热汽缸盖

6. 装配气门组步骤
(1)更换所有气门油封。清洁零件并涂上润滑油。
(2)逐一装配气门组及驱动组零件。

任务五　气门间隙的检查和调整

训练目标与要求
(1)理解发动机配气相位、气门间隙的含义。
(2)掌握气门间隙的检查与调整工艺。
(3)掌握工具、量具、设备的使用方法,文明操作,安全生产。

训练设备
(1)TOYOTA 5A/8A 型发动机试验台若干台,拆装工作台、零件架。
(2)常用工具、量具若干套,塞尺若干把。

（3）棉纱、汽油、煤油、清洗剂等辅助材料若干。

训练步骤

气门间隙调整要在常温下进行，调整前要确保该气门完全关闭，把相应厚度的厚薄规钢片放进摇臂与气门杆端面之间进行检测，如图 2-47 所示。

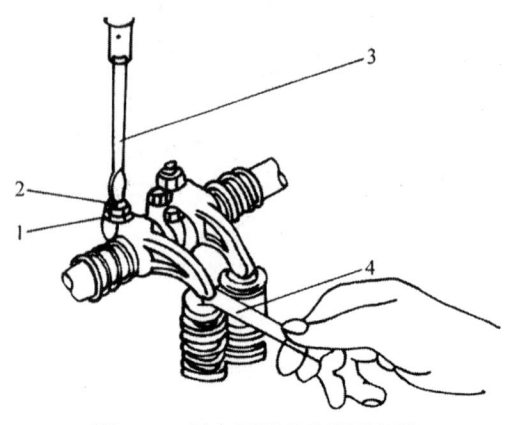

图 2-47 用塞尺测量和调整间隙

1—锁紧螺母；2—调整螺栓；3—旋具；4—塞尺

1. **查阅维修手册**

将该发动机进排气门的气门间隙的技术要求填写在表 2-12 中。

表 2-12 气门间隙的调整

发动机的做功顺序	气门间隙技术要求/mm		在合适的选项中打"√"		
^	^	^	逐缸调整法	两次调整法	
^	进气门	排气门	^	第一次可调气门（写上气门序号）	第二次可调气门（写上气门序号）

2. **逐缸调整法调整气门间隙**

（1）转动发动机曲轴，观看气门驱动机构，确认该汽缸进排气门都处于完全关闭状态（对于四缸发动机：如果第四缸的进气门刚打开，此时可调整第一缸的进排气门间隙）。

（2）把相应厚度的厚薄规片放入准备调整的气门杆端面与摇臂之间，如图 2-47 所示。

（3）用梅花扳手拧松锁紧螺母，用一字螺丝刀转动调整螺钉至气门间隙直到符合要求为止。

（4）用一字螺丝刀把调整螺钉固定，转动梅花扳手拧紧锁紧螺母。

（5）用厚薄规再次检测气门间隙是否符合技术要求。如果不符合，则重新调整；如果符合技术要求，则继续调整下一缸气门间隙。

3. 两次调整法调整气门间隙

要根据发动机的做功顺序确定同一个曲轴位置可调整哪些气门的气门间隙。

例：四缸发动机，做功顺序为 1-2-4-3。

（1）第一次调整。当第一缸处于压缩结束时（第四缸进气门刚打开），可调整间隙的气门有：第一缸的进排气门、第二缸的排气门、第三缸的进气门。

（2）当第四缸处于压缩结束时（第一缸进气门刚打开），便可调整剩余的气门间隙。

对于顶置凸轮轴的凸轮直接驱动气门挺柱（非液力挺柱）的发动机，可在拆卸凸轮轴前测量气门间隙并记录超出规定的气门间隙测量值，用于确定需要更换的调整垫片或气门挺柱的规格。参照维修手册选择调整垫片或气门挺柱。

以 TOYOTA 5A/8A 型发动机为例。

（1）检查气门间隙（图 2-48）。

① 转动曲轴将一号汽缸转到 TDC（上止点）/压缩位置。

提示：将曲轴皮带轮正时标记和正时链条盖正时标记对准，以便使一号汽缸的气门进气和排气同时关闭。

② 气门关闭时，测量凸轮和挺杆之间的间隙。

③ 在间隙中插入一个厚度规，并且在厚度规以最小的阻力被径直拉出时，阅读该厚度规上的厚度值。

④ 转动曲轴一周，然后测量其他气门的间隙。

注意：用力将厚度规插入间隙可能会使厚度规弯曲。

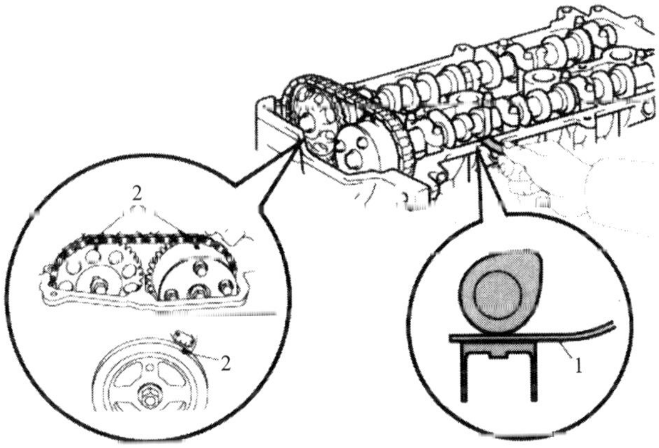

图 2-48 气门间隙的检查

1—厚度规；2—正时标记。

（2）调整气门间隙。气门间隙的调整方法因发动机类型的不同而不同。

① 内垫片类型和要求更换挺柱的类型，见图 2-49（a）。

拆卸凸轮轴以便更换垫片，如图 2-49（b）所示。

② 外垫片类型，不要通过拆卸凸轮轴来更换垫片。

（3）选择垫片（挺柱）。用测量的气门间隙（A）和使用的垫片（挺杆）的厚度（T）

计算，选择新垫片（挺柱）的厚度。

$$T+A=N+B$$
$$N=T+(A-B)$$

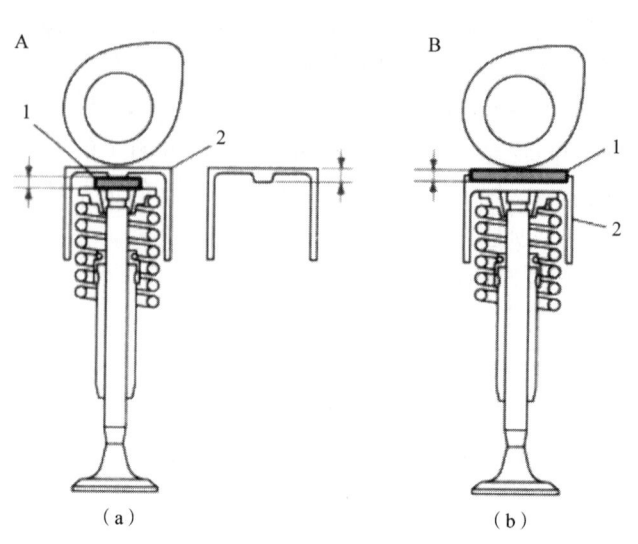

图 2-49 检查气门间隙
1—垫片；2—挺柱。

式中　N——新垫片厚度（挺柱）；
　　　T——旧垫片厚度（挺柱）；
　　　A——测量的气门间隙；
　　　B——规定气门间隙的气门。

（4）安装选择好的垫片（挺柱）。
（5）再次测量气门间隙。

提示：如果气门间隙未达到规定值，再次调整。

三、相关知识

（一）概述

1. 配气机构的作用

配气机构的作用是根据发动机工作循环和点火次序，适时地开启和关闭各缸的进、排气门，使纯净空气或空气与燃油的混合气及时地进入汽缸，废气及时地排出。

2. 配气机构总体组成与工作原理

（1）配气机构总体组成（以顶置双凸轮轴齿形皮带传动的配气机构（图 2-50）为例）。
气门组件（含进排气门、进排气门座、气门弹簧、气门锁夹、气门导管等）；气门驱动机构（液压挺柱）；凸轮轴；凸轮轴传动机构（含曲轴正时皮带轮、凸轮轴传动皮带轮、齿形皮带、张紧轮等）。

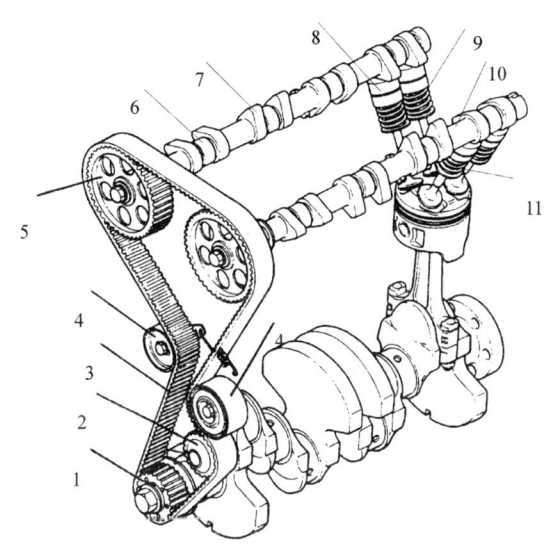

图 2-50 配气机构总体总成

1—曲轴正时皮带轮；2—中间轴正时皮带轮；3—齿形皮带；4—张紧轮；5—凸轮轴传动皮带轮；6—进气凸轮轴；7—凸轮；8—液压挺柱；9—进气门组件；10—排气凸轮轴；11—排气门组件。

（2）配气机构工作原理：齿形皮带3带动进排气凸轮轴旋转，克服气门弹簧力作用压下进气门，进气门开启，开始进气。各缸进、排气门开闭的时刻取决于各进、排气凸轮的相对位置及进排气凸轮轴与曲轴的相对位置。

3．配气机构的分类

（1）按气门的布置位置分为侧置式、顶置式两种。

侧置式：气门布置在汽缸的一侧。使燃烧室结构不紧凑，热量损失大，气道曲折，进气流通阻力大，从而使发动机的经济性和动力性变差，已被淘汰。

顶置式：气门布置在汽缸盖上（图2-50）。

（2）按凸轮轴布置位置分为上置凸轮轴、中置凸轮轴、下置凸轮轴3种。

① 下置凸轮轴配气机构（图2-51）：凸轮轴1布置在曲轴箱上，由曲轴正时齿轮驱动。优点是凸轮轴离曲轴较近，可用齿轮驱动，传动简单。但存在零件较多，传动链长，系统弹性变形大，影响配气准确性等缺点。

② 中置凸轮轴配气机构（图2-52）：凸轮轴1布置在曲轴箱上。与下置凸轮轴相比，省去了推杆，由凸轮轴经过挺柱直接驱动摇臂，减小了气门传动机构的往复运动质量，适应更高速的发动机。

③ 上置凸轮轴配气机构：凸轮轴直接布置在汽缸盖上，直接通过摇臂或凸轮来推动气门的开启和关闭。这种传动机构没有推杆等运动件，系统往复运动质量大大减小，非常适合现代高速发动机，尤其轿车发动机。

根据顶置气门凸轮轴的个数，又分为单顶置凸轮轴（SOHC）和双顶置凸轮轴（DOHC）两种。

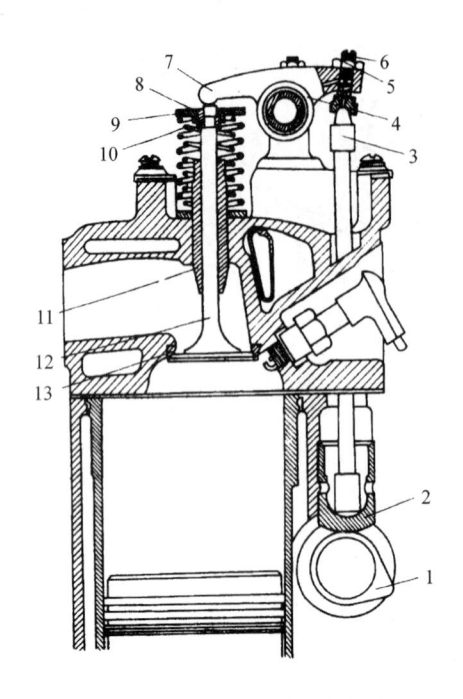

图 2-51　下置凸轮轴配气机构

1—凸轮轴；2—挺柱；3—推杆；4—摇臂轴；5—锁紧螺母；6—调整螺钉；7—摇臂；8—气门锁夹；9—气门弹簧座；10—气门弹簧；11—气门导管；12—气门；13—气门座。

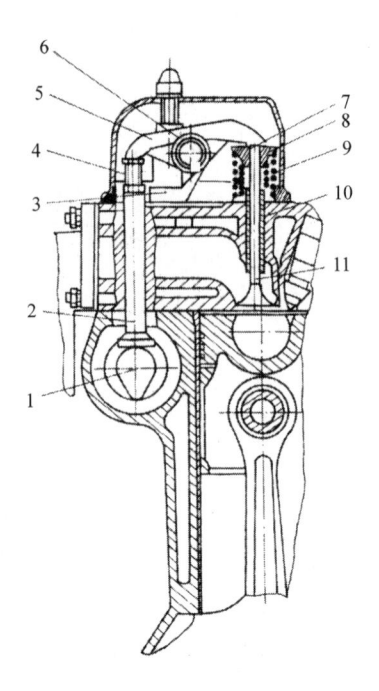

图 2-52　中置凸轮轴配气机构

1—凸轮轴；2—挺柱；3—支架；4—调整螺钉；5—摇臂；6—摇臂轴；7—锁夹；8—气门弹簧座；9—气门弹簧；10—气门导管；11—气门。

单顶置凸轮轴（图 2-53）仅用一根凸轮轴同时驱动进、排气门，结构简单，布置紧凑。

双顶置凸轮轴驱动由两根凸轮轴分别驱动进、排气门。有两种布置形式，一种是凸轮通过摇臂驱动气门（图 2-54）；另一种是凸轮直接驱动气门（图 2-55）。

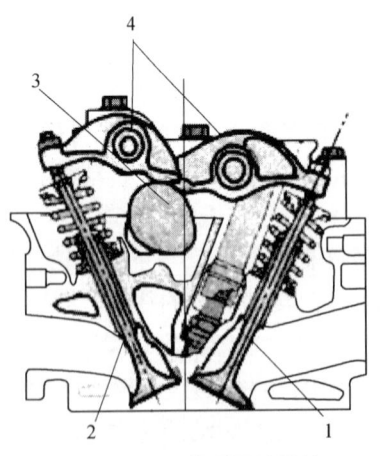

图 2-53　单顶置凸轮轴

1—进气门；2—排气门；3—凸轮轴；4—摇臂轴。

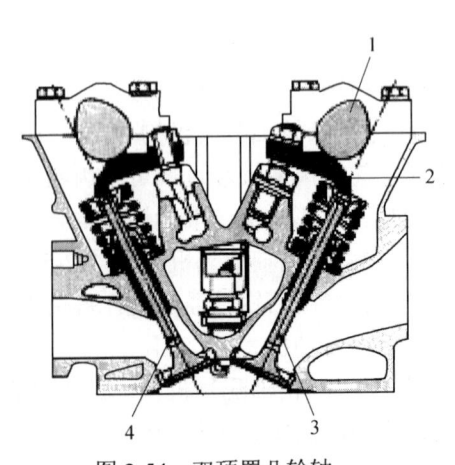

图 2-54　双顶置凸轮轴

1—凸轮轴；2—摇臂；3—进气门；4—排气门。

这种双凸轮轴布置有利于增加气门数目，提高进排气效率，提高发动机转速，是现代高速发动机配气机构的主要形式。

（3）按曲轴和配气凸轮轴的传动方式可分为齿轮传动、链条传动和齿带传动3种。

（4）按每缸气门的数目分有2气门、3气门、4气门和5气门多气门结构（3气门～5气门），使发动机的进排气流通截面积增大，提高了充气效率，改善了发动机的动力、经济性能和排放性能。

① 齿轮传动（图2-55）。齿轮上都有正时记号，装配时必须按要求对齐。

② 链传动（图2-56）优点是布置容易，若传动距离较远时，还可用两级链传动。缺点是结构质量及噪声较大，链的可靠性和耐久性不易得到保证。

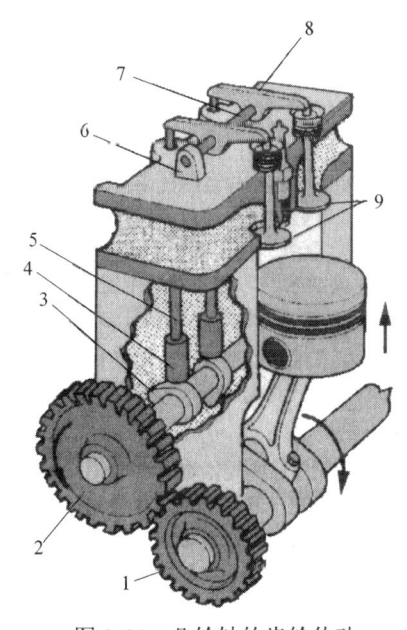

图2-55 凸轮轴的齿轮传动

1—曲轴正时齿轮；2—凸轮轴正时齿轮；3—凸轮轴；4—挺柱；5—推杆；6—摇臂座；7—摇臂轴；8—摇臂；9—气门。

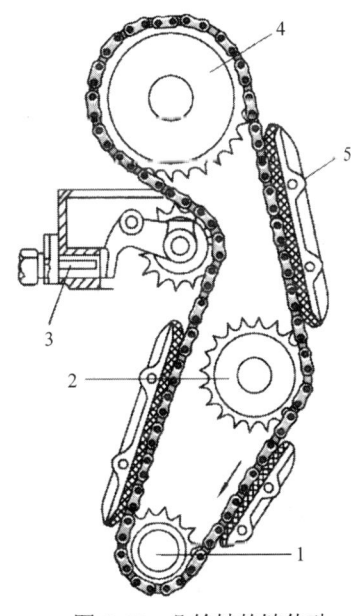

图2-56 凸轮轴的链传动

1—曲轴链轮；2—油泵驱动链轮；3—液力张紧装置；4—凸轮轴链轮；5—导链板；6—链条。

③ 齿带传动。现代高速发动机广泛采用齿形带传动（图2-50）。齿形带用氯丁橡胶制成，中间夹有玻璃纤维和尼龙织物，以增加强度。齿带的张力可以由张紧轮进行调整。这种传动方式可以减小噪声，减少结构质量和降低成本。

（二）配气相位及其影响因素

配气相位是用曲轴转角表示的进、排气门的开启时刻和开启延续时间，通常用环形图表示配气相位图。

1. 理论上的配气相位分析

理论上讲，进、压、功、排各占180°，也就是说进、排气门都是在上、下止点开闭，延续时间都是曲轴转角180°。但实际表明，简单配气相位对实际工作是很不适应的，它不能满足发动机对进、排气门的要求。原因在于：气门的开、闭有个过程，开启总是由小到大，关闭总是由大到小。

1）气体惯性的影响

随着活塞的运动，造成进气不足、排气不净。

2）发动机速度的要求

实际发动机曲轴转速很高，活塞每一行程历时都很短，当转速为 5600r/min 时一个行程只有 60/（5600×2）=0.0054（s），就是转速为 1500r/min，一个行程也只有 0.02s，这样短的进气或排气过程，使发动机进气不足，排气不净。

可见，理论上的配气相位不能满足发动机进排气的要求，那么，实际的配气相位又是怎样满足这个要求的呢？下面进行分析。

2. 实际的配气相位分析（图 2-57）

为了使进气充足，排气干净，除了从结构上进行改进外（如增大进、排气管道），还可以从配气相位上采取措施，使气门早开晚闭，延长进、排气时间。

进气门早开：增大了进气行程开始时气门的开启高度，减小进气阻力，增加进气量。

进气门晚关：延长了进气时间，在大气压和气体惯性力的作用下，增加进气量。

排气门早开：借助汽缸内的高压自行排气，大大减小了排气阻力，使排气干净。

排气门晚关：延长了排气时间，在废气压力和废气惯性力的作用下，使排气干净。

1）气门重叠

由于进气门早开，排气门晚关，势必造成在同一时间内两气门重叠。由于进气门早开，排气门晚关，势必造成在同一时间内两个气门同时开启。把两个气门同时开启时间相当的曲轴转角叫作气门重叠角。在这段时间内，可燃混合气和废气是否会乱串呢？不会的，这是因为：① 进、排气流各自有自己的流动方向和流动惯性，而重叠时间又很短，不至于混乱，即吸入的可燃混合气不会随同废气排出，废气也不会经进气门倒流入进气管，而只能从排气门排出；② 进气门附近有降压作用，有利于进气。

2）进、排气门的实际开闭时刻和延续时间

实际进气时刻和延续时间：在排气行程接近终了时，活塞到达上止点前，即曲轴转到离上止点还差一个角度 α，进气门便开始开启，进气行程直到活塞越过下止点后 β 时，进气门才关闭。整个进气过程延续时间相当于曲轴转角 $180°+\alpha+\beta$。

α——进气提前角，一般 $\alpha=10°\sim30°$。

β——进气延迟角，一般 $\beta=40°\sim80°$。

所以进气过程曲轴转角为 $230°\sim290°$。

实际排气时刻和延续时间：同样，做功行程接近终了时，活塞在下止点前排气门便开始开启，提前开启的角度 γ 一般为 $40°\sim80°$，活塞越过下止点后 δ 角排气门关闭，δ 一般为 $10°\sim30°$，整个排气过程相当曲轴转角 $180°+\gamma+\delta$。

γ——排气提前角，一般 $\gamma=40°\sim80°$。

δ——排气延迟角，一般 $\delta=10°\sim30°$。

所以排气过程曲轴转角为 $230°\sim290°$。

气门重叠角 $\alpha+\delta=20°\sim60°$。

从上面的分析，可以看出实际配气相位和理论上的配气相位相差很大，实际配气相位，气门要早开晚关，主要是为了满足进气充足，排气干净的要求。但实际中，究竟气门什么时候开？什么时候关最好呢？这主要根据各种车型，经过实验的方法确定，由凸轮轴的形状、位置及配气机构来保证。

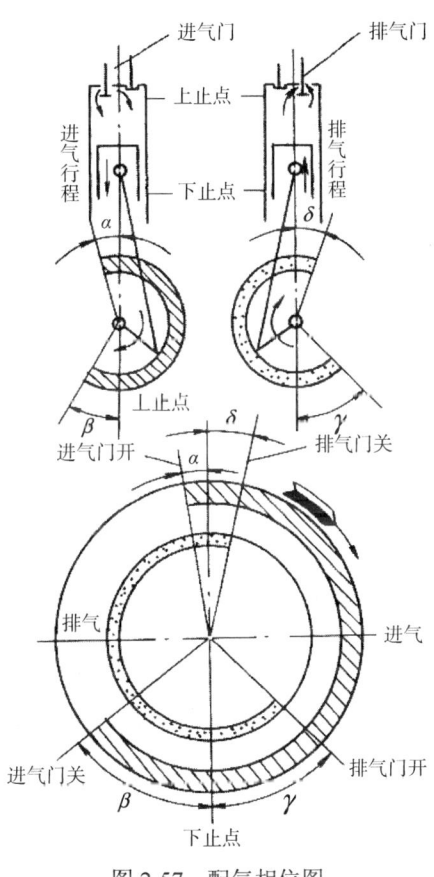

图 2-57 配气相位图

3. 配气相位的影响因素

汽车在使用过程中，因配气相位的失准，影响到发动机的动力性和经济性，其原因如下。

1) 制造、装配和维修中误差的影响

由于制造和装配误差产生的累计误差，在极限状态下可能使配气相位偏差达到±3°，各缸的配气相位偏差达±2°。若加上凸轮轴轮廓误差、修磨曲轴和凸轮轴时引起的误差、配气机构传动间隙等影响，配气相位将会偏离标准值更大。

2) 使用中配气相位的变化

发动机经长期使用，机件磨损、配合间隙增大（如正时齿轮、曲轴和凸轮轴轴向间隙等），凸轮表面的不规则磨损等都引起配气相位偏移的原因。

3) 动态变形引起配气相位偏移

顶置气门式配气机构的刚度较差，在工作过程中产生弹性变形。据估测 0.05mm 左右的初始静态变形,相当于配气相位角偏移 5°。发动机转速越高,配气机构刚度越差,其动态配气相位与静态配气相位的偏差越大。

4）使用条件的影响

由于各地使用条件的差异,原厂规定的配气相位与实际要求不能适应,不同的工况和不同的使用条件,对配气相位的要求也不尽一样,各地区和部门也有必要因地制宜对配气相位进行调整。

（三）配气机构主要组件结构原理

配气机构主要由气门组件、凸轮轴组件、凸轮轴传动机构和气门驱动机构组成。

1. 气门组件（图 2-58）

由气门、气门座、气门导管、气门弹簧、气门锁夹等零件组成。

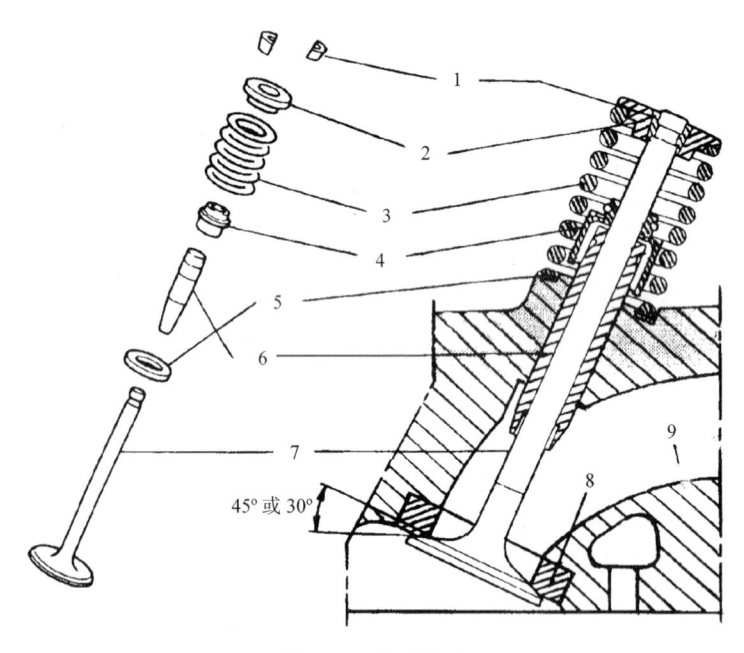

图 2-58 气门组件

1—气门锁夹；2—气门弹簧座；3—气门弹簧；4—气门油封；5—气门弹簧垫圈；6—气门导管；
7—气门；8—气门座；9—汽缸盖。

(1) 气门：如图 2-59 所示,气门由头部、杆身和带密封锥面的气门盘组成。

气门盘顶面的形状有凸顶、平顶和凹顶（图 2-60）。平顶结构简单,制造方便,吸热面积小,质量也小,应用最多；凸顶的刚度大,受热面积也大,用于某些排气门；凹顶气门质量小,惯性小,与杆部的过渡有一定的流线形,可以减小进气阻力,常用作进气门。

气门盘有一密封锥面,其锥角 a 一般为 30°~45°。

气门杆与弹簧连接方式：

锁夹式（图 2-61（a））：有两个半圆形锥形锁夹 4。

锁销式（图 2-61（b））：在气门杆端有一个锁销 5。

图 2-59　气门结构

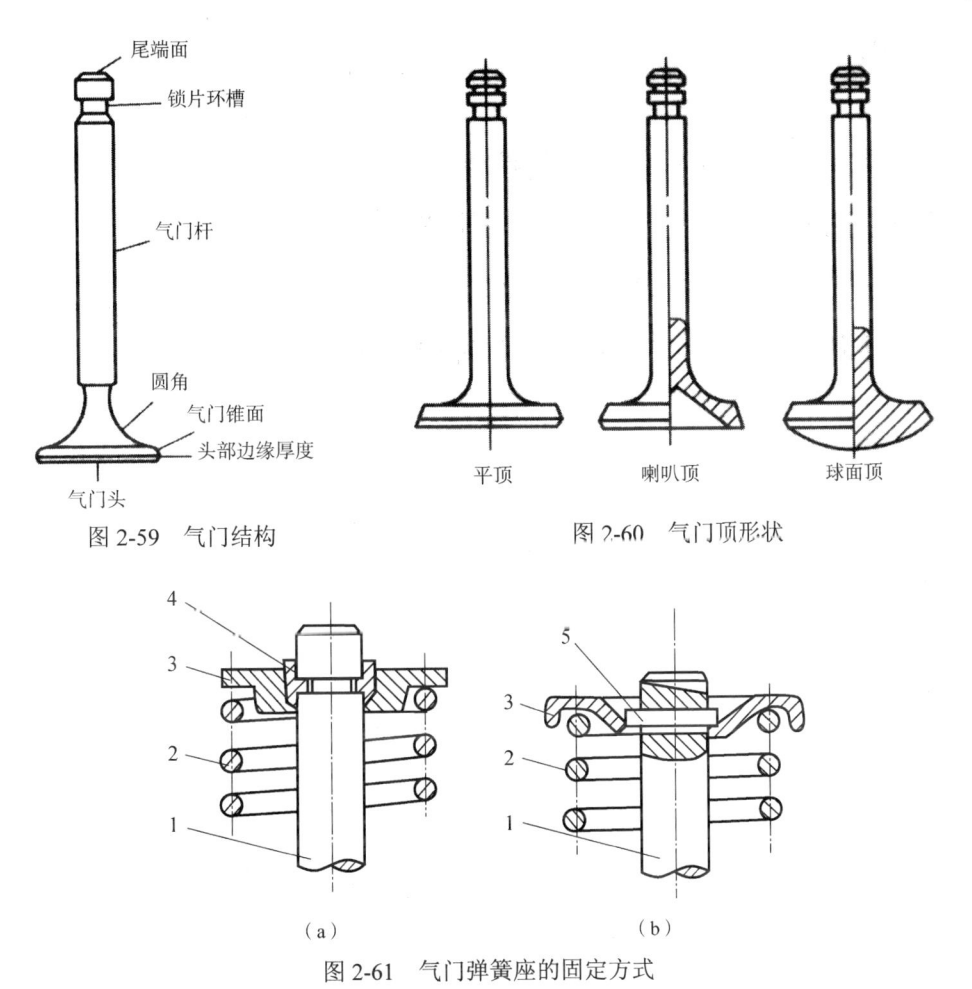

图 2-60　气门顶形状

图 2-61　气门弹簧座的固定方式
(a) 锁夹固定；(b) 锁销固定。
1—气门杆；2—气门弹簧；3—弹簧座；4—锁夹；5—锁销。

(2) 气门座：汽缸盖的进气气道与气门锥面相贴合的部位称为气门座（图 2-58）。可在汽缸盖上直接镗出，但大多数是用耐热合金钢单独制成座圈（称气门座圈），压入汽缸盖（体）中，以提高使用寿命和便于维修更换。

(3) 气门导管和油封：气门导管（图 2-58）的作用是在气门作往复直线运动时进行导向，以保证气门与气门座之间的正确配合与开闭。当凸轮直接作用于气门杆端时，承受侧向作用力并起传热作用。

气门与气门导管间留有 0.05mm～0.12mm 的微量间隙。该间隙过小，会导致气门杆受热膨胀与气门导管卡死；间隙过大，会使机油进入燃烧室燃烧。为了防止过多的润滑油进入燃烧室，有的在气门导管上安装有橡胶油封 4（图 2-58）。

(4) 气门弹簧：作用是保证气门复位。气门弹簧多为圆柱形螺旋弹簧（图 2-62（a））。发动机装一根气门弹簧时，采用不等距弹簧（图 2-62（b）），以防止共振。装两根弹簧时（图 2-62（c）），弹簧内、外直径不同，旋向不同，它们同心安装在气门导管的外面，不仅可以提高弹簧的工作可靠性，防止共振的产生，还可以降低发动机的高度。

（a） （b） （c）

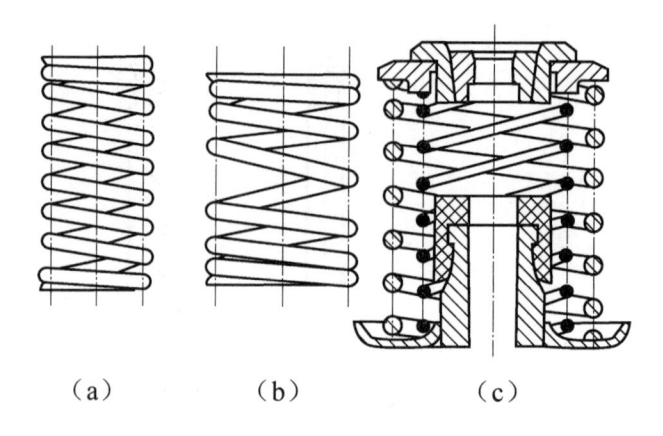

图 2-62　气门弹簧

（a）等螺距弹簧；（b）不等螺距弹簧；（c）双弹簧。

2. 凸轮轴的结构

凸轮轴主要由凸轮和凸轮轴轴颈组成，凸轮分为进气凸轮和排气凸轮两种，用来驱动气门的开启与关闭。轴颈对凸轮轴起支承作用。如图 2-63 所示为下置式凸轮轴的结构，其上有进气凸轮、排气凸轮、轴颈、驱动机油泵及分电器的齿轮和推动汽油泵摇臂的偏心轮。

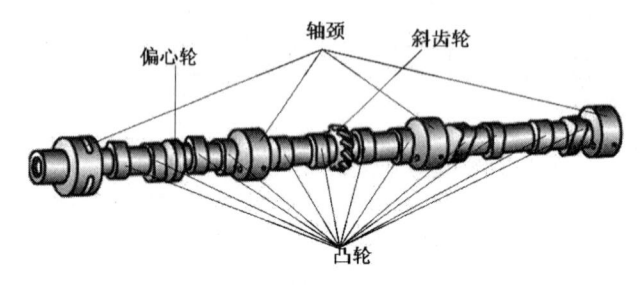

图 2-63　下置式凸轮轴的结构

凸轮轴用锻钢或特种铸铁制成。凸轮及轴颈须经热处理，以提高其硬度及耐磨性能。

发动机的工作顺序判断：如图 2-64 所示，从凸轮轴前端看，转动方向为逆时针，则可判断出该发动机的工作顺序为 1-2-4-3。曲轴每旋转两圈，凸轮轴转一圈。

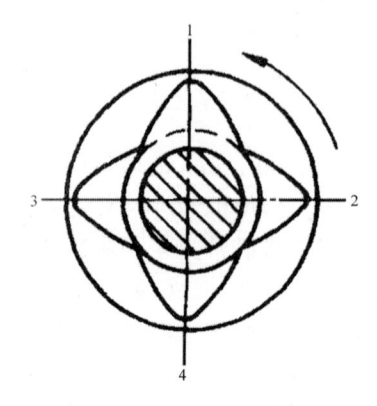

图 2-64　四缸发动机凸轮轴

为了防止凸轮轴轴向窜动，凸轮轴必须有轴向定位装置。凸轮轴的前端，有轴承盖端面定位、止推板定位和止推螺钉定位等方式（图2-65）。

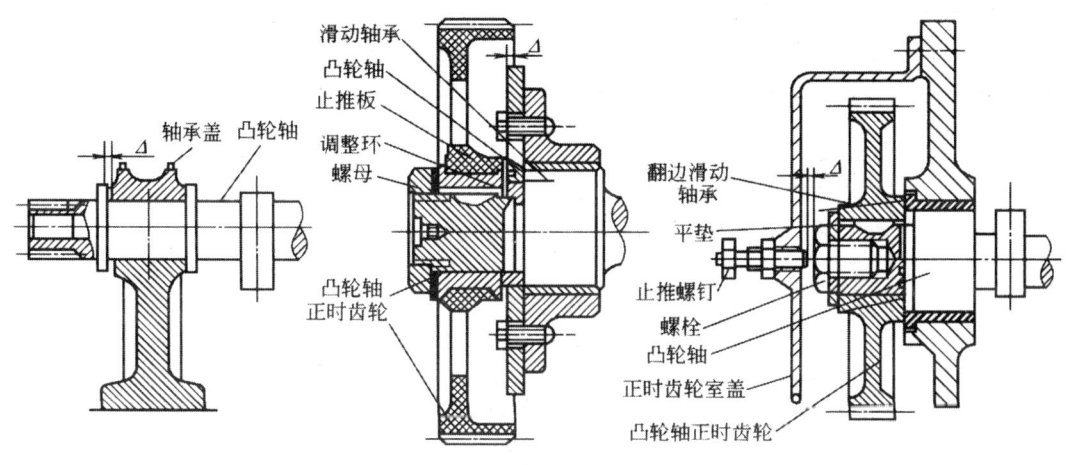

图 2-65 凸轮轴的轴向定位

3. 凸轮轴传动机构

它是指驱动凸轮轴转动的机构，包括齿轮传动、链传动和齿形带传动。

传动机构安装时应特别注意曲轴正时齿轮（或链轮、带轮）与凸轮轴正时齿轮（或链轮、带轮）的相互位置关系（图2-66）。

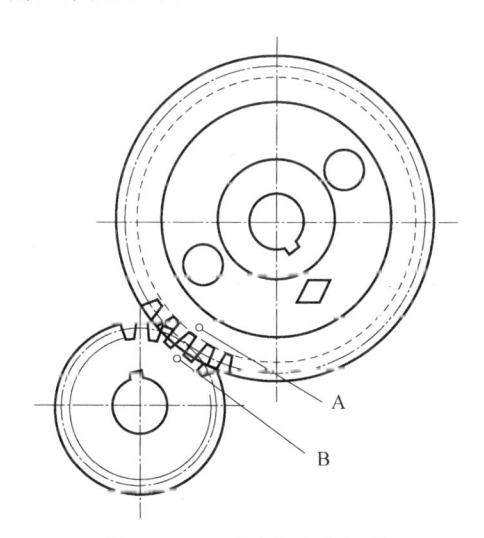

图 2-66 正时齿轮安装记号
A、B—正时标记。

4. 气门驱动机构

气门驱动机构是将凸轮轴的旋转运动变为气门往复运动的机构。主要由气门挺柱、推杆、摇臂、摇臂轴、气门间隙调整螺钉和液压挺柱等组成（图2-51）。

（1）挺柱：作用是将凸轮的推力传给推杆或气门，承受凸轮旋转时传来的侧向力并传给发动机机体。

形式：菌形挺柱、平面挺柱和桶形挺柱（图2-67）。

挺柱减小摩擦及磨损方法：

① 将挺柱工作面制成半径的球面（图2-67（a））。

② 挺柱相对凸轮偏心安置（图2-67（b））。

③ 挺柱外表面做两端小中间大的桶形（图2-67（c））。

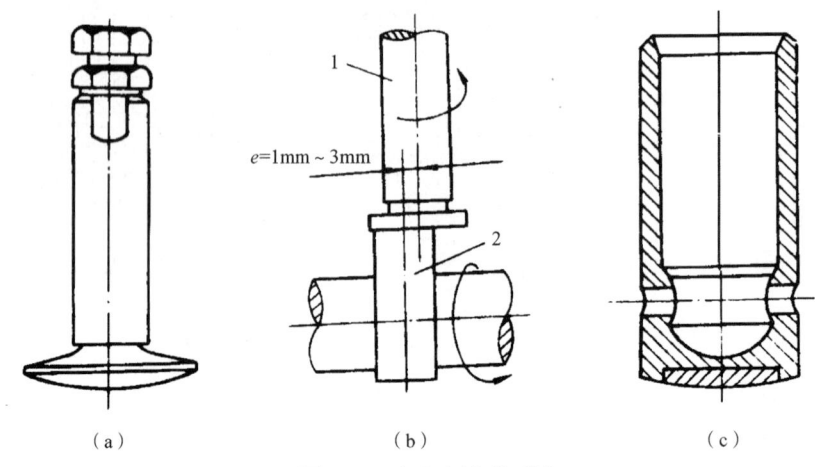

图2-67 气门挺柱的形状

（a）菌形挺柱；（b）平面挺柱；（c）桶形挺柱。
1—挺柱；2—凸轮。

（2）推杆（图2-68）：作用是传力。其上端为凹槽，下端为凸头。

（3）摇臂（图2-69）：作用改变传力方向，同时利用两边臂的比值（称摇臂比）来改变气门的升程。

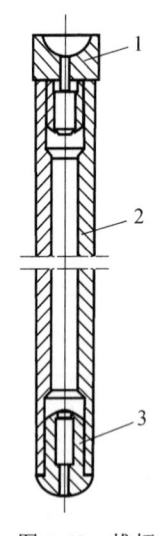

图2-68 推杆

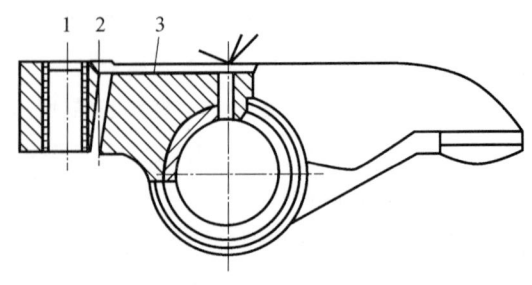

1—上凹球头；2—空心杆；3—下凸球头。

图2-69 摇臂

1、3—油道；2—油槽。

摇臂与气门杆端接触部分接触应力高,且有相对滑移,磨损严重,因此在该部分常堆焊有硬质合金。

摇臂组件(图2-70):青铜衬套或滚针轴承、摇臂轴、摇臂轴支座、弹簧。

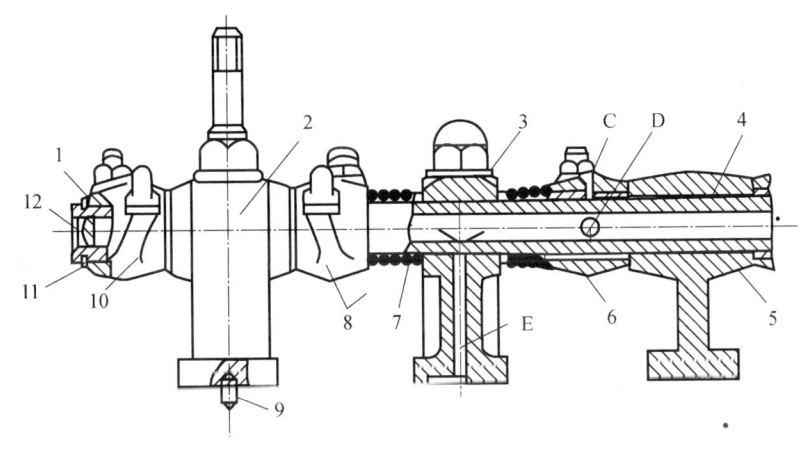

图2-70 摇臂组

1—垫圈;2、3、4—摇臂轴支座;5—摇臂轴;6、8、10—摇臂;7—弹簧;9—定位销;11—锁簧;12—堵头;C、D、E—油孔。

摇臂内一般钻有油道,与摇臂轴中心相通。压力机油充满摇臂轴中心,并从摇臂油孔流出,润滑挺杆及气门杆端等零件。

(4)气门间隙调整螺钉(图2-71):用来调整气门间隙。

气门间隙:指发动机冷态,气门关闭时,气门与摇臂之间的间隙。其作用是为气门及驱动组件工作时留有受热膨胀的余地。

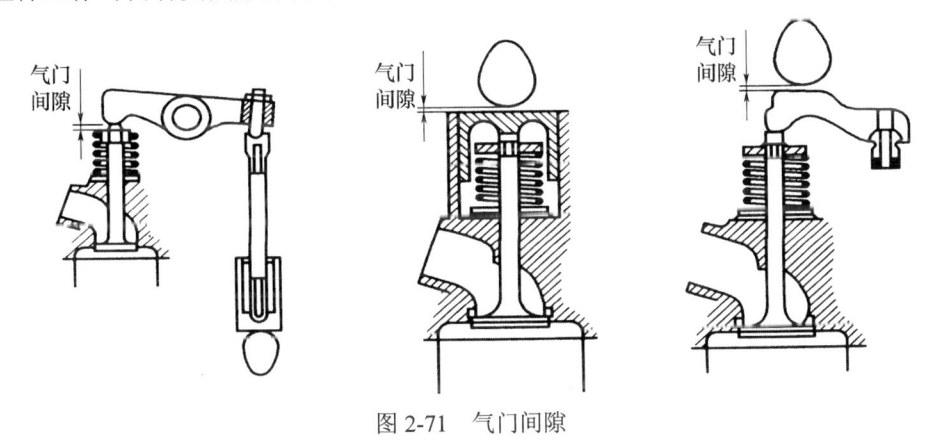

图2-71 气门间隙

一般在冷态时,进气门的间隙为0.25mm~0.3mm,排气门的间隙为0.30mm~0.35mm。气门间隙过小,漏气;气门间隙过大,撞击、磨损、气门开启的延续角度变小,汽缸的充气及排气情况变坏。

发动机工作中,由于气门、驱动机构及传动机构零件磨损,会导致气门间隙产生变化,应注意检查调整。

(5) 液压挺柱：无需调整气门间隙。

结构：图2-72所示为桑塔纳和捷达轿车发动机采用的液压挺柱。挺柱体9由上盖和圆筒焊接成一体，可以在缸盖14的挺柱体孔中上下运动。液压缸12的内孔和外圆都经过精加工研磨，外圆与挺柱内导向孔相配合，内孔则与柱塞11配合，两者都可以相对运动。液压缸底部装有一个补偿弹簧13，把球阀5压靠在柱塞的阀座上，它还可以使挺柱顶面和凸轮表面保持紧密接触，以消除气门间隙。当球阀关闭柱塞中间孔时，可将挺柱分成，上部的低压油腔6和下部的高压油腔1两个油腔；球阀开启后，则形成一个通腔。

工作原理：当圆筒挺柱体9上的环形油槽与缸盖上的斜油孔4对齐时（图2-72中位置），发动机润滑系统中的机油经斜油孔4和环形油槽流入低压油腔6。位于挺柱体背面上的键形槽7可将机油引入柱塞上方的低压油腔。当凸轮转动、挺柱体9和柱塞11向下移动时，高压油腔1中的机油被压缩，油压升高，加上补偿弹簧13的作用，使球阀紧压在柱塞的下端阀座上，这时高压油腔与低压油腔被分隔开。由于液体具有不可压缩性，整个挺柱如同一个刚体一样下移，推开气门15。此时，挺柱环形油槽已与斜油孔4错开，停止进油。

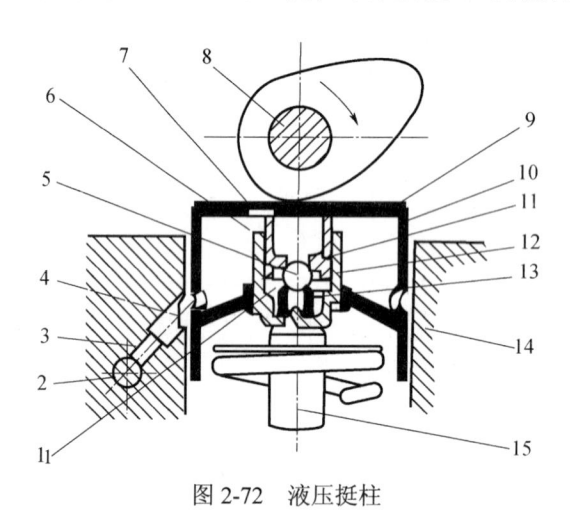

图2-72 液压挺柱

1—高压油腔；2—缸盖油道；3—油量孔；4—斜油孔；5—球阀；6—低压油腔；7—键形槽；8—凸轮轴；9—挺柱体；10—挺柱体焊缝；11—柱塞；12—液压缸；13—弹簧；14—缸盖；15—气门。

当挺柱达到下止点后开始上行时，在气门弹簧上顶和凸轮下压的作用下，高压油腔封闭，球阀也不会打开，液压挺柱仍可认为是一个刚性挺柱，直至上升到凸轮处于基圆，使气门关闭时为止。此时，缸盖主油道中的压力油经斜油孔4进入挺柱的低压油腔6，同时，高压油腔1内油压下降，补偿弹簧推动柱塞上行。从低压油腔来的压力油推开球阀而进入高压油腔，使两腔连通充满机油。这时挺柱顶面仍和凸轮紧贴。

在气门受热膨胀时，柱塞和液压缸作轴向相对运动，高压油腔中的油液可经过液压缸与柱塞间的缝隙挤入低压油腔。因此，使用液压挺柱时，可以不预留气门间隙。

（四）汽缸盖

汽缸盖的主要功用是密封汽缸上部，与活塞顶部和汽缸壁一起形成燃烧室，并承受汽缸内气体压力。汽缸盖内部也有冷却水套，其端面上的冷却水孔与汽缸体的冷却水孔相通，以便利用循环水来冷却燃烧室等高温部分。发动机的汽缸盖上有进、排气门座及气门导管孔和进、排气通道等，如图 2-73 所示。

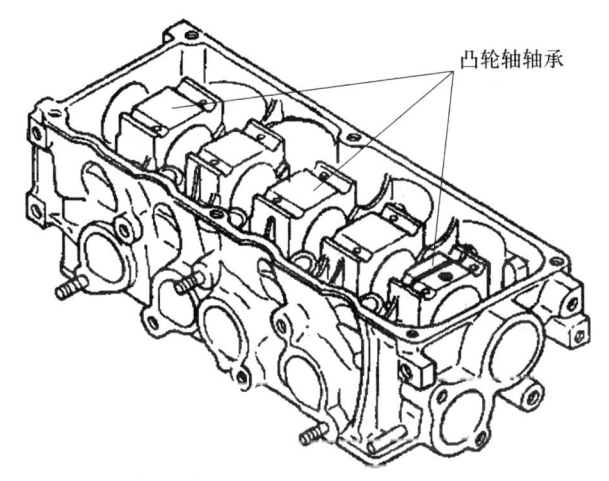

图 2-73　发动机汽缸盖

汽油机的汽缸盖设有火花塞座孔，柴油机则设有安装喷油器的座孔。汽缸盖分为单体汽缸盖、块状汽缸盖（能覆盖部分汽缸的汽缸盖）和整体汽缸盖（能覆盖全部汽缸的汽缸盖）。采用整体汽缸盖可以缩短汽缸中心距和发动机的总长度，其缺点是刚性较差，在受热和受力后容易变形而影响密封。这种形式的汽缸盖多用于发动机缸径小于 105mm 的汽油发动机上。缸径较大的发动机常采用单体汽缸盖或块状汽缸盖。

汽缸盖形状复杂，一般采用灰铸铁或合金铸铁铸成，有的汽油机汽缸盖用铝合金铸造，因铝的导热性比铸铁好，有利于提高压缩比。铝合金缸盖的缺点是刚度低，使用中容易变形。

汽油机的燃烧室由活塞顶部及缸盖上相应的凹部空间组成。要求燃烧室的结构尽可能紧凑，表面积要小，以减少热量损失及缩短火焰行程；其次是使混合气在压缩终了时具有一定的涡流运动，以提高混合气燃烧速度，保证混合气得到及时和充分的燃烧。

（五）汽缸垫

汽缸盖衬垫安置在汽缸盖与汽缸体之间，其功用是保证燃烧室的密封，防止漏气、漏水，如图 2-74 所示。

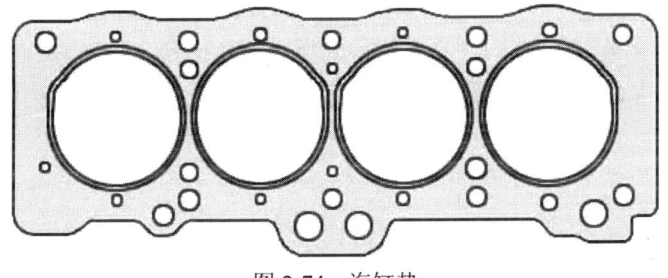

图 2-74　汽缸垫

汽缸垫的材料要有一定的弹性，能补偿结合面的不平度，以确保密封，同时要有好的耐热性和耐压性，在高温高压下不烧损、不变形。目前应用较多的是铜皮—棉结构的汽缸垫，由于铜皮—棉汽缸垫翻边处有三层铜皮，压紧时较之石棉不易变形。有的发动机还采用在石棉中心用编织的钢丝网或有孔钢板为骨架，两面用石棉及橡胶粘结剂压成的汽缸垫。

安装汽缸垫时，首先要检查汽缸垫的质量和完好程度，所有汽缸垫上的孔要和汽缸体上的孔对齐。其次要严格按照说明书上的要求上好汽缸盖螺栓。拧紧汽缸盖螺栓时，必须由中央对称地向四周扩展的顺序分2次～3次进行，最后一次拧紧到规定的力矩。

目前应用较多的是金属—石棉汽缸盖衬垫。石棉之间夹有金属丝或金属屑，而外覆铜皮或钢皮。水孔和燃烧室孔周围另用镶边增强，以防被高温燃气烧坏。这种衬垫压紧厚度为1.2 mm～2mm，有很好的弹性和耐热性，能重复使用，但厚度和质量的均匀性较差。安装汽缸盖衬垫时，应注意把光滑的一面朝汽缸体或规定的要求安装，否则容易被气体冲坏。

汽缸盖与汽缸体采用螺栓固紧。拧紧螺栓时，必须按"从中央对称地向四周扩展的顺序分几次拧紧"的原则进行。最后一次要用扭力扳手按工序规定的拧紧力矩值拧紧，以免损坏汽缸垫和发生漏水现象。由于铝汽缸盖的膨胀比钢螺栓的大，由铝合金制成汽缸盖，则最后必须在发动机冷的状态下拧紧，这样热起来时会增加密封的可靠性；铸铁汽缸盖则可以在发动机热的状态时最后拧紧。

汽缸盖衬垫必须满足以下要求：

（1）在高温、高压燃气作用下有足够的强度，不易损坏。

（2）耐热和耐腐蚀，即在高温、高压燃气下或有压力的机油和冷却水的作用下不烧损、不变质。

（3）具有一定弹性，能补偿接合面的不平度，以保证密封。

（4）拆装方便，能重复使用，寿命长。

（六）量具的正确使用

用测量仪器诊断车辆状态，其方法是检查零件尺寸和调整状态是否和标准值符合，并且检查车辆或发动机零件是否正常发挥作用。

1. 测量前检查要点（图2-75）

（1）清洁被测部件和测量仪器，废物或机油可能导致测量值的误差。测量前应清洁表面。

（2）选择适合的测量仪器，按照要求的精度水平选择测量仪器。反面示例： 用游标卡尺测量活塞外径。测量精度：0.05mm，而要求精度：0.01mm。

（3）零校准，检查零刻度是否对准其正确的位置。零校准是正确测量的基础。

（4）测量仪器的维修，定期地进行维修和校准。 如果坏了切勿使用。

2. 取得精确的实测值

在测量时注意的要点（图2-76）。

（1）测量仪器与被测零件成直角。朝向被测零件移动测量仪器的同时，压紧测量仪器与零件成直角。

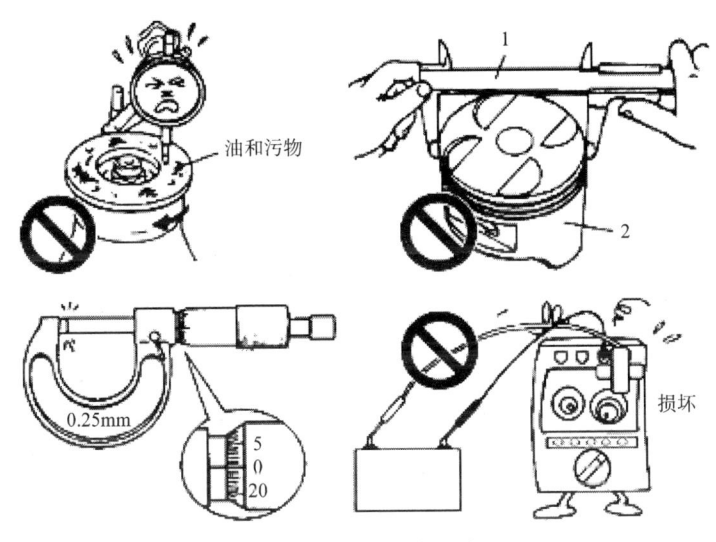

图 2-75 测量前检查要点

(2) 使用适当的量程。当测量电压或电流时,从高量程开始再往下调。从量程合适的表盘上读出测量值。

(3) 读取测量值时确保你的眼睛视线与表盘和指针成直角。

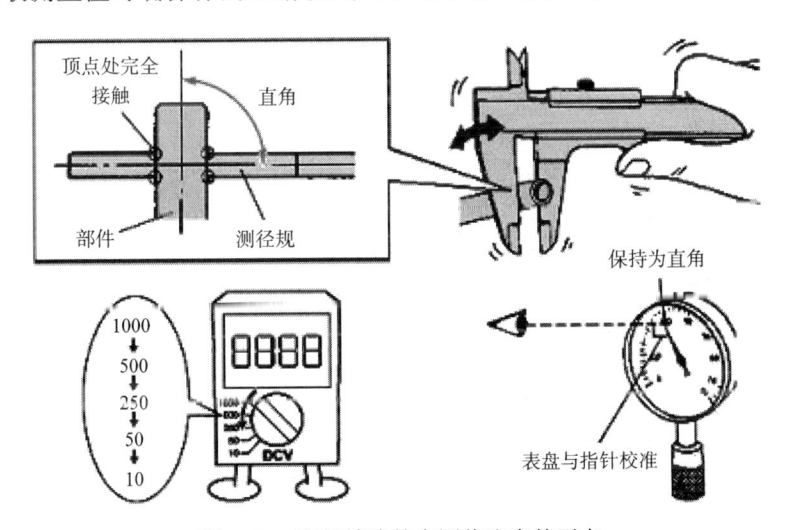

图 2-76 取得精确的实测值注意的要点

注意(图 2-77):

(1) 切勿跌落或敲击仪器,换句话说就是撞击。这些工具是精密仪器,可能要损坏结构内部零件。

(2) 避免使用或存放在高温下或高湿度下。测量值误差可能在高温、高湿度下发生。如果受到高温影响,工具本身会变形。

(3) 工具使用后要清洁,并按原状放置。工具只有在清除油污和废物后才可存放。

所有使用的工具必须按其原状归位,任何带有专用箱的仪器必须放回其箱内。测量工具必须放在规定的地方。如果要长时间存放工具,则需在必要的地方涂刷防锈油,并且取下电池。

图 2-77 取得精确的实测值注意的要点

3. 扭矩扳手

用以拧紧螺栓/螺母达到规定的转矩,可分为预置型和板簧式(图 2-78)。

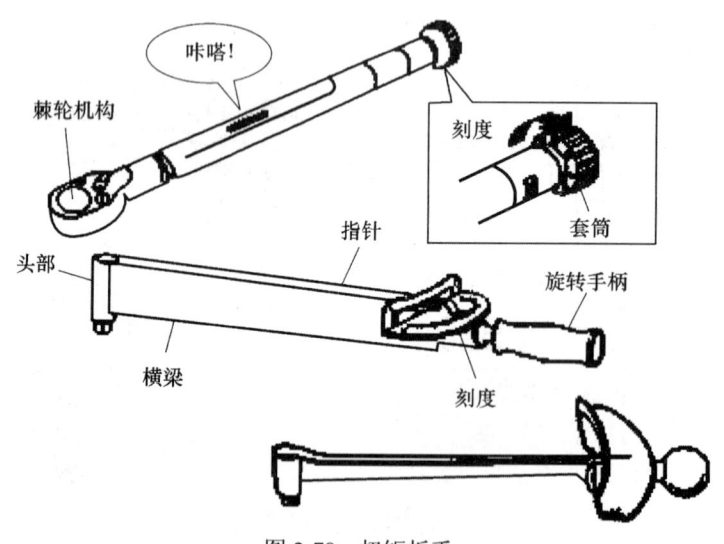

图 2-78 扭矩扳手

1) 预置型

通过旋转套筒可预设所要求的扭矩。当螺栓在这些条件下拧紧时,会听到咔嗒声,表明已达到规定扭矩。

2) 板簧式

(1) 标准式:转矩扳手通过弯曲梁板,借助作用到旋转手柄上的力进行操作,此梁由钢板弹簧制成。作用力可通过指针和刻度读出，以便取得规定的扭矩。

（2）小扭矩：最大值约 0.98N·m。用于测量预负荷。用其他扳手在扭矩扳手拧紧前预先拧紧，这样工作效率高。如果从一开始就用扭矩扳手拧紧，则工作效率较低。

💡 **注意：**

（1）如果拧紧几个螺栓，在每个螺栓上均匀施加扭力，重复2次或3次。
（2）如果专用维修工具与转矩扳手一起使用，则要按照修理手册中的说明计算扭矩。
（3）钢板弹簧型的注意事项（图2-79）：

① 使用到扭矩扳手上刻度的50%～70%量程，以便施加均匀的力。
② 不要用力太大使手柄接触到杆。如果压力不是作用在销上，则不能获得精确的扭矩测量值。

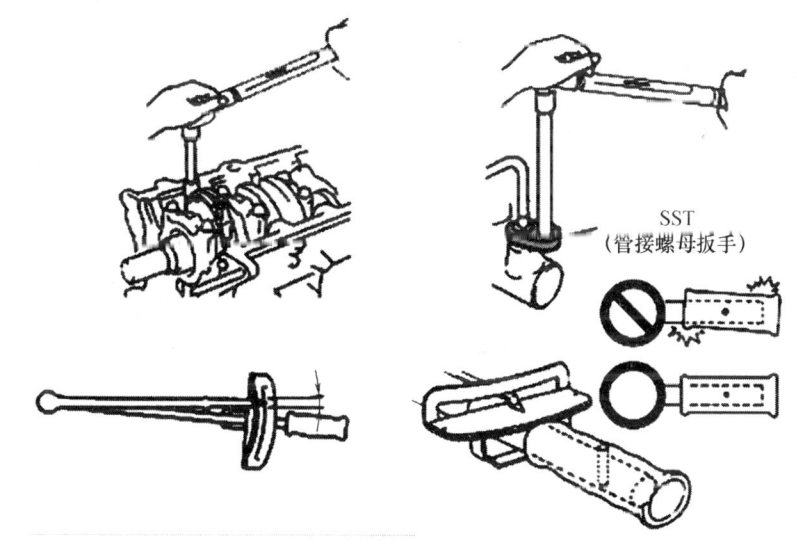

图 2-79 钢板弹簧型的注意事项

参考：扭矩计算，带有加长工具的扭矩扳手的拧紧扭矩（图2-80）。

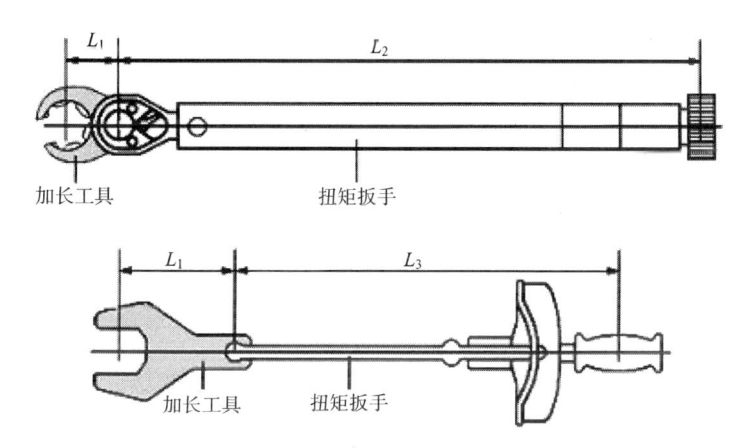

图 2-80 带有加长工具的扭矩扳手的拧紧扭矩

（1）接上加长工具可以增加扭矩扳手的有效长度。如果使用这种组合来拧紧螺栓/螺母，直到在扭矩扳手上读出规定扭矩，那么实际扭矩会超过规定的拧紧扭矩。

（2）除了规定的拧紧扭矩外，修理手册列出了典型的扭矩扳手的 T' 读数。如果没有同类型的扭矩扳手，通过计算公式可取得扭矩扳手的读数。

（3）举例说明修理手册中一些值。标准值：T = 80N·m[816kgf·cm]（规定拧紧扭矩）T' = 65N·m[663kgf·cm]（带有加长工具的扭矩扳手1300F读数。）

（4）公式：$T' = T \times L_2 / (L_1 + L_2)$

T' =带有加长工具的扭矩扳手读数；[N·m {kgf·cm}] T=规定的拧紧扭矩[N·m {kgf·cm}]；L_1=加长工具的长度[cm]；L_2=扭矩扳手的长度[cm]

4. 游标卡尺

游标卡尺又称四用游标卡尺，简称卡尺，是由刻度尺和卡尺制造而成的精密测量仪器，能够正确且简单地从事长度、外径、内径及深度的测量。结构如图2-81所示。量程：0mm～150mm，200mm，300mm。测量精度：0.05mm、0.02mm。

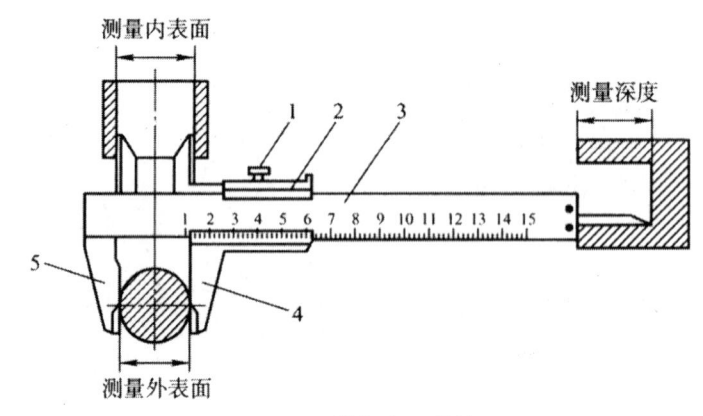

图2-81 游标卡尺结构

1—锁紧螺钉；2—副尺（游标）；3—主尺；4—活动卡钳；5—固定卡钳。

游标卡尺使用注意事项（图2-82）：

（1）在测量前完全合上卡钳，并检查卡尺间是否有足够的间隙可看到光。

（2）在测量时，轻轻地移动卡尺，使零件刚好放在卡钳间。

（3）一旦零件刚好放在卡钳之间，用止动螺钉固定游标尺，以便更方便地读取测量值。

参考：使用范例（图2-83）。

读取测量值（图2-84）。

（1）读取达到1.0mm的值读取主测量刻度的数值，其位于游标"零"的左边，A 如45（mm）。

（2）读取低于1.0mm高于0.05mm的数值读取游标上的刻度与主测量刻度相对齐的点，B 如0.25（mm）。

（3）如何计算测量值：$A+B$，例如45+0.25=45.25（mm）。

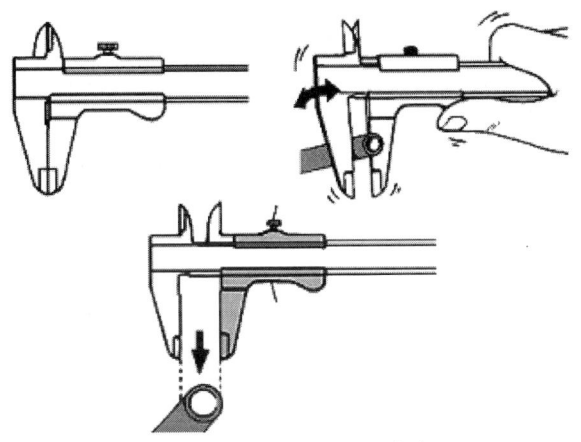

图 2-82　游标卡尺使用注意事项

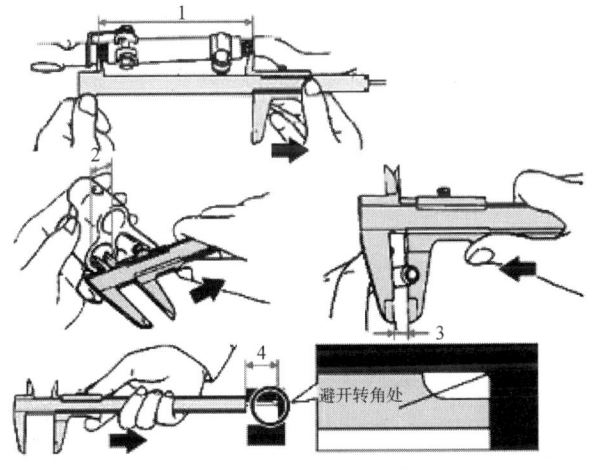

图 2-83　游标卡尺使用范例

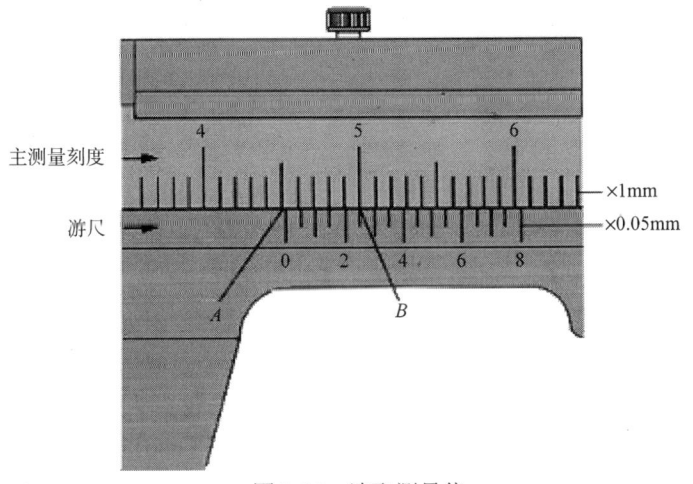

1—长度测量；2—内径测量；3—外径测量；4—深度测量。

图 2-84　读取测量值

5. 千分尺

千分尺也称为螺旋测微器，它是利用螺纹节距来测量长度的精密测量仪器，是一种用于测量加工精度要求较高的零部件。千分尺结构如图 2-85 所示。量程：0mm～25mm，25mm～50mm，50mm～75mm，75mm～100mm。测量精度：0.01mm。

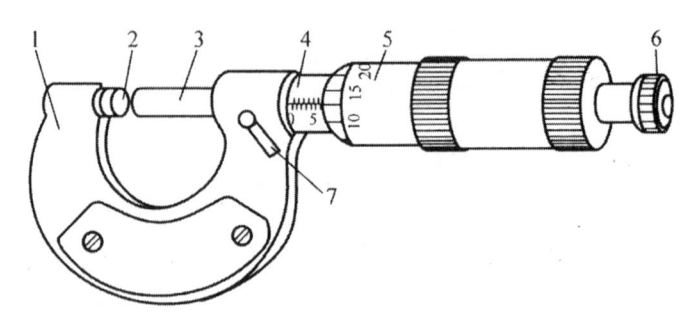

图 2-85　千分尺

1—弓架；2—测砧；3—测轴；4—固定套筒；5—活动套筒；6—棘轮定位器；7—锁销。

1）零校准

如图 2-86 所示，使用千分尺前，检查并确保零刻度已对准。如果是图 2-86 中所示的 50mm～75mm 的千分尺，在开口内放置一个标准的 50mm 校正器，并让棘轮定位器自由转动 2 圈～3 圈。然后，检查套管上的基准线与套筒的零刻度线是否对齐。

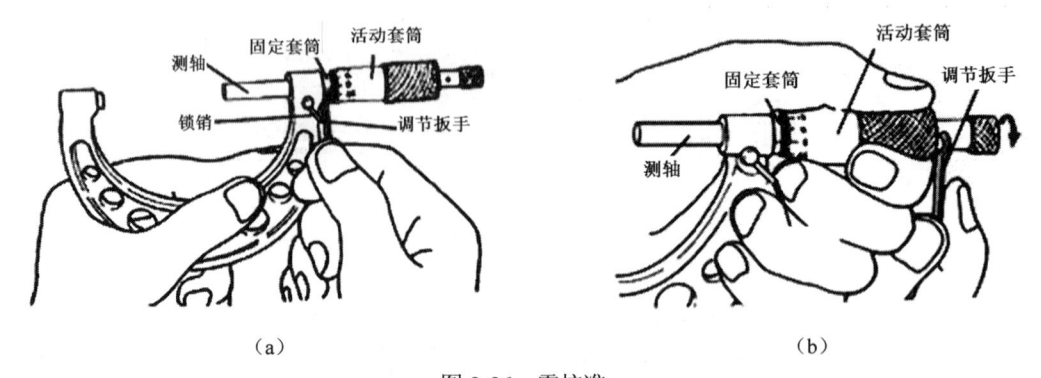

图 2-86　零校准

(a) 误差小于 0.02mm 的零校准；(b) 误差大于 0.02mm 的零校准。

如果误差低于 0.02mm，使锁销啮合以便固定轴。然后，使用图 2-86（a）中表示的调整扳手，以便移动和调整套管。如果误差大于 0.02mm，使锁销啮合以便固定轴。用调整扳手按图 2-86（b）中箭头方向松开棘轮定位器。然后，将套筒的零刻度线与套管的基准线对齐。

2）测量

将测砧抵住被测物，旋转套筒直到测轴轻轻接触被测物。一旦测轴轻轻接触被测物，转动棘轮定位器几次并读出测量值。棘轮止动器使轴施加的压力均匀，当此压力超过规定值时，它便空转。

如图 2-87 所示，为了得到更准确的读数，应使千分尺在待测物上前后滑动，直到感觉有轻微阻力。同时向两边晃动千分尺，使测轴不能再靠近带测物体，调整满意后，锁住千分尺读取测量值。

💡 **注意**：在测量小零件时，应把测微器固定在支架上。通过移动测微器，寻找可测得正确直径的位置。

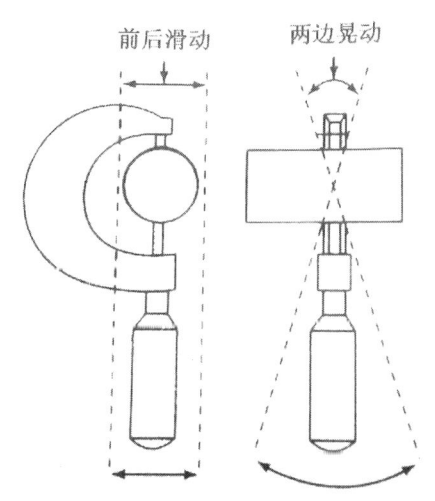

图 2-87　在待测物上前后滑动和两边晃动外径千分尺

3）读出测量值

如图 2-88 所示，首先读出至 0.5mm 的值，读出在套管刻度上可以看见的最大值：55.5（mm）；然后再读取 0.5mm 以下 0.01mm 以上的值，读取套筒上的刻度与套管上的刻度对齐点的数值：0.45（mm）；则测量值为：55.5+0.45=55.95（mm）。

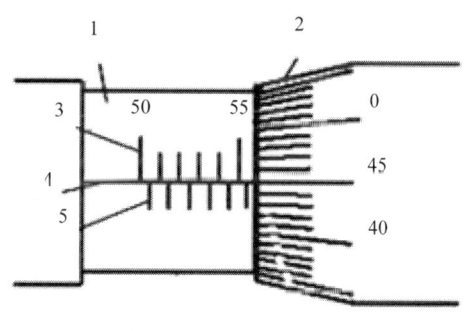

图 2-88　读出测量值

1—套管；2—套筒；3—1mm 递增；4—套管上的基线；5—0.5mm 递增。

6. 百分表

用于测量轴的偏差或弯曲以及法兰的表面振动等，结构如图 2-89 所示。测量精度为 0.01mm。百分表的悬挂式测量头的类型有：长型：适合在有限空间中使用；辊子型：用于轮胎的凸面/凹面图案；杠杆型：用于测量摆不能直接接触的部分；平板型：用于测量活塞凸出的部分等。

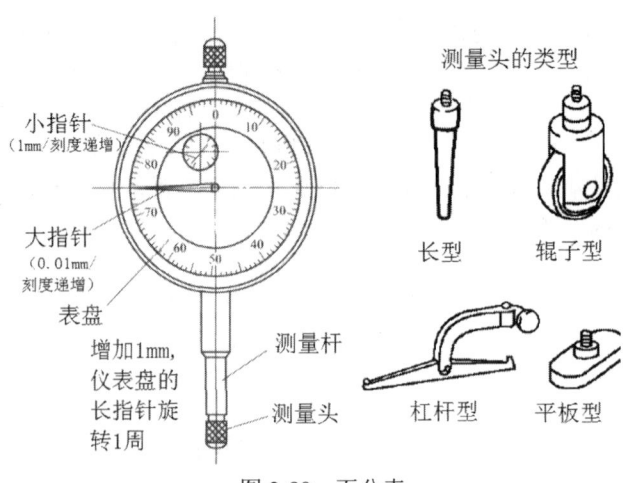

图 2-89 百分表

如图 2-90 所示，测量时，将其固定在磁性支架上使用。调整百分表位置和被测物体，并设置指针，使其位于移动量程的中心位置。转动被测物并读出指针偏离值。图 2-90 中表盘显示指针在表盘 7 个刻度内左、右移动，则偏差范围：0.07mm。

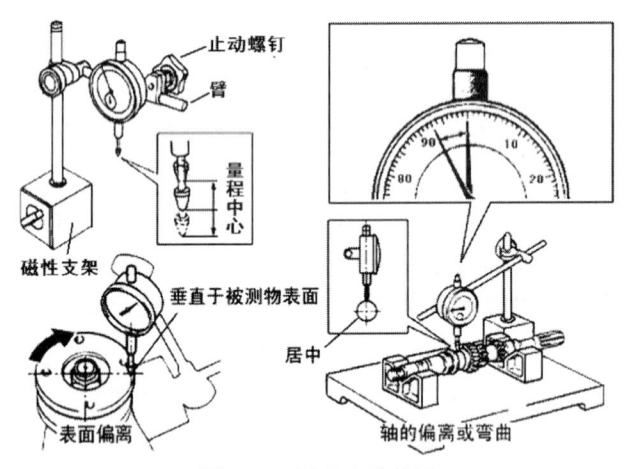

图 2-90 百分表的使用

7. 量缸表

量缸表也叫内径百分表，是利用百分制成的测量仪器，也是用于测量孔径的较性测量工具。在汽车维修中，量缸表常用于测量汽缸的磨耗量及内径。如图 2-91 所示，量缸表主要包括百分表、表杆、替换杆件和替换杆件紧固螺钉等。测量精度为 0.01mm。

1) 量缸表设定（图 2-92）

（1）使用游标卡尺，测量缸径然后获得标准尺寸。

（2）设定一个更换杆和一个调整垫圈，使量规比缸径大 0.5mm～1.0mm（在更换杆上标有其尺寸，以 5mm 递增），使用这些长度作为选择合适杆件的参考。然后，用调整垫圈进行微调。

（3）当百分表安装到量缸表的规体上时，轴约有 1mm 的移动量。

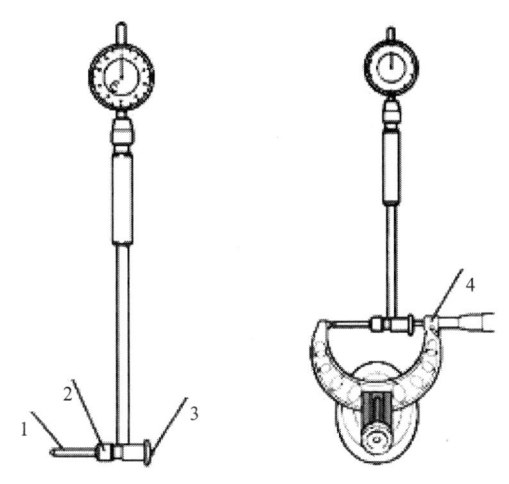

图 2-91 量缸表的结构

1—替换杆件；2—替换杆件紧固螺钉；3—探头；4—千分尺。

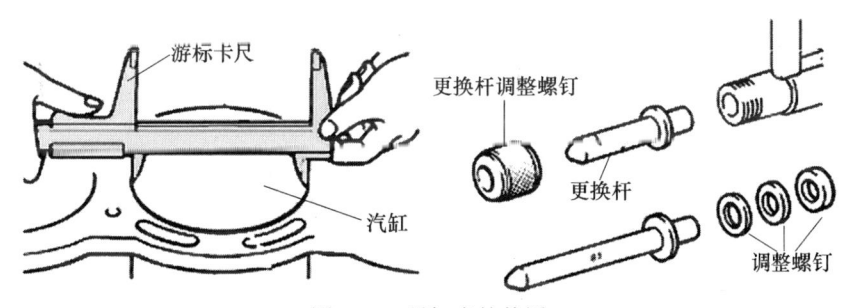

图 2-92 量缸表的使用

2）汽缸内径量表的零校准（图 2-93）

（1）将千分尺设置到由游标卡尺取得的标准尺寸。用夹具固定住千分尺轴。

（2）通过将更换杆作为杠杆的支点移动量规。

（3）将汽缸内径量表设定到零点（在这一点度盘指示器指针在探头的收缩侧回转）。

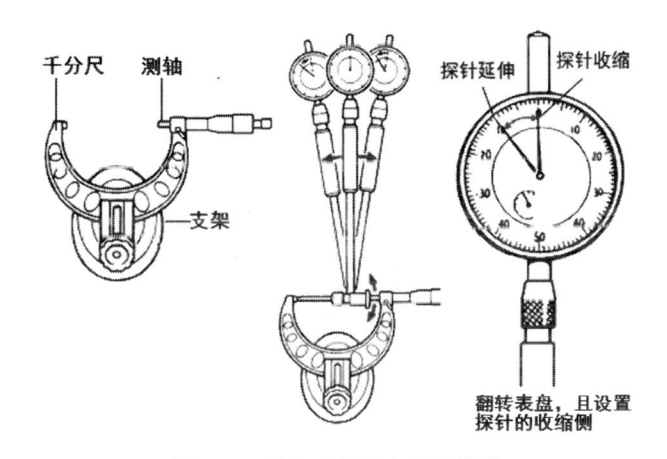

图 2-93 汽缸内径量表的零校准

89

3）缸径测量（图2-94）

（1）慢慢地推导向板并仔细地把量规插入缸径。

（2）移动量规寻找最短距离的位置。

（3）读出最短距离位置上的刻度。

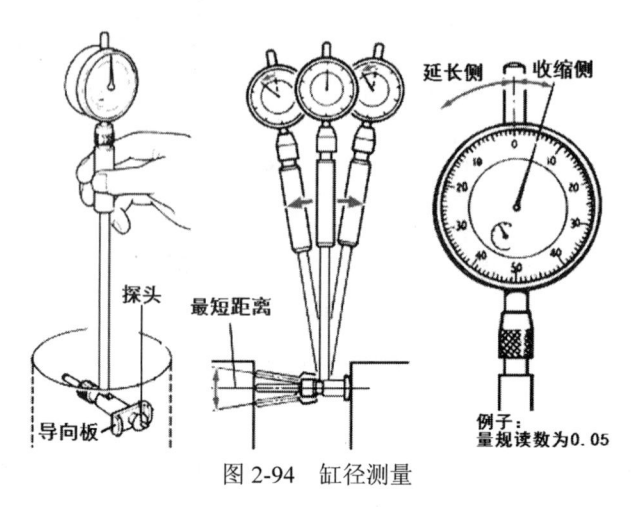

图2-94 缸径测量

8. 塑料间隙规

用于测量用盖子紧固的部位的油隙，例如曲轴轴颈和曲轴连杆轴颈。塑料间隙规由软塑料制成，分3种颜色，每一种表示不同的厚度间隙测量范围：绿色：0.025mm～0.076mm，红色：0.051mm～0.152mm，蓝色：0.102mm～0.229mm。

（1）清洁曲轴连杆轴颈和轴承。

（2）截取相应长度的间隙规，以便和轴承宽度匹配。

（3）如图2-95所示，将塑料间隙规放在曲轴连杆轴颈上。

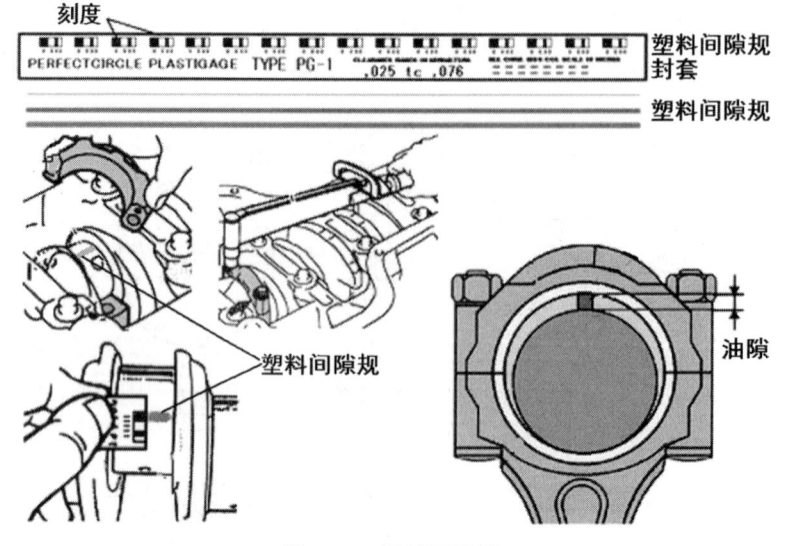

图2-95 塑料间隙规

（4）把轴承盖放在曲轴连杆轴颈上并以规定的扭矩将其紧固。切勿转动曲轴。

（5）拆下轴承盖并使用塑料间隙规封套上的刻度来确定平直的塑料间隙规的宽度。测量塑料间隙规最宽部位的宽度。

9. 厚薄规

厚薄规又称塞尺或间隙片，是一组淬硬的钢条或刀片，这些淬硬钢条或刀片被研磨或滚压成为精确的厚度，它们通常都是成套供应。在汽车维修工作中主要用于测量气门间隙、触点间隙和一些接触面的平直度等。

如图 2-96 所示，每条钢片标出了厚度（单位为 mm），它们可以单独使用，也可以将两片或多片组合在一起使用，以便获得所要求的厚度，最薄的一片可以达到 0.02mm。常用塞尺长度有 50mm、100mm、200mm 这 3 种。

图 2-96　厚薄规

如图 2-97 所示，使用塞尺测量时，应根据间隙的大小，先用较薄片试插，逐步加厚，可以一片或数片重叠在一起插入间隙内，插入深度应在 20mm 左右。

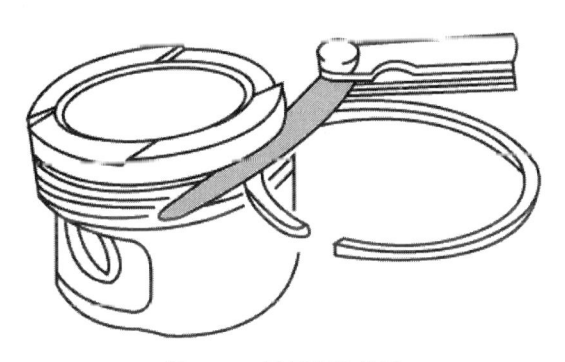

图 2-97　厚薄规的使用

如图 2-98 所示，为了避免量规顶部弯曲或损坏，切勿强行将其推入待测部位。在把叶片放起来前，要清洁其表面并涂油防止它们生锈。

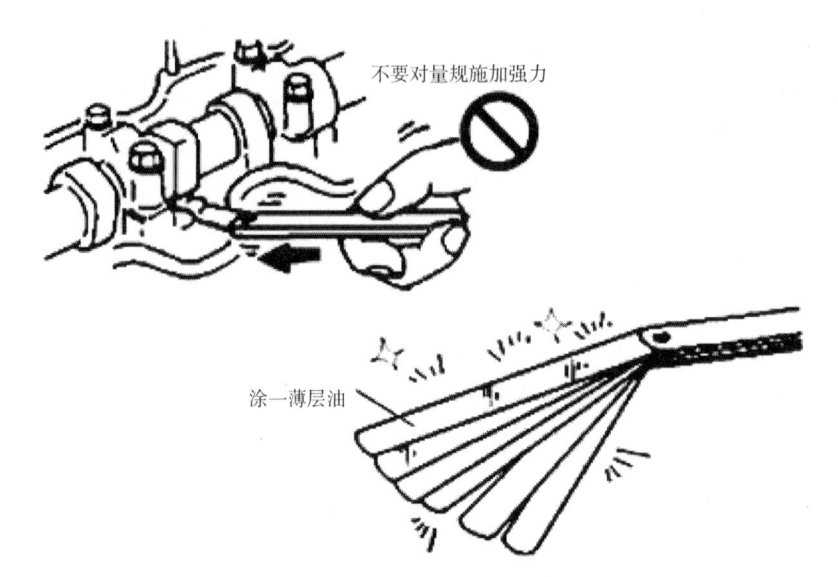

图 2-98　厚薄规的使用注意事项

四、自我测试题

（一）概念题

1．配气相位

2．气门间隙

3．气门叠开

（二）填空题

1．气门式配气机构由_____和气门_____组成。

2．气门弹簧座是通过安装在气门杆尾部的凹槽或圆孔中的_____或_____固定的。

3．由曲轴到凸轮轴的传动方式有_____、_____和_____3种。

4．气门由_____和_____两部分组成。

5．汽油机凸轮轴上的斜齿轮是用来驱动_____和_____的。而柴油机凸轮轴上的斜齿轮只是用来驱动_____的。

（三）判断题

1．凸轮轴的转速比曲轴的转速快1倍。（　　）

2．气门间隙过大，发动机在热态下可能发生漏气，导致发动机功率下降。（　　）

3．气门间隙过大时，会使得发动机进气不足，排气不彻底。（　　）

4．对于多缸发动机来说，各缸同名气门的结构和尺寸是完全相同的，所以可以互换使用。（　　）

5．为了安装方便，凸轮轴各主轴径的直径都做成一致的。（　　）

（四）单项选择题

1．气门的打开，靠（　　）。
   A．凸轮的推动力　　B．气门弹簧的弹力　　C．惯性力　　D．汽缸压力
2．四冲程发动机一个工作循环曲轴旋转两周，凸轮轴旋转（　　）。
   A．两周　　　　　　B．一周　　　　　　　C．半周　　　D．以上都不是
3．下列不属于配气机构的是（　　）。
   A．曲轴　　　　　　B．气门　　　　　　　C．气门弹簧　D．气门油封
4．下列关于摇臂说法正确的是（　　）。
   A．摇臂与气门杆端接触部分接触应力高，因此在该部分常堆焊有软合金
   B．摇臂与摇臂轴是刚性连接的
   C．摇臂内一般钻有油道，与摇臂轴中心相通
   D．摇臂轴中心的油道与连杆相通
5．气门座圈的磨损，将使气门间隙（　　）。
   A．增大　　　　　　B．减小　　　　　　　C．不变　　　D．以上都不是
6．现代汽车发动机普遍采用多气门结构，其作用是为了（　　）。
   A．提高点火性能　　B．提高喷油性能　　　C．减小爆振　D．提高充气效率

（五）简答题

1．为什么非增压发动机在进气行程结束时，缸内气压低于外界大气压？
2．为什么进、排气门要提前开启和延迟关闭？
3．为什么在不同转速和负荷时，进、排气门提前开启和延迟关闭的最佳角度是不一样的？
4．为什么装有液力挺柱的发动机不需要预留气门间隙？
5．为什么现代发动机要采用可变进气系统和可变配气相位系统？
6．配气机构凸轮轴的驱动形式有哪几种？
7．什么叫配气相位？
8．影响充气效率的因素有哪些？
9．提高充气效率的主要措施有哪些？
10．凸轮轴的结构是怎样的？如何进行轴向定位？
11．为什么有的发动机要采用两个气门弹簧？采用双气门弹簧时应如何安装？
12．配气相位失准的原因是什么？
13．为什么要有气门间隙？气门间隙过大或过小有何危害？
14．气门与座圈不密封会造成什么后果？应如何检验气门与座圈的密封性能？
15．什么是气门间隙的两次调整法？

项目三 汽缸体和曲柄连杆机构检修

一、项目描述

接受学习工作单；运用维修手册获得该车型发动机汽缸体和曲柄连杆机构维修标准技术数据；确定检修所需的工量具、设备和材料；拆卸并分解汽缸体及曲柄连杆机构零件；运用检测工具，检查汽缸体及曲柄连杆机构各零件，确定检修方案；记录维修过程并填写学习工作单。通过该项目的学习，学生能够达到以下要求。

1. 知识要求

（1）了解曲柄连杆机构功用，掌握曲柄连杆机构组成，熟悉曲柄连杆机构工作条件和受力分析。

（2）了解汽缸体与曲轴箱组的作用、汽缸体结构形式；掌握汽缸体与曲轴箱组的各组成部分、发动机汽缸排列形式；熟悉汽缸盖与汽缸衬垫、油底壳等零部件的特点。

（3）了解活塞连杆组的组成；掌握活塞、活塞环、活塞销、连杆等零部件的结构特点和工作原理；熟悉活塞连杆组的作用。

（4）了解曲轴飞轮组的组成；掌握曲轴的结构特点和曲拐的布置；熟悉曲轴扭转减振器和飞轮的作用。

（5）掌握汽缸磨损的检验；汽缸体、汽缸盖平面度的检验。

（6）掌握活塞连杆组的拆装要点；活塞和活塞环、连杆、轴承盖等安装位置；掌握连杆变形的检测和校正。活塞与汽缸间隙的检查。连杆大头轴向间隙、连杆大头油隙。掌握活塞销与承孔间隙的检测；活塞、活塞销和活塞环的选配；活塞环侧隙和端隙的检测。

（7）掌握曲轴轴承径向间隙的检查和调整；曲轴轴向间隙的检查和调整；曲轴主轴承座孔同轴度的检测。掌握曲轴轴颈磨损、曲轴裂纹及曲轴弯曲的检验。

2. 技能要求

（1）能正确检测汽缸体有无裂纹，确定必要的操作。

（2）能正确检测汽缸体上表面的平面度，确定必要的操作。
（3）能正确检测汽缸的磨损（圆度、圆柱度和最大磨损量等），确定必要的操作。
（4）能正确判断汽缸体能否使用，应进行哪些修复。
（5）能正确检测曲轴有无裂纹，检测曲轴弯曲和扭曲变形。
（6）能正确检查曲轴主轴颈及连杆轴颈；对曲轴轴颈轻微损伤的磨削处理；检测曲轴轴向间隙。
（7）活塞连杆组的拆装（活塞和活塞环、连杆、轴承盖等安装位置）；检测连杆有无变形，确定必要的操作；检测活塞销与承孔间隙，确定必要的操作；根据汽缸体选配活塞、活塞销和活塞环；检测活塞环侧隙和端隙。

3. 素质要求

（1）注意 5S。
（2）注意劳动保护与安全操作。
（3）具备环境保护意识。
（4）具有团队协作精神。
（5）具有组织沟通能力。
（6）操作规范。

二、项目实施

任务一　汽缸体和曲柄连杆机构的拆装

训练目标与要求

（1）熟悉汽缸体、活塞连杆组及曲轴飞轮组的组成、作用和结构特点。
（2）掌握汽缸体、活塞连杆组及曲轴飞轮组的拆卸工艺。
（3）掌握工具、量具、设备使用方法，文明操作，安全生产。

训练设备

（1）桑塔纳轿车 AJR 型发动机总成 4 台，发动机汽缸体总成 4 套。
（2）常用工具 4 套、桑塔纳轿车专用工具 4 套、机油若干。
（3）棉纱、汽油、煤油、清洗剂等辅助材料若干。

训练步骤

1. 活塞连杆组的拆卸

（1）清除汽缸内壁积炭。用倒角铰刀去掉汽缸内壁积炭，如图 3-1 所示。
如果积炭积聚，活塞环便会粘附积炭，在拆卸时会损坏活塞环。
（2）拆卸连杆轴承盖。如果拆卸轴承盖时有困难，将两只已经被拆卸的螺栓放在轴承孔内，并且在拆卸轴承盖时扭动螺栓，如图 3-2 所示。或者，用塑料贴面的锤子（橡胶锤）轻敲连杆螺栓并提起连杆盖。如图 3-3 所示，用塑料管套在连杆螺栓上，以保护曲轴和汽缸壁不受损伤。

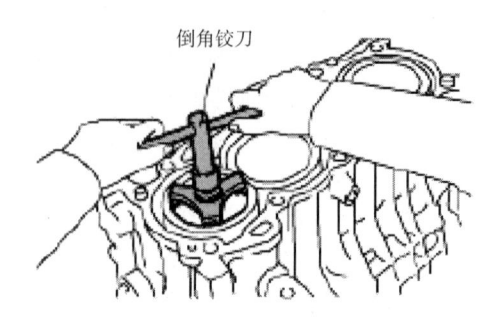

图 3-1 清除汽缸内壁积炭

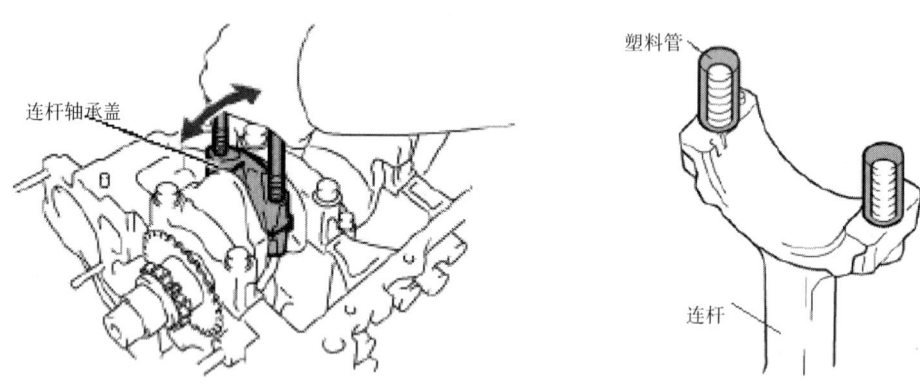

图 3-2 拆卸连杆轴承盖

图 3-3 安装塑料管套

（3）拆卸连杆轴承。如图 3-4 所示，将一把平头螺丝刀小心地插入轴承的狭缝（剖面图 A）中，然后通过使用螺丝刀将轴承往外撬进行拆卸。

（4）拆卸活塞。如图 3-5 所示，使用锤子柄轻轻敲打连杆，另一只手在下方托住活塞以防其掉落地面受到损伤。注意敲击连杆时不要碰到汽缸内壁，防止损坏汽缸。

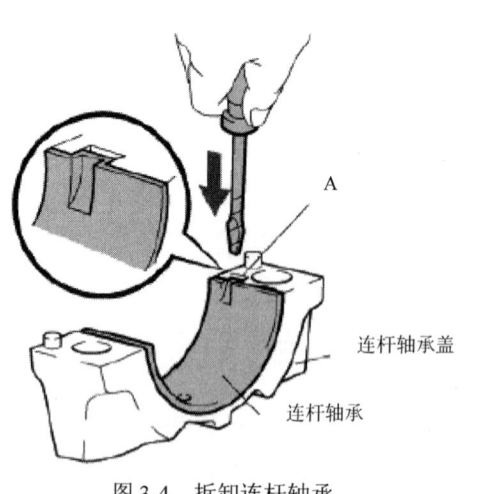

图 3-4 拆卸连杆轴承

图 3-5 拆卸活塞

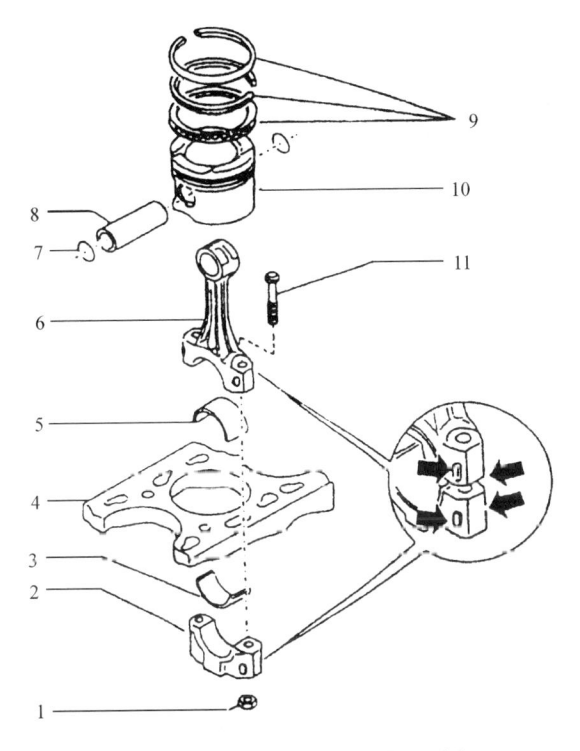

（5）拆开活塞。AJR活塞连杆组结构如图3-6所示。

图3-6 AJR型发动机活塞连杆组分解

1—连杆螺母；2—连杆轴承盖；3—连杆下半轴承；4—汽缸体；5—连杆上半轴承；6—连杆；
7—卡环；8—活塞销；9—活塞环；10—活塞；11—连杆螺栓。

① 拆卸活塞环。首先，使用一个活塞环扩张器（图3-7），以活塞环平整地与扩张器的座面接触的方式，依次拆卸第一道和第二道气环，如图3-8所示；用手拆卸刮油环，如图3-9所示。

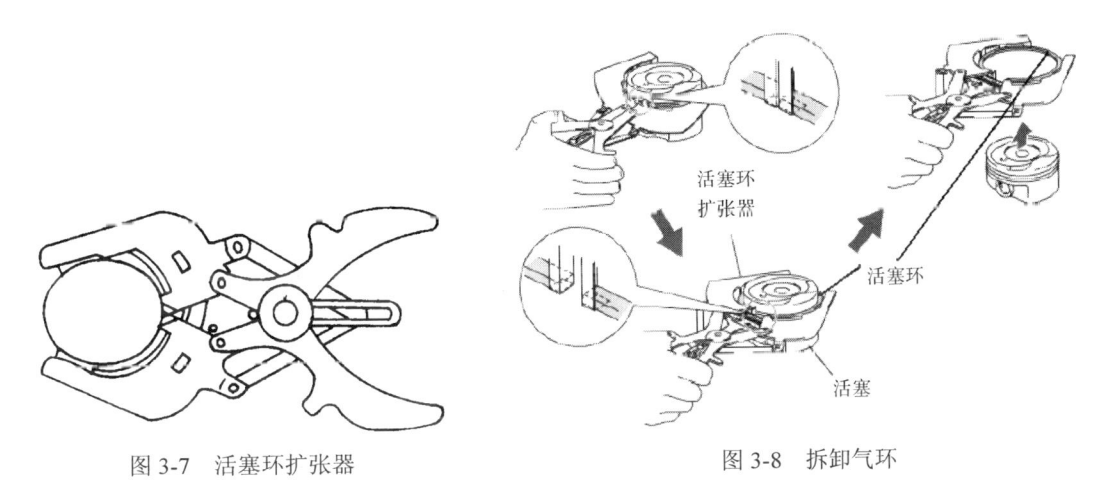

图3-7 活塞环扩张器

图3-8 拆卸气环

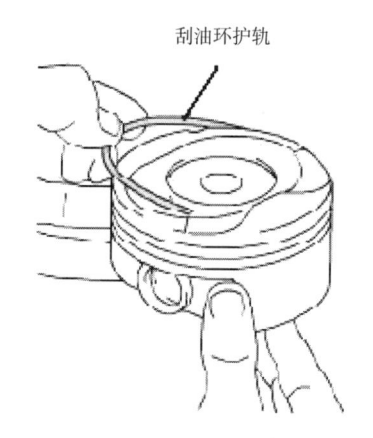

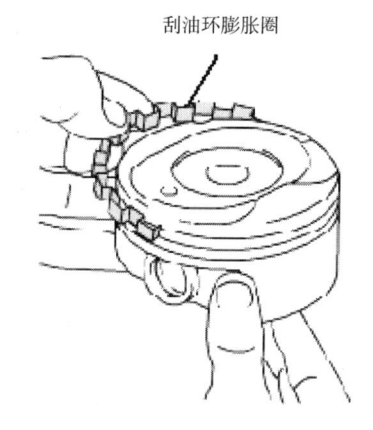

图 3-9 拆卸油环

② 拆卸活塞销。AJR 型发动机活塞销采用全浮式连接方式。

首先，用卡环钳夹住卡环使其收缩后将其取下（图 3-10）。然后，用专用工具（可用一根直径比活塞销座孔小的干净木棍或铜棒）顶出活塞销，如图 3-11 所示。

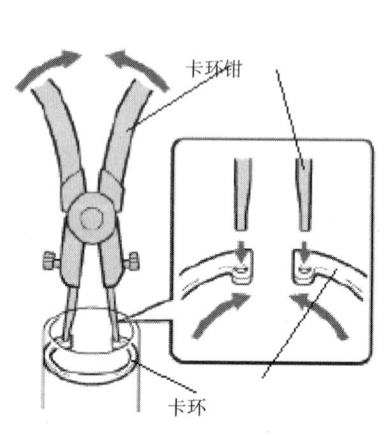

图 3-10 拆卸卡环

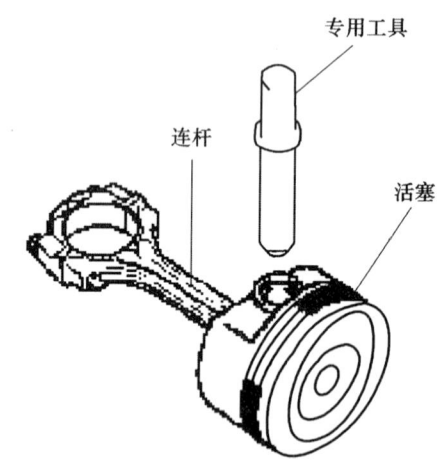

图 3-11 拆卸活塞销

2. 曲轴飞轮组的拆解

AJR 型发动机汽缸体总成分解图，如图 3-12 所示。

（1）将汽缸体反转倒置。

（2）拆下正时齿带轮端（即发动机前端）曲轴油封（前油封 2）。

（3）旋下前密封凸缘固定螺栓 1，撬下前密封凸缘 3 及衬垫。

（4）固定住飞轮 11 不让其旋转，旋下飞轮紧固螺栓 15，如图 3-13 所示。

（5）旋下后密封凸缘螺栓 19，取下曲轴后密封凸缘 20。

（6）拆卸曲轴轴承盖。分几次按照从两边到中间的顺序逐渐旋松主轴承盖紧固螺栓 9，拆卸顺序如图 3-14 所示。

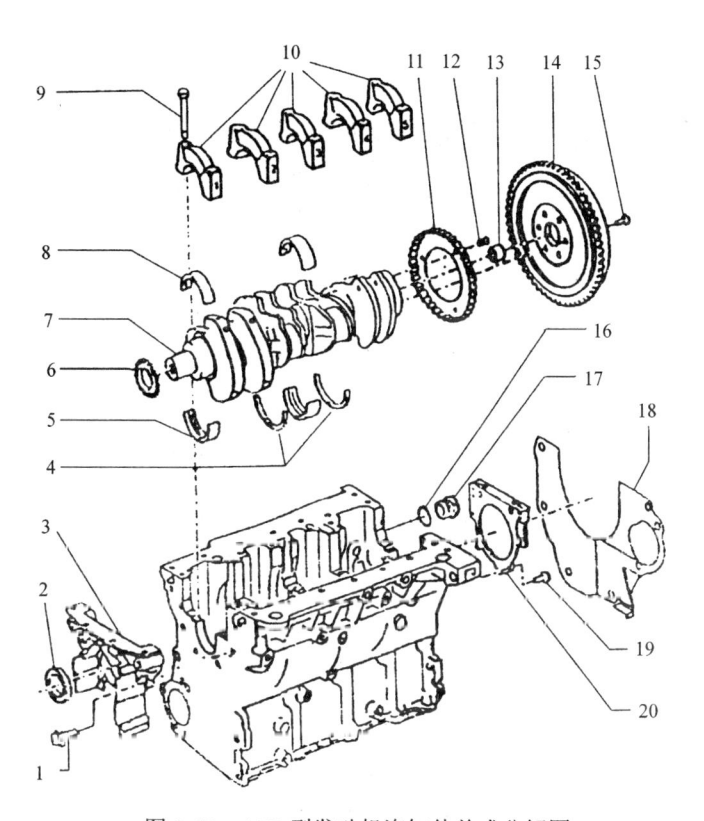

图 3-12 AJR 型发动机汽缸体总成分解图

1—前密封凸缘螺栓（拧紧力矩 16N·m）；2—前油封；3—前密封凸缘；4—止推环（用于缸体内 3 号轴承，润滑槽朝向外侧）；5—主轴承（用于带机油槽的缸体，不能与使用过的轴承混用）；6—链轮（用于驱动机油泵）；7—曲轴；8—主轴承（用于不带机油槽的缸体，不能与使用过的轴承混用）；9—主轴承盖螺栓（拧紧力矩 65N·m+90°）；10—轴承盖；11—脉冲传感器轮（用于发动机转速传感器 G28，只有一个安装位置）；12—脉冲传感器轮螺栓（拧紧力矩 10N·m+1/4 圈）；13—滚针轴承；14—飞轮；15—飞轮紧固螺栓（拧紧力矩 60N·m+90°）；16—密封圈；17—螺塞（拧紧力矩 100N·m）；18—中间支板；19—后密封凸缘螺栓（拧紧力矩 16N·m）；20—曲轴后密封凸缘。

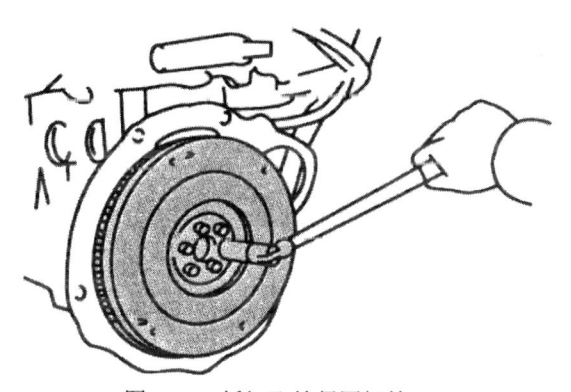

图 3-13 拆卸飞轮紧固螺栓

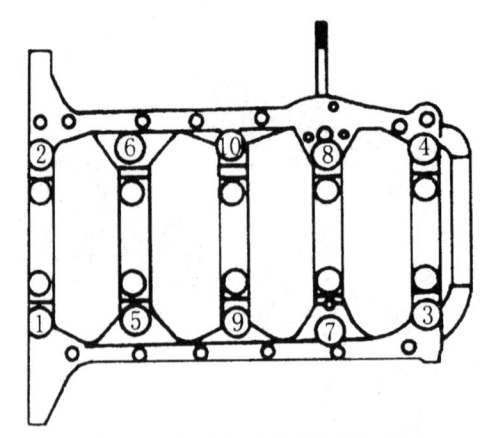

图 3-14 曲轴主轴承盖的拆卸顺序

（7）拆下曲轴各主轴承盖。如果主轴承盖不能轻易被拆卸，可用橡胶锤轻微地敲击，或在螺栓孔上插入两只已经被拆卸的螺栓，并且在拆卸轴承盖时扭动螺栓，如图 3-15 所示。

在拆卸 3 号主轴承盖时，注意取下止推环。

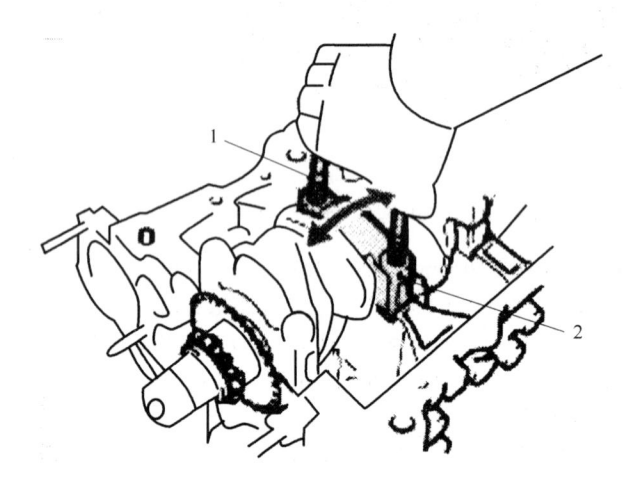

图 3-15 拆卸曲轴主轴承盖

1—螺栓；2—主轴承盖。

（8）拆下的主轴承盖要做好识别号和朝向标记，如图 3-16 所示。

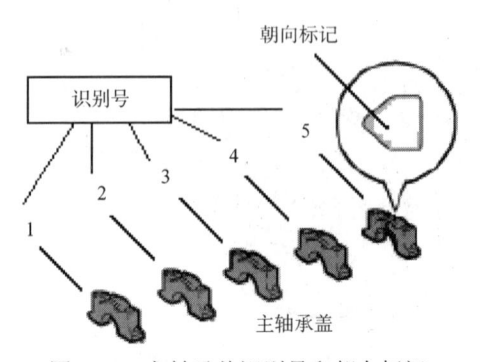

图 3-16 主轴承盖识别号和朝向标记

（9）拆卸曲轴。用双手分别抓住曲轴前后两端，从缸体主轴承孔中抬出曲轴。

（10）拆卸脉冲传感器轮 11。旋松脉冲传感器轮螺栓 12，取下脉冲传感器轮。

（11）拆卸轴承。将一把平头螺丝刀小心地插入轴承的狭缝（剖面图 A）中，然后通过使用螺丝刀将轴承往外撬进行拆卸，如图 3-17 所示。

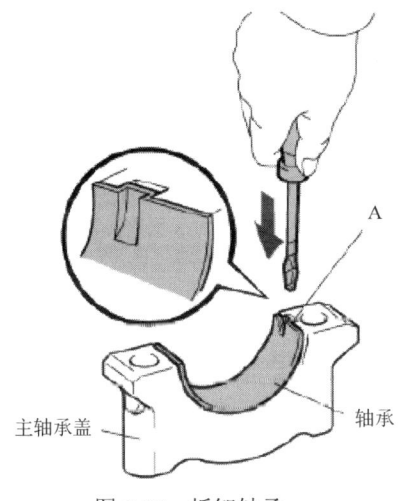

图 3-17　拆卸轴承

3. 活塞连杆组的组装

（1）活塞、活塞销、连杆的组装。组装前，在活塞销座孔、活塞和连杆的工作表面涂上机油，连杆小头孔与活塞销座孔对好，通过专用工具（可用一根直径比活塞销座孔小的干净木棍或铜棒），把活塞销压入活塞销座孔中，如图 3-18 所示。然后用卡环钳装入卡环。

注意：组装时，活塞和连杆的朝前标记要对好。

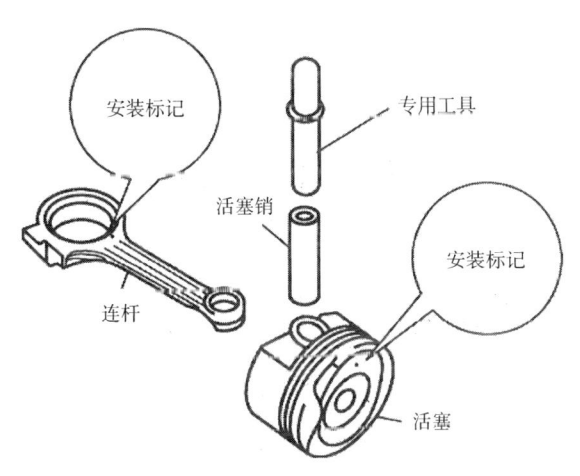

图 3-18　活塞、活塞销、连杆的组装

（2）活塞环的装配。用手安装油环时，注意不要过分张开油环刮片和油环衬簧，如图 3-19 所示。

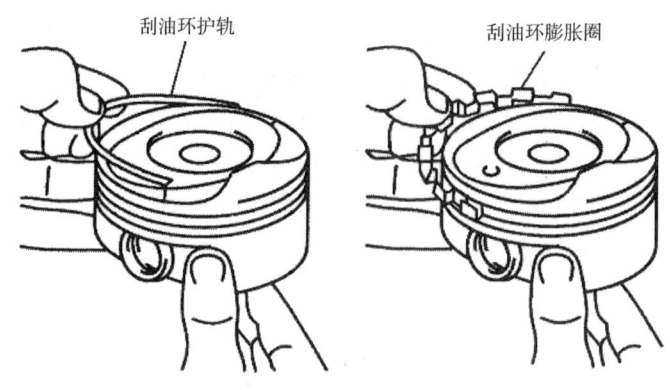

图 3-19 活塞环的装配

如图 3-20 所示，气环装配时，要使用活塞环扩张器。把活塞环扩张器的扩张口对准活塞环的开口，然后按动手把，使活塞环张开后装入活塞环槽。先装第二道气环，再装第一道气环。

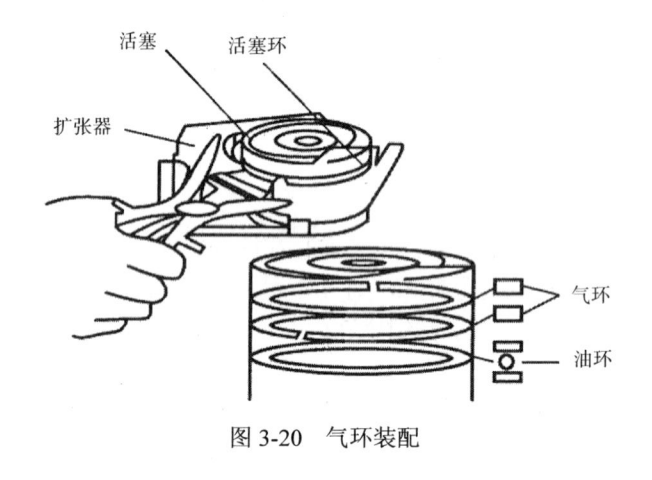

图 3-20 气环装配

安装活塞环时，其开口应错开 120°，且第一道气环的端口应位于 45°位置，如图 3-21 所示。活塞环上"TOP"标记必须朝向活塞顶部。

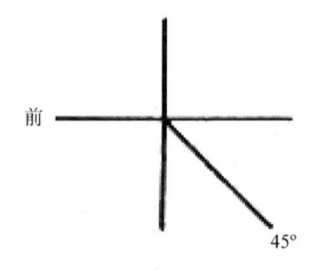

图 3-21 第一道气环的端口位置

安装活塞时应注意活塞的标记位置和所配对的汽缸，活塞的朝前标记必须朝向发动机前方。

连杆螺栓螺母在拆卸后应更换，安装时先润滑螺纹和接触表面。

安装连杆轴承盖时应注意安装位置，安装时不要使用密封剂。

4. 曲轴飞轮组的安装

如图 3-22 所示，曲轴飞轮组的安装可按拆卸相反的顺序进行，但注意以下事项：

（1）装配汽缸体时应更换油封和衬垫。

（2）安装油封时，应在油封外圈和唇边上涂一层薄机油。

（3）主轴承盖螺栓（拧紧力矩 65N·m+90°），拧紧顺序与图 3-14 所标序号的顺序相反。

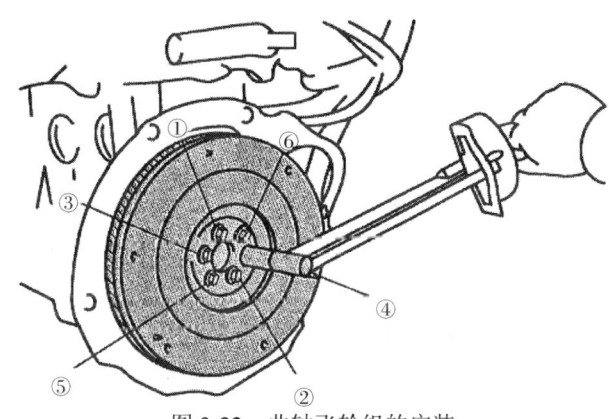

图 3-22 曲轴飞轮组的安装

①，②，③，④，⑤，⑥—飞轮等固螺栓。

（4）曲轴 3 号主轴承为推力轴承，其两端有半圆形止推环。注意：定位及开口必须朝向滑动轴承安装，各滑动轴承不能互换。

任务二 汽缸体的检修

训练目标与要求

（1）熟悉汽缸体变形、汽缸体裂纹的检修方法。
（2）掌握汽缸圆度、圆柱度的检测方法以及汽缸修理尺寸的确定。
（3）了解汽缸的镗磨工艺；熟悉汽缸套的镶换工艺。
（4）掌握工具、量具、设备使用方法，文明操作，安全生产。

训练设备

（1）桑塔纳轿车 AJR 型发动机汽缸体、汽缸盖与汽缸垫各 4 个。
（2）常用工具 4 套，检测平台、内径百分表、外径千分尺、刀口形直尺、塞尺、高度游标卡尺、弹簧秤或游标卡尺各 4 套。
（3）最大量程为 1MPa 的水压机 1 台。
（4）棉纱、汽油、煤油、清洗剂等辅助材料若干。

训练步骤

1. 发动机汽缸体水套和汽缸盖水套的裂纹检查

（1）水压试验法（图 3-23）。

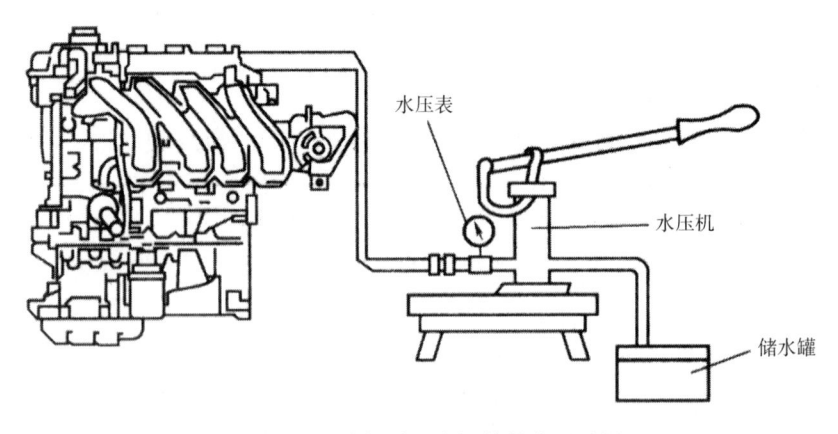

图 3-23 汽缸体和汽缸盖的水压试漏

手动试压泵用于汽缸体的水压试验，主要由压力表、带橡胶水管的连接盘和一个盛水的储水罐等组成。

具体步骤如下：

① 将被检验的缸体置于专用工作台架上。

② 把汽缸盖连同汽缸盖衬垫装合在缸体上，并用规定力矩拧紧汽缸盖螺栓。

③ 封闭汽缸盖上的出水口，封闭处应密封，不得有渗漏。

④ 将试压泵上带橡胶水管的连接盘装于汽缸体前部的进水口上，连接部位应密合，不得有渗漏。

⑤ 按动试压泵手柄，将水压入汽缸体内，并同时观察压力表，压力表指示应为 343kPa～441kPa。

⑥ 以上述压力保持 5min 后，用于电筒或移动式照明灯检视汽缸体各部分，应无任何渗漏。

⑦ 如有渗水或水珠渗出，则说明该部位是隐伤处。然后在渗漏部位做好标记，待修补后再作水压试验。

（2）染色渗透剂法。

用染色渗透剂进行试验时，汽缸体经清理并洗干净后，用染色渗透剂喷射至被检测部位（如燃烧室、进排气口及水套等各凸台或鼻梁处），待染色剂渗透 5min 后，擦净检查部位，并均匀撒上一层白粉，用小锤轻轻敲检查部位，如有渗透的染色剂显示在白粉上，则表示该处有裂纹存在。

若存在裂纹，在表 3-1 中记录裂纹所在位置，查阅维修手册，制订修复计划。

表 3-1 汽缸体裂纹检测与修复计划

裂纹出现的部位		
在以下合适的选项中打"√"		
焊接修复	黏接修复	更换汽缸体或汽缸盖

2. 汽缸体上平面的变形检查

（1）检查量具的认识。

刀口尺（图 3-24）分别由刀刃口、刀体和刀背所组成。

厚薄规（图 3-25）由数片不等厚度的钢片所组成。每片钢片上都标有厚度尺寸（单位为 mm）。

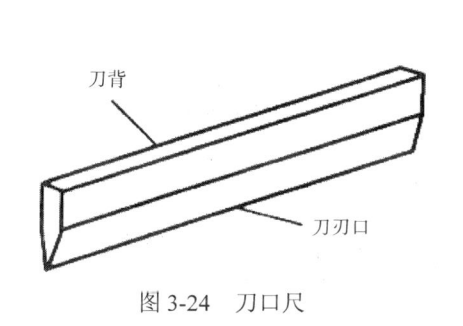

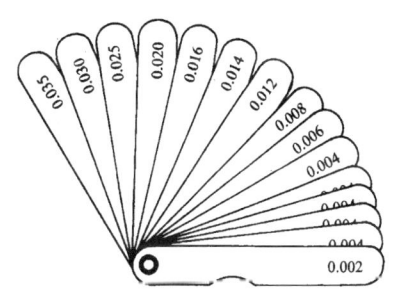

图 3-24　刀口尺

图 3-25　厚薄规

（2）清洁汽缸体的上表面。

（3）如图 3-26 所示，把刀口尺的刀刃口朝下、刀背朝上垂直地放在被检测的平面上，观察刀口尺与被检测平面之间是否有空隙，根据空隙的大小放入合适厚度的厚薄规，轻轻地来回抽动厚薄规，要求有轻微的摩擦（发"涩"的感觉），此时厚薄规上的数值就是该处的变形量。

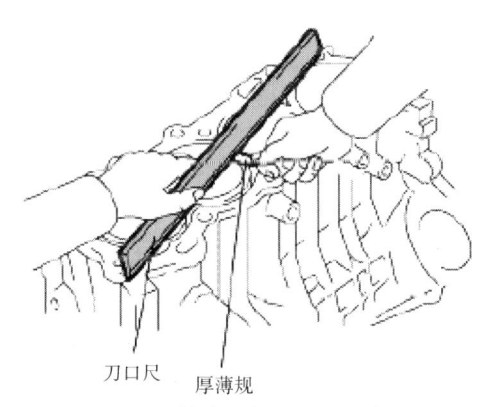

图 3-26　检查汽缸上平面的变形

（4）按检查顺序（图 3-27）分别检查汽缸体 6 个方向的最大变形量，并填写表 3-2。

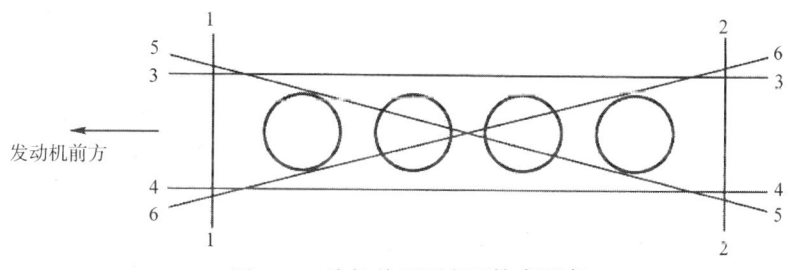

图 3-27　汽缸体平面变形检查顺序

表3-2　汽缸体平面变形检查记录

方向	位置1/mm	位置2/mm	位置3/mm	位置4/mm	位置5/mm	位置6/mm
变形量						

查阅维修手册关于汽缸体平面度的技术要求，判断所检测的汽缸体平面度是否满足技术要求。

（5）汽缸体接合平面的修整。当检测汽缸体的平面度超过技术要求，但又小于允许的修整量时，可对平面进行修磨，部分发动机汽缸体的平面度超过技术要求时需要更换，所以确定能否修复要符合维修手册的规定。

根据发动机型号，查阅维修手册，制订汽缸体和汽缸盖平面的修复计划（表3-3）。

表3-3　汽缸体平面的修复计划

汽缸体平面（整个平面）变形技术要求/mm	允许修整量/mm				
汽缸体最大的变形量（整个平面）/mm	在以下合适的选项中打"√"			汽缸体材料	
	更换	修整	可继续使用	铸铁	铝合金

在一定的变形范围内，可采用磨削修复的方法来修复，如果修整汽缸体平面后引起活塞头部凸出，需要加厚发动机汽缸垫来解决。

3. 汽缸磨损的检查

（1）清理汽缸。若发现汽缸壁有污垢或积炭，应进行清洁，最后用棉布将汽缸内壁擦拭干净。

（2）校准外径千分尺，并放出所测汽缸直径。将标准杆（75mm～100mm）放在砧座与测杆左端面之间，使其端面与砧座全面接触，转动活动套管，当测杆左端面要接近测杆时再转动外径千分尺尾端的棘轮，使测杆左端面与标准杆端面均匀贴合，当棘轮发响2下～3下为宜。此时，活动套管左边缘应压在标尺的起始线上或起始线与短画线（0.5刻度线）之间，其锥面上的"0"刻度与基线对正。

将外径千分尺固定于支架上，如图3-28所示。在外径千分尺上放出汽缸标准直径，锁紧制动手柄。

（3）组装量缸表。将表的芯轴插入表杆内孔，使芯轴与表杆内孔推杆接触，表芯轴插入的深度一般使大表针转动0.20mm～0.50mm。根据汽缸的标准直径，选择合适的置换杆装入量缸表的下端，如图3-29所示。

（4）校对量缸表。将量缸表置于放好的外径千分尺口内，调整置换杆，使伸缩杆有1mm～2mm的压缩量，调整完毕应锁紧置换杆。如图3-30所示，将置换

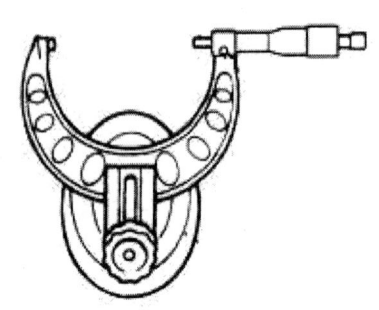

图3-28　固定外径千分尺

杆触点作为杠杆的支点移动,使置换杆触点与活动触点之间距离最短。在此基础上,转动百分表的表盘使大指针对准刻度"0",并复校。

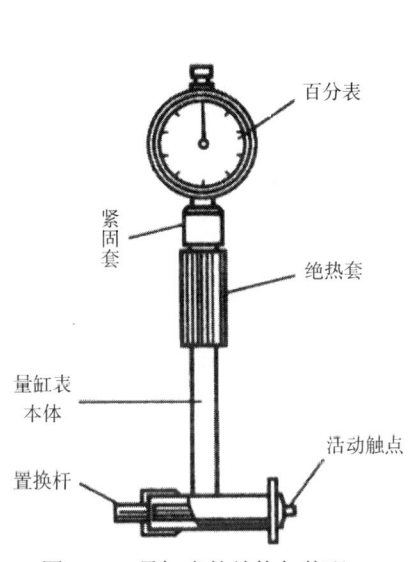

图 3-29 量缸表的结构与装配

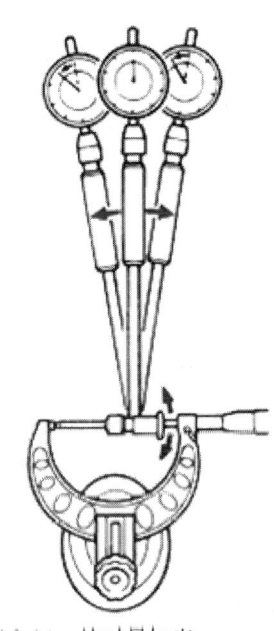

图 3-30 校对量缸表

(5) 测量汽缸直径。每个汽缸确定 3 个测量截面(①、②、③),如图 3-31 所示。

截面①通常是在活塞位于上止点时,第一道环所对应的汽缸壁附近,截面②是指活塞行程的中部,截面③通常距汽缸下边缘 10mm 处左右。

如图 3-32 所示,握住绝热套,把量缸表斜向放入汽缸被测处,摆动量缸表,当指针指示到最小读数时即表示测杆已垂直汽缸轴线(即找出指针的"拐点"),这时可以读出读数。将缸表下移,测量中部、下部的读数,每个截面分别测量出最大磨损量和最小磨损量。

在表 3-4 中记录各截面的缸径并计算相关数值。

表 3-4 测量数据记录和计算

汽缸 截面	一缸 最大磨损量	一缸 最小磨损量	圆度	二缸 最大磨损量	二缸 最小磨损量	圆度	三缸 最大磨损量	三缸 最小磨损量	圆度	四缸 最大磨损量	四缸 最小磨损量	圆度
①(上)												
②(中)												
③(下)												
圆度												
圆柱度												

(6) 查阅维修手册,制订修复计划。

① 记录汽缸技术参数要求。

② 确定修复计划(表 3-5)。

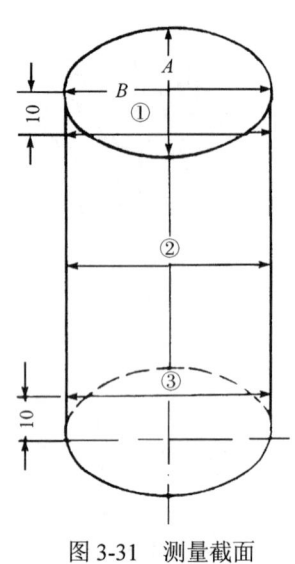

图 3-31　测量截面　　　　　　　　图 3-32　测量汽缸

表 3-5　发动机汽缸修复计划

该车型发动机汽缸修理等级的级差/mm	在以下合适的选项中打"√"			
有修理等级的级差（　　） 级差为：_____ 或无修理等级级差（　　）	镗削汽缸	镶缸套	更换汽缸体	继续使用

任务三　检修活塞连杆组

训练目标与要求

（1）熟悉活塞、活塞环、活塞销失效形式。
（2）掌握活塞、活塞环、活塞销磨损检测的方法及选配。
（3）掌握连杆的变形形式、检测与校正方法以及连杆的选配要求。
（4）掌握连杆衬套的修配方法及要求。
（5）掌握工具、量具、设备的使用方法，文明操作，安全生产。

训练设备

（1）发动机 4 台，活塞、活塞环、活塞销、连杆、连杆轴承若干。
（2）常用工具及活塞环弹力检测仪器，连杆校正器、连杆检测仪、塞尺、铰刀等 4 套。
（3）棉纱、汽油、煤油、清洗剂等辅助材料若干。

训练步骤

1. 活塞环的检查

（1）活塞环间隙的检查。

① 检查活塞环端口间隙（即端隙）。如图 3-33 所示，检验端隙时，将活塞环略压缩后放进汽缸内，将活塞倒置，用活塞顶部将活塞环垂直推入汽缸内（距汽缸边缘约 15mm 处），然后用厚薄规插入活塞环开口测量间隙。每道活塞环都要进行检查。

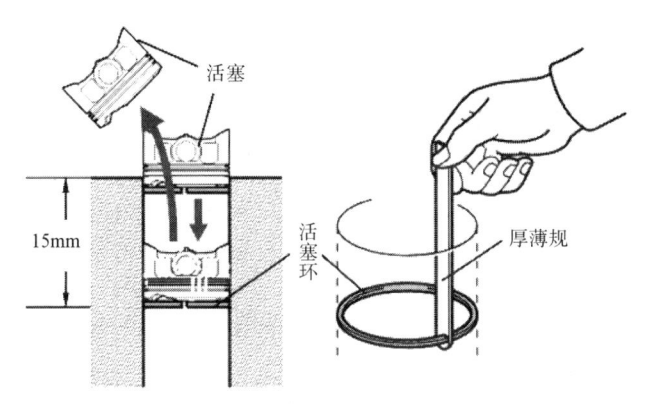

图 3-33 活塞环端口间隙的检查

在表 3-6 中记录所检查的活塞环端隙。

表 3-6 活塞环端隙的测量值

汽缸＼间隙	第一道气环端隙/mm	第二道气环端隙/mm	油环端隙/mm
一缸			
二缸			
三缸			
四缸			

如果端隙过大，则需要重新选配活塞环。如果端隙过小，可进行加工修复。如图 3-34 所示，用锉刀加工环口，加工时，只能用锉刀锉削活塞环端口的一侧。锉刀用力应均匀，加工后重新检查活塞环的端隙。

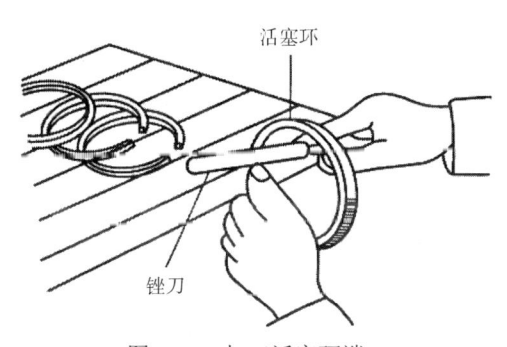

图 3-34 加工活塞环端口

② 检查活塞环侧隙。检查侧隙前清洁环槽，然后将活塞环放入环槽内，用厚薄规进行测量，如图 3-35 所示。

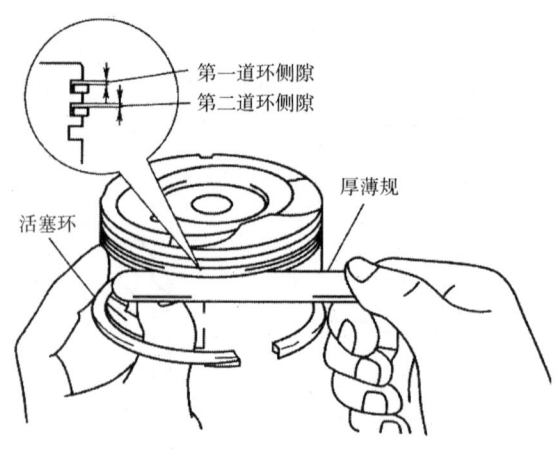

图 3-35 活塞环侧隙的检查

在表 3-7 中记录所检查的活塞环侧隙。

表 3-7 活塞环侧隙的测量值

汽缸＼间隙	第一道气环侧隙/mm	第二道气环侧隙/mm
一缸		
二缸		
三缸		
四缸		

③ 查阅维修手册，制订维修计划（表 3-8）。

表 3-8 活塞环修复计划

活塞环＼技术参数	活塞环端隙 技术要求/mm	活塞环侧隙 技术要求/mm	在以下合适的选项中打"√"	
			可以使用	重新选配
第一道气环				
第二道气环				
油环				

2. 活塞直径的检查

检查活塞直径。在活塞下部离裙部底边约 10mm，与活塞销垂直方向处测量，如图 3-36 所示。活塞直径与标准尺寸的最大偏差量为 0.04mm。

3. 连杆检查

（1）检查连杆的弯曲和扭曲。采用连杆校验仪（图 3-37）检查连杆的弯曲和扭曲。检查时，将连杆大头的轴承盖按规定力矩拧紧（注意不要装轴承），将芯轴装入连杆小头衬套孔中，然后将连杆大头套装在支承轴上，通过调整定位螺钉使支承轴扩张，将连杆固定在校验仪上。

图 3-36　检查活塞直径

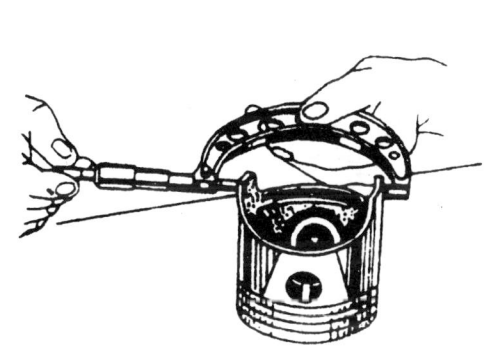

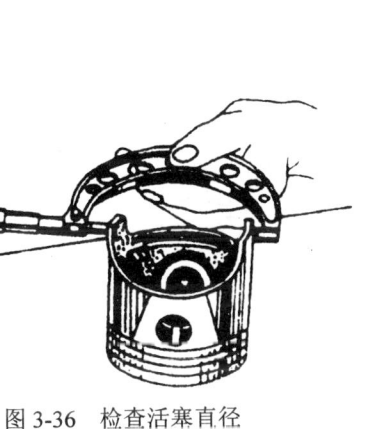

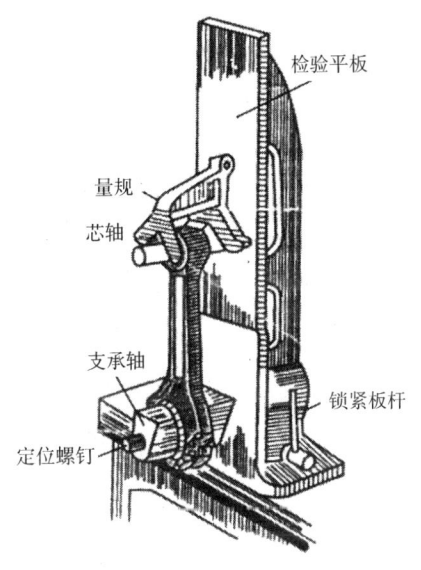

图 3-37　连杆校验仪

测量工具（量规）是一个带有 V 形槽的"三点规"，三点规上三点构成的平面与芯轴垂直，2 个下测点的距离为 100mm，上测点与下测点连线的距离也是 100mm。

测量时，将三点规的 V 形槽靠在芯轴上并推向检验平板。

① 如三点规的 3 个测点都与检验平板接触，说明连杆不变形。

② 若上测点与平板接触，2 个下测点不与平板接触且和平板的距离一致；或 2 个下测点与平板接触，上测点不与平板接触，说明连杆弯曲，可用厚薄规测出测点与平板之间的间隙，此间隙为连杆在 100mm 长度上的弯曲量，如图 3-38 所示。

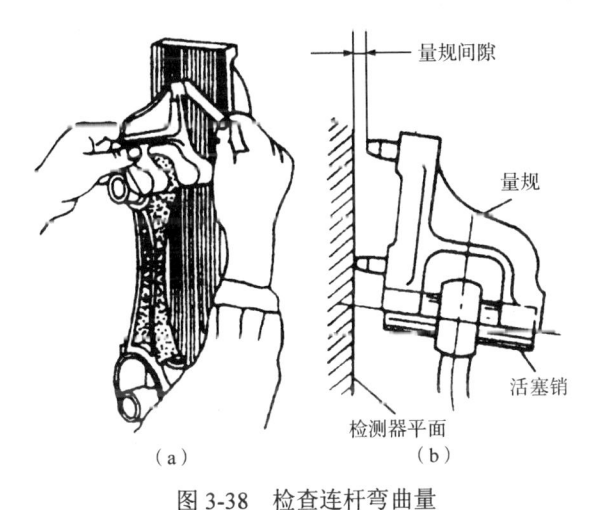

图 3-38　检查连杆弯曲量

（a）测量间隙；（b）弯曲示意图。

③ 若只有一个下测点与平板接触，另一个下测点与平板的间隙是上测点与平板的间隙的 2 倍，这时下测点与平板的间隙为连杆在 100mm 长度上的扭曲量，如图 3-39 所示。

④ 若只有一个下测点与平板接触,另一个下测点与平板的间隙不等于上测点与平板的间隙的 2 倍。下测点与平板的间隙为连杆在 100mm 长度上的扭曲量,而上测点间隙与下测点间隙一半的差值为连杆在 100mm 长度上的弯曲量。

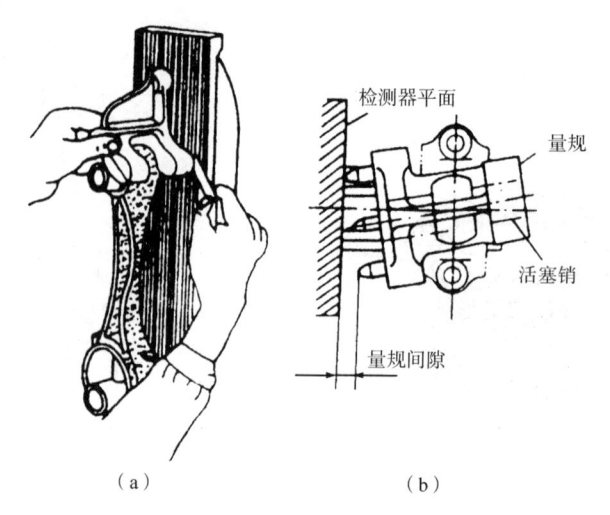

图 3-39 检查连杆扭曲量

(a)测量间隙;(b)扭曲示意图。

在表 3-9 中记录连杆弯曲量和扭曲量。查阅维修手册,制订修复计划。

表 3-9 连杆弯曲量和扭曲量及修复计划

连杆弯曲量/mm	连杆扭曲量/mm	连杆弯曲技术要求/mm	连杆扭曲技术要求/mm	在以下合适的选项中打"√"		
				符合技术要求	修复	更换

(2)连杆弯曲和扭曲的校正。进行连杆扭曲的校正(图 3-40)时,连杆固定在专用夹持器上,校正器加持着连杆的杆身,然后用力扳动校正器,持续 2min~4min 后再对连杆进行检测,如果已经被校正,则对连杆加温 400℃~500℃,然后保温 30min~60min,以残余应力。

进行连杆弯曲的校正(图 3-41)时,连杆弯曲拱起的一面朝向压头固定好,然后转动压校仪手柄至压头对连杆杆身有较大压力时停止,持续 2min~4min 后取出连杆在进行检查。如果已经被校正,则对连杆加温 400℃~500℃,然后保温 30min~60min,以残余应力。

(3)检查连杆轴向间隙。按要求将连杆安装在曲轴连杆轴颈上,连杆螺母按规定力矩(拧紧力矩 30N·m+90°)紧固。检测连杆轴向间隙时,百分表触杆作用在连杆盖的前侧或后侧,如图 3-42 所示。百分表要有 1mm~2mm 的压缩量,然后转动百分表表盘使其大指针对准零刻度,用手移动连杆,观察百分表的读数。

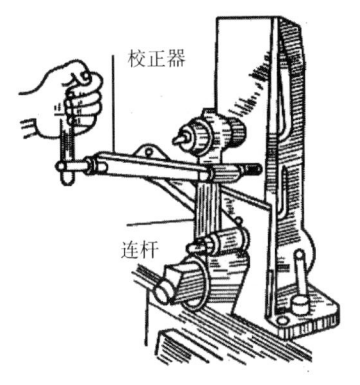

图 3-40　连杆扭曲的校正

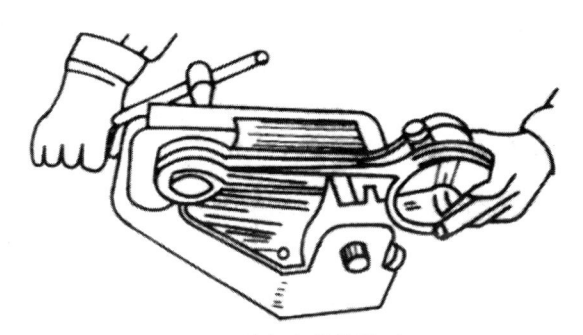

图 3-41　连杆弯曲的校正

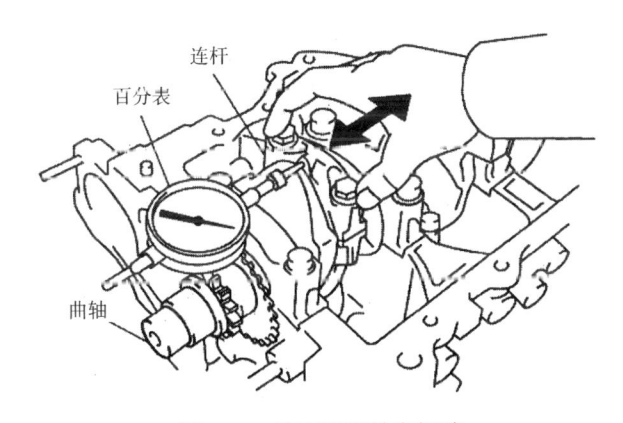

图 3-42　检查连杆轴向间隙

在表 3-10 中记录检查数据。查阅维修手册，制订修复计划。

表 3-10　连杆轴向间隙检查数据及修复计划

标准轴向间隙/mm	允许最大间隙/mm	各汽缸连杆的轴向间隙/mm				在以下合适的选项中打"√"	
		一缸	二缸	三缸	四缸	更换连杆	正常

（4）检查连杆径向间隙。检查连杆径向间隙时，可用塑料间隙测量片对装好的发动机进行检查。具体测量方法如下：

① 拆下连杆轴承盖，清洁连杆轴承和轴颈。

② 将塑料间隙测量片沿着轴向置于轴颈和轴承上，如图 3-43 所示。

③ 如图 3-44 所示，装上连杆轴承盖，并用规定力矩 30N·m 紧固连杆螺母，此时不要再加 90°，不要转动曲轴。

④ 拆下轴承盖，使用塑料间隙规封套上的刻度来确定平直的塑料线间隙规的宽度。测量塑料间隙规最宽部位的宽度，如图 3-45 所示。此宽度即为径向间隙。

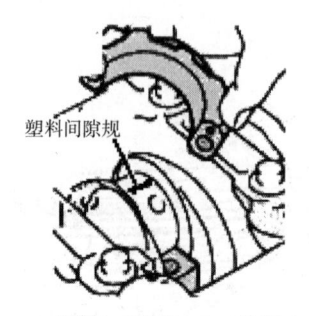

图 3-43 塑料间隙测量片沿着轴向置于轴颈和轴承

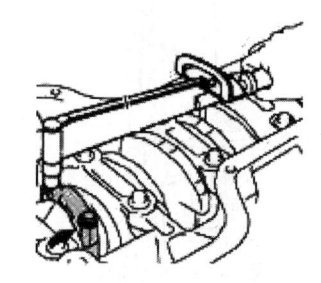

图 3-44 装上连杆轴承盖，并用规定力矩 30N·m 紧固连杆螺母

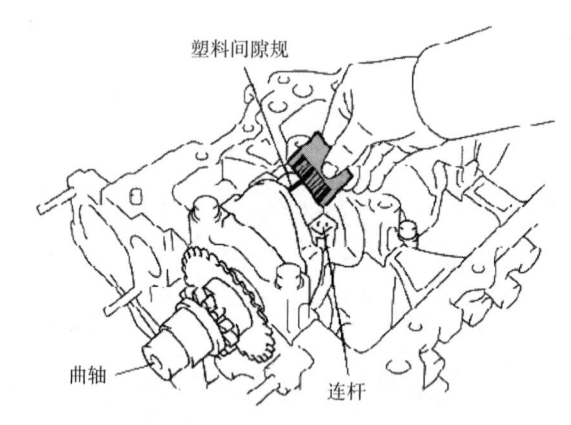

图 3-45 使用塑料间隙规封套上的刻度来确定平直的塑料线间隙规的宽度

4. 活塞销的检查与选配

（1）活塞销外径及活塞销座孔内径的检查。

如图 3-46 所示，使用螺旋千分尺检查活塞销直径，并且使用内径卡规（图 3-47）检查活塞销孔内径。

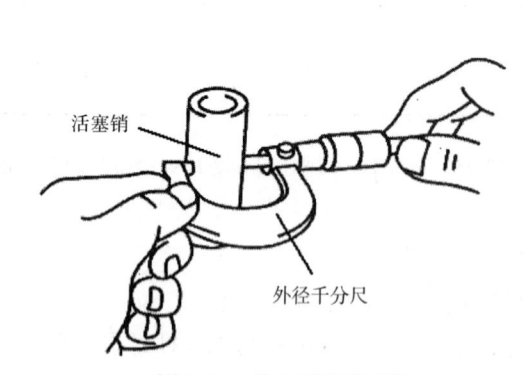

图 3-46 检查活塞销直径

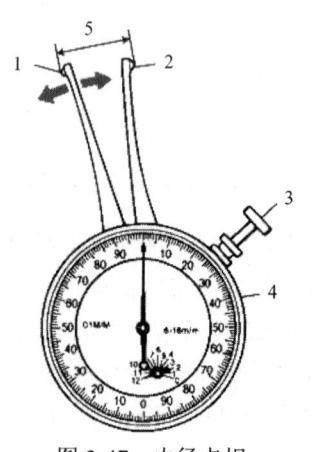

图 3-47 内径卡规

1—可移动吊耳；2—固定吊耳；3—移动扭；4—表盘；5—内径。

在表 3-11 中记录数据。查阅维修手册，制订修复计划。

表 3-11　数据记录表及修复计划

活塞销外径/mm	座孔内径/mm	实际过盈配合量/mm	标准过盈配合量/mm	在以下合适的选项中打"√"	
				可以组装	重新选配活塞

（2）活塞销与座孔吻合程度的检查。

如图 3-48 所示，将活塞加热至 80℃左右后取出，在活塞销的工作表面和销座孔上涂上机油，用拇指应能将活塞销推进活塞销座孔中，如图 3-49 所示。

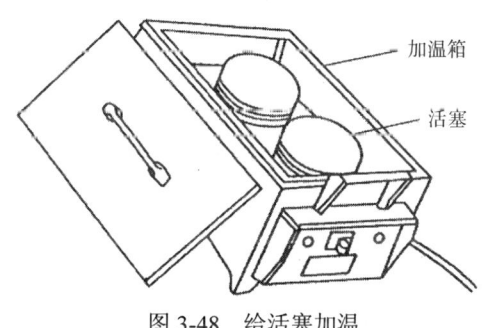

图 3-48　给活塞加温

图 3-49　活塞销与座孔吻合程度的检查

任务四　检修曲轴飞轮组

训练目标与要求

（1）掌握轴承耗损形式及选配要求。
（2）掌握曲轴主轴承、连杆轴承径向间隙及轴向间隙的检测方法。
（3）熟悉曲轴轴承的修配工艺。
（4）掌握工具、量具、设备的使用方法，文明操作，安全生产。

训练设备

（1）曲轴飞轮组完整的桑塔纳轿车发动机 4 台。
（2）磁力表架及百分表、塑料间隙规各 4 套，塞尺 4 个，常用工具 4 套。
（3）外径千分尺、内径百分表、三角刮刀、红丹油、扭力扳手、曲轴架。
（4）棉纱、汽油、煤油、清洗剂等辅助材料若干。

训练步骤

1. 曲轴裂纹的检查

曲轴经清洗后，首先应检查主轴颈和连杆轴颈表面有无毛疵、疤痕和起槽，然后检查裂纹。检查的方法有以下 2 种。

（1）磁力探伤法。通过探伤器将零件磁化，如零件有裂纹时则在裂缝处产生磁极，这些磁极便在损伤的零件上建立了自己的磁场,如图3-50所示。此时在零件上洒上铁粉,铁粉在裂纹处便被吸附,使裂缝显而易见。用磁力探伤器检查零件时,在检验之后,零件必须退磁,否则,在使用中将会加速零件的磨损。

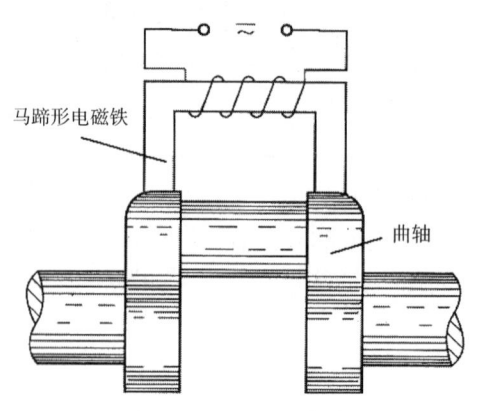

图 3-50 磁力探伤法

(2)浸油敲击法。将曲轴放在煤油里浸泡一会儿,再把曲轴取出擦净,表面撒上白粉,然后用榔头敲击曲轴非工作面,经振动出现油迹处即为裂纹。

若曲轴存在裂纹,查阅维修手册,制订曲轴的维修计划(表3-12)。

表 3-12 曲轴裂纹检查及修复计划

裂纹存在的位置及大小的描述	在以下合适的选项打"√"		
	修复	更换	可继续使用

2. 曲轴弯曲变形的检查

采用径向圆跳动法检测曲轴的弯曲。

(1)装好磁性表座和百分表,如图3-51所示。

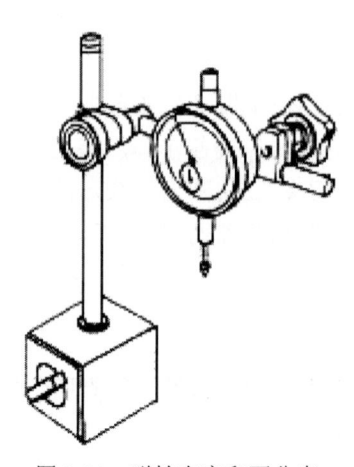

图 3-51 磁性表座和百分表

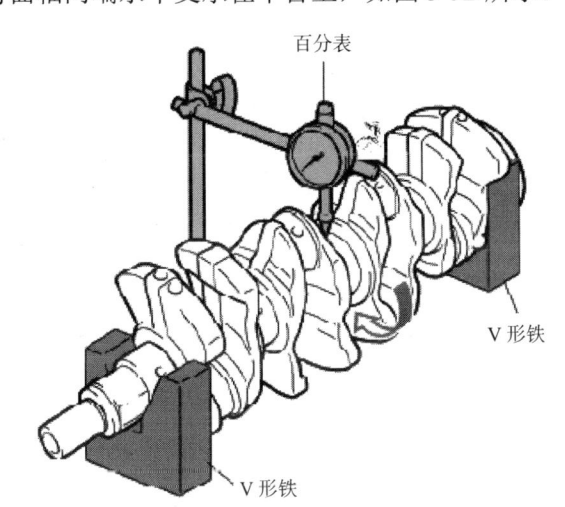

（2）用 V 形铁将曲轴两端水平支承在平台上，如图 3-52 所示。

图 3-52　用 V 形铁将曲轴两端水平支承在平台上

① 使百分表的测量触点垂直抵压到第三道主轴颈弧面的最高位置上（注意避开轴颈油孔的位置），并让百分表约有 1mm 的压缩量。

② 缓慢转动曲轴 1 周，观察百分表指针的读数，读取其最大跳动值。所指示的最大和最小读数差值即为曲轴的直线度误差。

记录曲轴弯曲的检查数据，查阅维修手册，制订曲轴弯曲的修复计划（表 3-13）。

表 3-13　数据记录及修复计划

实际检测到的圆跳动最大值/mm	该发动机曲轴径向圆跳动的技术要求/mm	在以下合适的选项打"√"		
^	^	校正修复	可继续使用	更换曲轴

3. 曲轴弯曲变形的修理

校正曲轴要在压床上进行，如图 3-53 所示。校正时，先将曲轴放置在压床工作平台的 V 形块上，并在压力机的压杆与曲轴轴颈之间垫以铜片或铅皮，以免压伤轴颈与压杆的接触平面。曲轴弯曲拱面朝上，以使压力作用的方向与曲轴弯曲的方向相反。将 2 只百分表支于曲轴中部下面，2 只百分表的触头触及轴颈下表面，转动表盘，使指针调零。开动压床进行加压，当弯曲变形量较大时，应分多次进行校正，以免一次压弯量太大而使曲轴折断。曲轴加压变形量，铸铁曲轴为曲轴原来弯曲量的 10 倍～15 倍。钢曲轴为 30 倍～40 倍，校正压力保持 2min～4min 松开。

为减少冷压后的弹性后效作用使曲轴重新弯曲，应进行时效处理。最好采用人工时效法消除，即将校直后的曲轴加热到 300℃～500℃，保持 30min～60min 后自然冷却以消除应力，然后再进行检验。也可采用自然时效处理，即将冷压后的曲轴搁置 5 天～10 天，再重新检查，如果需要再进行校正。

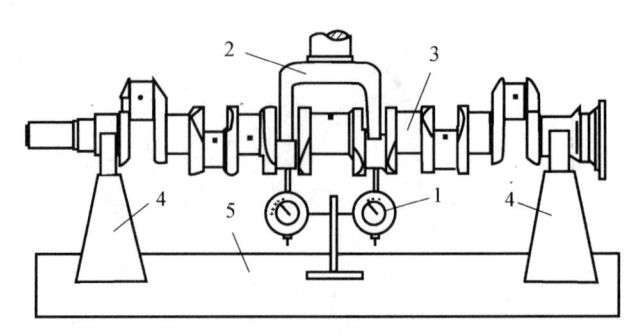

图 3-53 曲轴冷压校正

1—百分表；2—叉形压头；3—曲轴；4—V 形块；5—校验平台。

4. 曲轴轴颈磨损的检测（图 3-54）

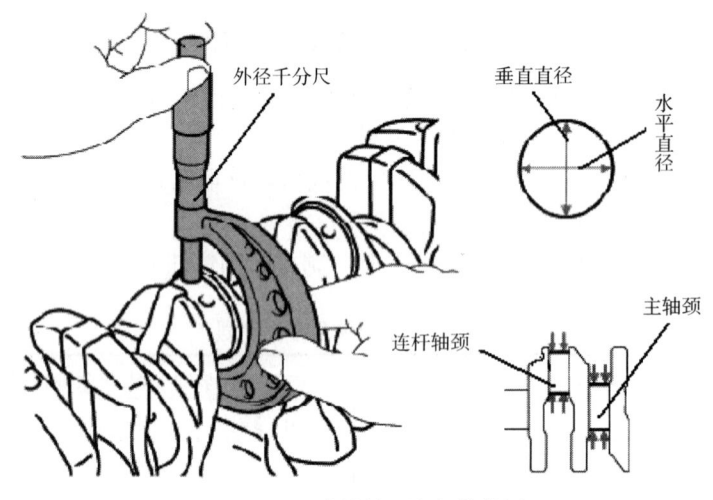

图 3-54 曲轴轴颈磨损的检测

选用合适的外径千分尺，分别检测每一个主轴颈和连杆轴颈的直径来确定轴颈的磨损程度。

检测时，每个轴颈分别检测 2 个截面，每个截面检测 2 个直径（垂直与水平），即每个要测量 4 个直径。

（1）分别在表 3-14、表 3-15 中记录连杆轴颈和主轴颈检测数据（单位：mm）。

表 3-14 连杆轴颈检测数据表

		第一连杆轴颈	第二连杆轴颈	第三连杆轴颈	第四连杆轴颈
第一截面	垂直直径				
	水平直径				
第二截面	垂直直径				
	水平直径				

表 3-15 主轴颈检测数据表

		第一主轴颈	第二主轴颈	第三主轴颈	第四主轴颈	第五主轴颈
第一截面	垂直直径					
	水平直径					
第二截面	垂直直径					
	水平直径					

（2）填写连杆轴颈和主轴颈磨损最大的数据（表 3-16）。

表 3-16 连杆轴颈和主轴颈磨损最大的数据

	最大磨损的轴颈	第（　　）连杆轴颈	第（　　）主轴颈
第一截面	垂直直径		
	水平直径		
第二截面	垂直直径		
	水平直径		
计算圆度 $(D_{max}-D_{min})/2$（同一截面）			
计算圆柱度 $(D_{max}-D_{min})/2$（整个轴颈）			

（3）查阅维修手册，制订曲轴磨损的修复计划（表 3-17）。

表 3-17 曲轴磨损的修复计划

发动机曲轴轴颈圆度与圆柱度技术要求		在以下合适的选项打"√"		
圆度值/mm	圆柱度值/mm	继续使用	修复	更换

曲轴轴颈的加工修复可用磨削修复法，按照修理等级的尺寸进行磨削轴颈，曲轴修复后要选配与其对应的加大等级同组轴承。

5. 检查曲轴径向间隙（油膜间隙）

塑料间隙规如图 3-55 所示，由软塑料制成，分 3 种颜色，每一种表示不同的厚度间隙测量范围，如表 3-18 所列。

图 3-55 塑料间隙规

表 3-18　塑料间隙测量片的测量范围

测量范围	色　别	型　号
绿	0.025mm～0.076mm	PG-1
红	0.050mm～0.150mm	PR-1
蓝	0.100mm～0.230mm	PB-1

（1）清洁曲轴主轴颈和轴承。

（2）截取相应长度的间隙规，以便和轴承宽度匹配。

（3）如图 3-56 所示，将塑料间隙规放在曲轴主轴颈上。

（4）如图 3-57 所示，将主轴承盖按原有规定记号装复并以规定的扭矩（拧紧力矩 65N·m+90°）将其紧固。切勿转动曲轴。

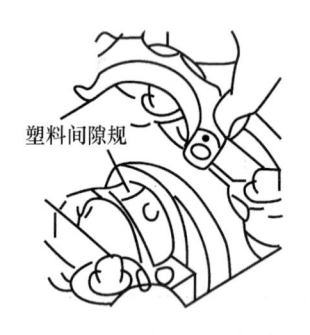

图 3-56　塑料间隙规放在曲轴主轴颈

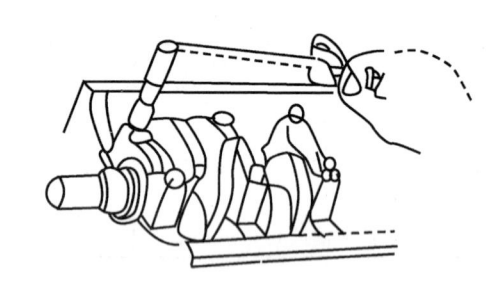

图 3-57　主轴承盖以规定的扭矩紧固

（5）如图 3-58 所示，拆下轴承盖并使用塑料间隙规封套上的刻度来确定平直的塑料线间隙规的宽度。测量塑料间隙规最宽部位的宽度。此宽度即为径向间隙。

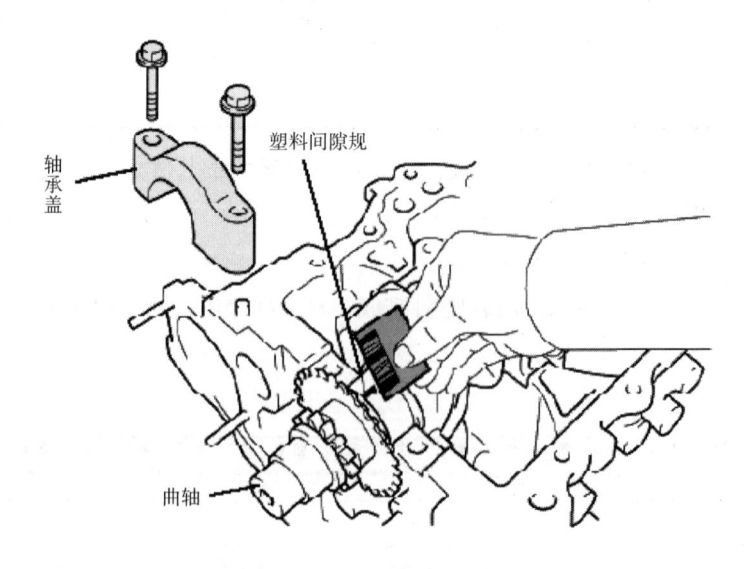

图 3-58　径向间隙检查

（6）在表3-19中记录曲轴主轴颈最大油膜间隙。查阅维修手册，制订修复计划。

表3-19 曲轴主轴颈最大油膜间隙及修复计划

标准油膜间隙/mm	极限油膜间隙/mm	实际测得的油膜间隙/mm	在以下合适的选项打"√"		
			更换轴瓦	更换曲轴	油膜间隙正常

6. 曲轴轴向间隙的检查

安装曲轴，如图3-59所示。在轴承座与轴承盖上装好轴承并在轴承表面涂一层薄机油，同时曲轴各主轴颈也涂上机油，把曲轴放在轴承上，盖上轴承盖，按照从中间到两边的顺序和规定力矩（拧紧力矩65N·m+90°）分几次旋紧主轴承盖螺栓。

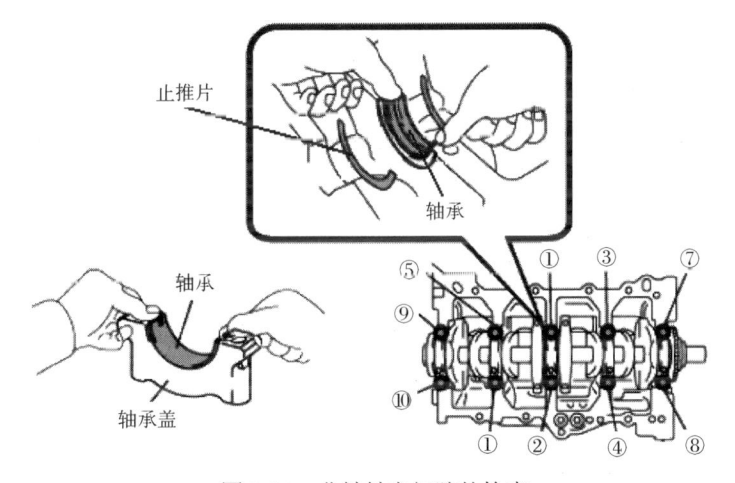

图3-59 曲轴轴向间隙的检查

（1）用百分表检查曲轴轴向间隙（图3-60）。

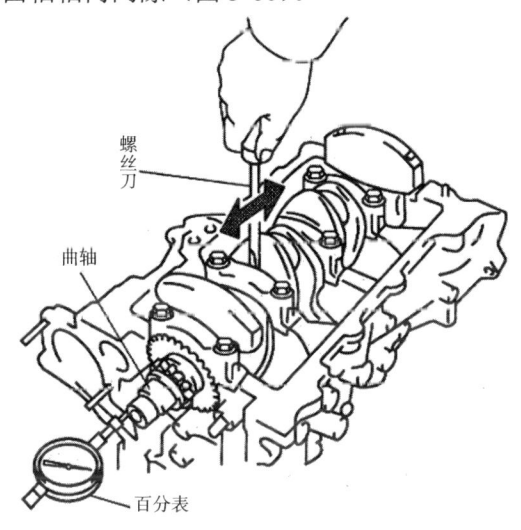

图3-60 用百分表检查曲轴轴向间隙

检测前,百分表触杆作用在曲轴一端,并使其有 1mm～2mm 的压缩量。用平口螺丝刀把曲轴往另一端撬动,然后转动百分表表盘使其大指针对准零刻度,再把曲轴往百分表方向撬动,此时指针所指读数便是曲轴的轴向间隙。

(2)用厚薄规检查曲轴轴向间隙。用平口螺丝刀将曲轴撬向一端,用厚薄规检查第三道主轴承(即厚薄规应放在曲轴与止推片之间)的轴向间隙,如图 3-61 所示。

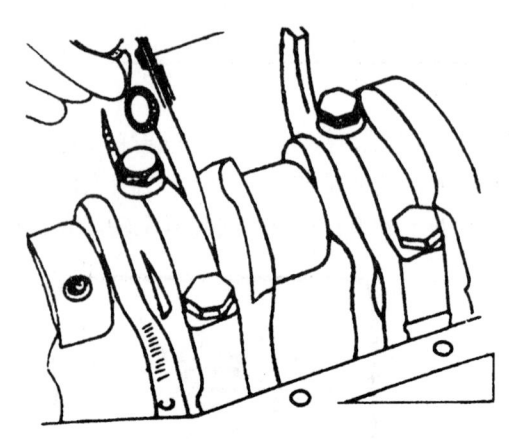

图 3-61　检查曲轴轴向间隙

(3)在表 3-20 中记录曲轴轴向间隙的测量值。查阅维修手册,制订修复计划。

表 3-20　测量值记录和修复计划

标准轴向间隙/mm	允许的轴向间隙极限/mm	轴向间隙测量值/mm	在以下合适的选项打"√"	
			更换止推片	符合技术要求

三、相关知识

(一)概述

1. 曲柄连杆机构的功用和组成

曲柄连杆机构的功用是将燃料燃烧时产生的热能转变为活塞往复运动的机械能,再转变为曲轴旋转运动而对外输出动力。

曲柄连杆机构主要由机体组、活塞连杆组和曲轴飞轮组组成。

(1)机体组:由汽缸体、曲轴箱、汽缸套、汽缸盖、汽缸垫和油底壳等不动件组成,如图 3-62 所示。

(2)活塞连杆组:由活塞、活塞环、活塞销和连杆等运动件组成,如图 3-63 所示。

(3)曲轴飞轮组:由曲轴、飞轮等组成,如图 3-64 所示。

（a）　　　　　　　　　　　（b）　　　　　　　　　　　（c）

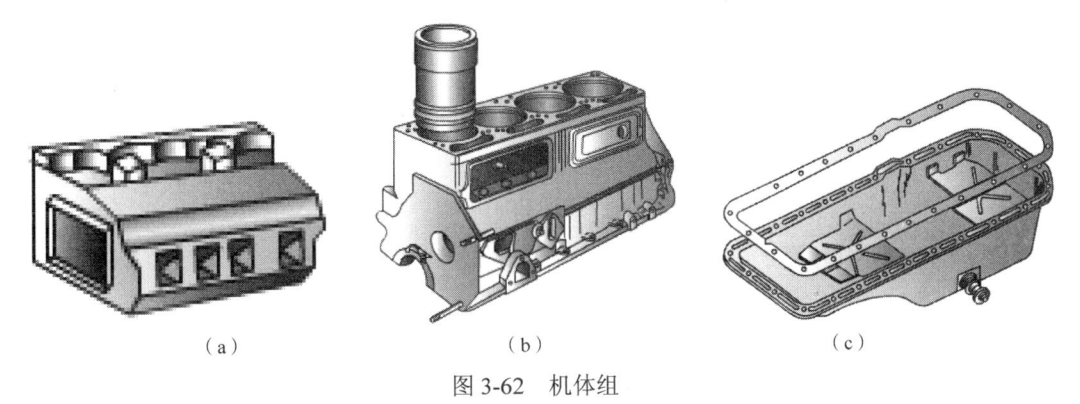

图 3-62　机体组

（a）汽缸盖；（b）汽缸体；（c）油底壳。

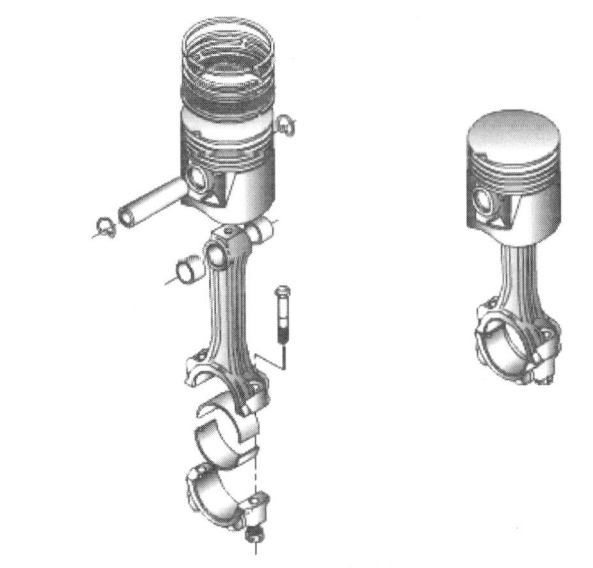

图 3-63　活塞连杆组

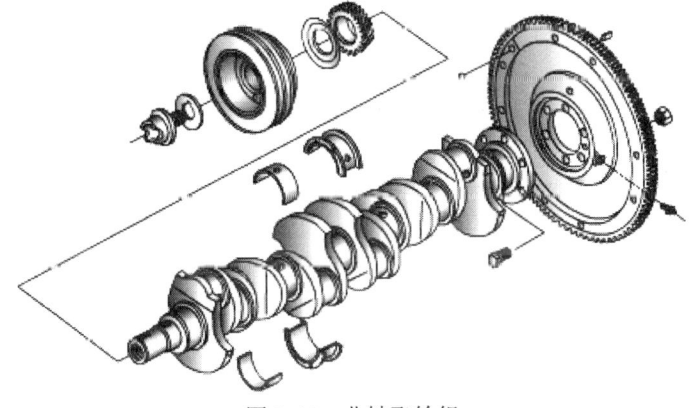

图 3-64　曲轴飞轮组

在发动机做功时，汽缸内最高温度可达 2500K 以上，最高压力可达 5MPa～9MPa，现代汽车发动机最高转速可达 3000r/min～6000r/min，则活塞每秒要行经 100 个～200 个行程，可见其线速度是很大的。此外，与可燃混合气和燃烧废气接触的机件（如汽缸、汽缸盖、活塞组等）还将受到化学腐蚀。因此，曲柄连杆机构工作条件的特点是高温、高压、高速和化学腐蚀。

2. 曲柄连杆机构受力分析

曲柄连杆机构受的力主要有气压力、往复惯性力、旋转离心力和摩擦力。

1）气体作用力（图 3-65）

做功行程：F_P——燃烧气体作用在活塞的顶部力（可分解为 F_{P1} 和 F_{P2}）。

F_{P2}——侧压力（使汽缸活塞产生磨损，并有使机体翻转的趋势，故机体下部的两侧应固定在车架上，若有松动，将造成发动机振动）。

F_{P1} 可分解为 F_R 和 F_S。

F_R——法向力；

F_S——切向力（推动曲轴旋转）。

压缩行程：气体压力变为阻力。

气体作用在缸套、活塞、活塞销和曲轴轴颈表面上的压力和作用点不断变化，造成各处磨损不均匀。

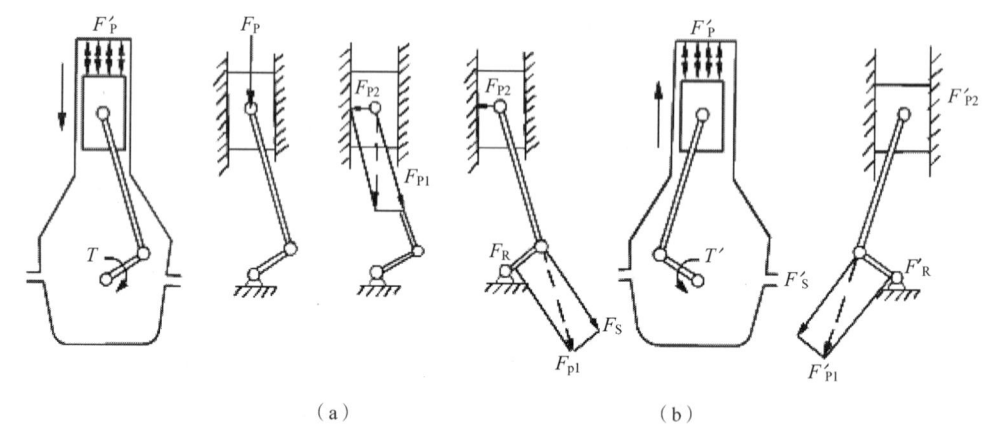

图 3-65 气体压力作用情况

（a）做功行程；（b）压缩行程。

2）往复惯性力和离心力（图 3-66）

（1）往复惯性力。活塞向下运动时：约前半个行程是加速运动，惯性力 F_j 向上；约后半个行程是减速运动，惯性力 F_j' 向下。

活塞向上运动时，惯性力与上相反。

活塞、活塞销和连杆小头的质量越大，曲轴转速越高，则往复惯性力也越大。它使曲柄连杆机构的各零件和所有轴颈受周期性的附加载荷，加快轴承的磨损；未被平衡的变化着的惯性力传到汽缸体后，还会引起发动机的振动。

（2）离心力。曲柄半径长，旋转部分质量大，曲轴转速高，则离心力大。

离心力 F_c 在垂直方向的分力 F_{cy} 与往复惯性力 F_j 方向总是一致的，因而加剧了发动机的上下振动。离心力使连杆大头的轴瓦和曲柄销、曲轴主轴颈及其轴承受到另一附加载荷，增加了它们的变形和磨损。

3）摩擦力

摩擦力指相互运动件之间的摩擦力，它是造成配合表面磨损的根源。在活塞和汽缸壁，连杆主轴径和主轴承，活塞销和销座等配合副表面都存在摩擦力。

上述各种力作用在曲柄连杆机构的相关零件上，使它们受到压缩、拉伸、弯曲和扭转等不同形式的载荷。

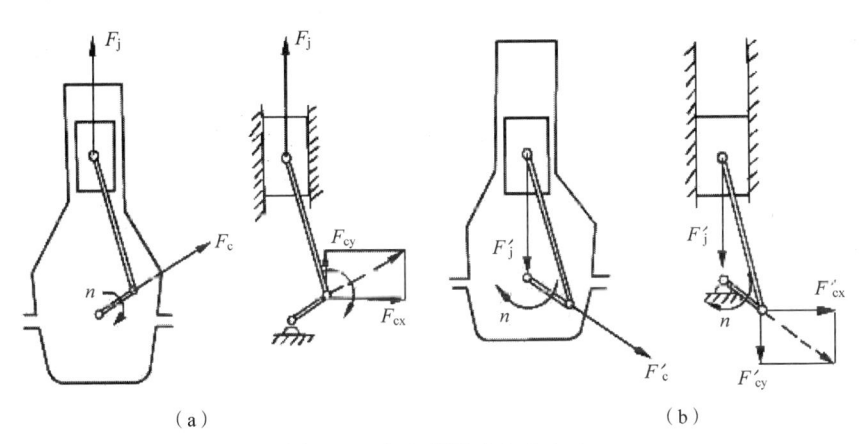

图 3-66 往复惯性力和离心力

（a）上半行程；（b）下半行程。

（二）机体组件

机体组件由汽缸体（曲轴箱）、汽缸套、汽缸盖、汽缸垫、油底壳和发动机支承等组成。

1. 汽缸体（图 3-67）

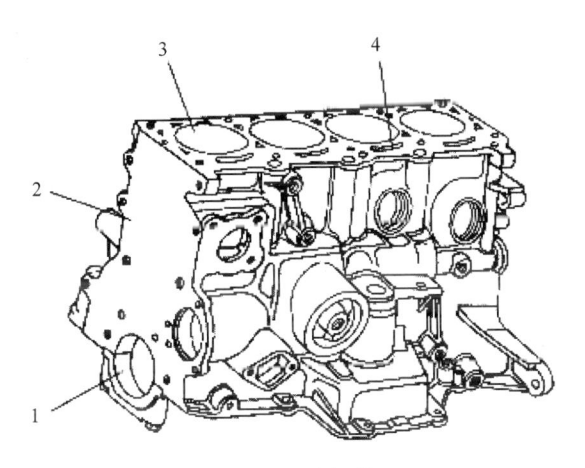

图 3-67 汽缸体

1—曲轴支承孔；2—机体；3—汽缸；4—水道。

汽缸体结构：常将汽缸体与曲轴箱铸为一体，称为汽缸体—曲轴箱，简称为汽缸体，包括汽缸、曲轴支承孔、曲轴箱（曲轴运动的空间）、加强筋、冷却水套、润滑油道等。

汽缸：是燃烧做功的场所。为了节省贵金属材料，降低成本，方便维修，现代汽车广泛采用镶入缸体内的汽缸套（图3-68）。

汽缸套：有干式汽缸套和湿式汽缸套2类。

干式汽缸套：外壁不直接与冷却水接触，而和汽缸体的壁面直接接触，壁厚一般为1mm～3mm。它强度和刚度都较好，但加工比较复杂，内、外表面都需要进行精加工，拆装不方便，散热不良，不易漏水漏气，与刚体承孔过盈配合。

湿式汽缸套：外壁直接与冷却水接触，汽缸套仅在上、下各有一圆环地带和汽缸体接触，壁厚一般为5mm～9mm。它散热良好，冷却均匀，加工容易，通常只需要精加工内表面，而与水接触的外表面不需要加工，拆装方便，但其强度、刚度不如干式汽缸套好，而且容易产生漏水现象，所以常加橡胶密封圈4等防止漏水，使用和维修时应密切注意，否则将产生冷却液漏入油底壳的严重后果。

由于汽缸套镶嵌在汽缸体内，在发动机工作过程中承受巨大的横向和纵向作用力，需要对其进行可靠的定位。如图3-68所示，汽缸套的径向定位靠上下2个凸出的、与汽缸体间为动配合的圆环带A和B，分别称为上支承定位带和下支承密封带。汽缸套的轴向定位是利用缸套上部凸缘与缸体相应的台阶。

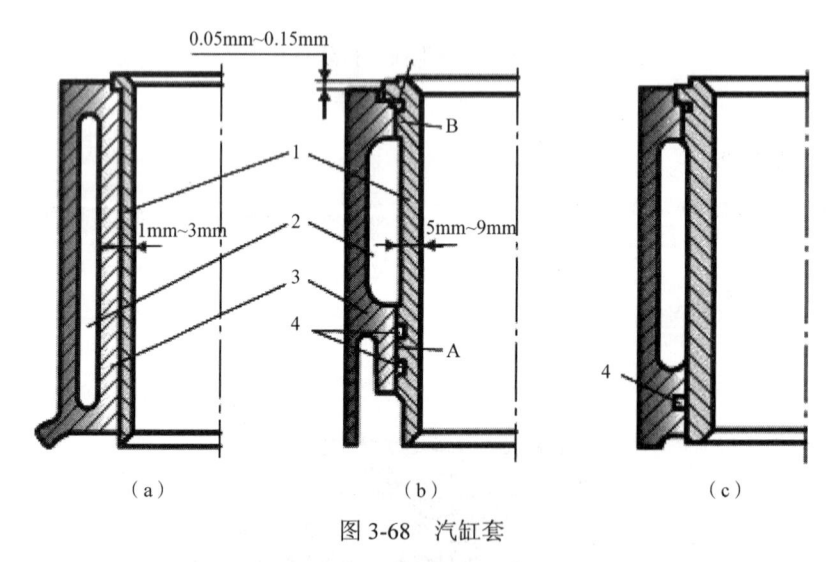

图3-68 汽缸套

(a) 干式；(b) 湿式；(c) 湿式。
1—汽缸套；2—水套；3—汽缸套；4—橡胶密封圈。
A—下支承密封带；B—上支承定位带；C—缸套凸缘平面。

湿式汽缸套与汽缸体之间是冷却水套，需要对其进行密封。汽缸套的下部靠1个～3个耐热耐油的橡胶密封圈密封；在汽缸套的上部，缸套顶面高出缸体0.05mm～0.15mm，当汽缸盖螺栓拧紧后，缸套与缸体凸台接合处、缸套与缸垫接合处，承受较大的压紧力，具有防止水套漏水、汽缸漏气和保证缸套定位的作用。

风冷发动机（图3-69）：在汽缸体和汽缸盖外表面铸有许多散热片，以增加散热面积，其结构简单，但冷却效果差。

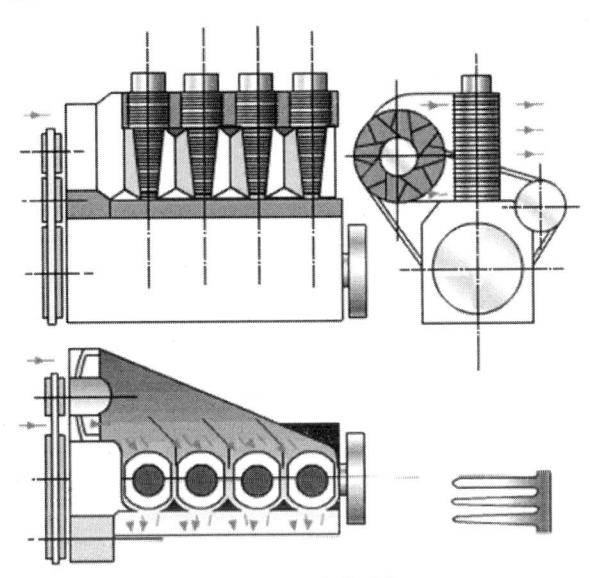

图 3-69 风冷发动机

汽缸体结构形式（按汽缸体与油底壳安装平面的位置不同分）（图 3-70）有以下几种。

（1）平分式：主轴承座孔中心线位于曲轴箱分开面上的为平分式曲轴箱。其特点是刚度小，前后端呈半圆形，与油底壳接合面的密封较困难。主要应用于中小型发动机。

（2）龙门式：主轴承座孔中心线高于曲轴箱分开面的为龙门式曲轴箱。其特点是刚度较大，油底壳前后端为一平面，密封简单可靠。主要应用于大中型发动机。

（3）隧道式：主轴承座孔不分开的为隧道式曲轴箱。其特点是刚度最大，主轴承同轴度易保证，主轴承用滚动轴承。主要应用于负荷较大的柴油机。

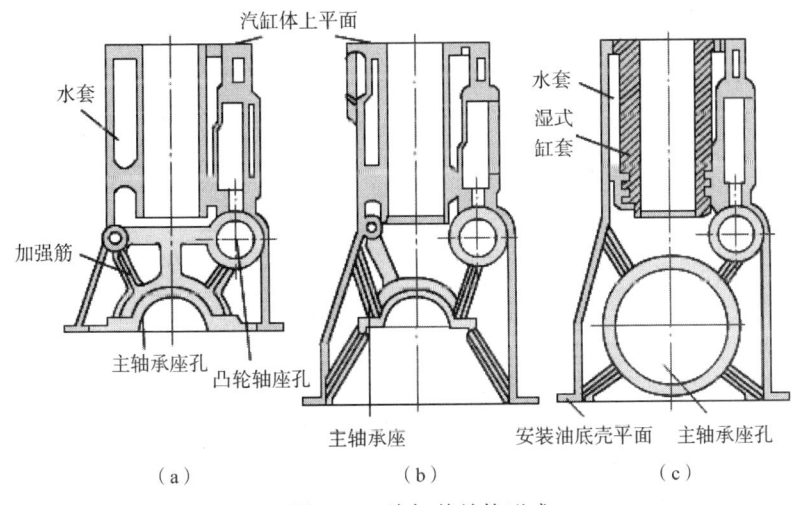

图 3-70 汽缸体结构形式

（a）平分式；（b）龙门式；（c）隧道式。

汽缸的排列形式分为 3 种，如图 3-71 所示。
（1）直列式：多用于六缸及六缸以下的发动机。
（2）V 形式：它缩短了发动机的长度和高度，多用于六缸及六缸以上的发动机。
（3）对置式：是 V 形的特殊形式。

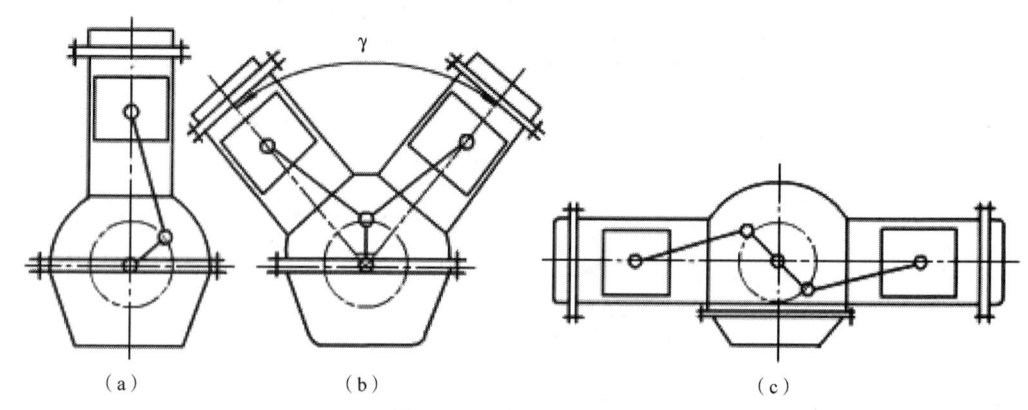

图 3-71 汽缸的排列形式
（a）直列式；（b）V 形式；（c）对置式。

汽缸体的材料应具有足够的强度、良好的浇铸性和切削性且价格低廉，因此常用的缸体材料是铸铁或合金铸铁。但近年来铝合金汽缸体的使用越来越广泛，因为铝合金缸体质量轻、导热性良好，冷却液容量可以减少。启动后，缸体可较快达到工作温度，并且和铝活塞膨胀系数完全一致，受热后间隙变化小，可减少冲击噪声和机油消耗，且和铝缸盖膨胀系数相同，工作时可以减少冷热冲击所产生的热应力。

汽缸壁要求有足够的耐磨性，其他部分的耐磨性能要求不高。因此，发动机上广泛采用在汽缸体内镶入汽缸套的方法，形成汽缸工作表面，从而满足对汽缸体和汽缸壁的要求。

2. 油底壳

油底壳的功用是储存和冷却机油并封闭曲轴箱。一般采用薄钢板冲压而成，如图 3-72 所示。油底壳的形状决定于发动机的总体布置和机油的容量。在有些发动机上，为了加强油底壳内机油的散热，采用铝合金铸造的油底壳，在壳的底部还铸有相应的散热肋片。

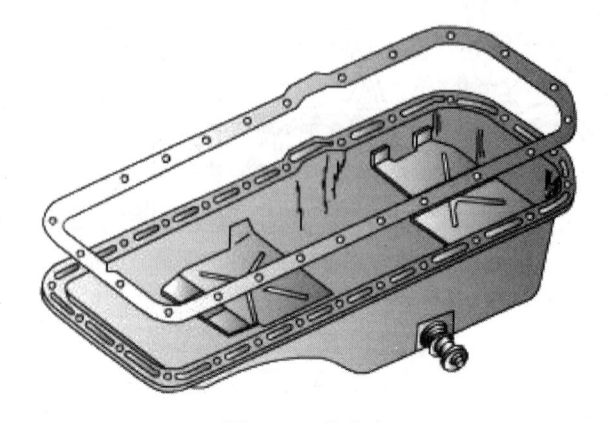

图 3-72 油底壳

为了保证在发动机纵向倾斜时机油泵能经常吸到机油，油底壳后部一般做得较深，油底壳内还设有挡油板，防止汽车振动时油面波动过大，油底壳底部装有放油螺塞。有的放油塞是磁性的，能吸机油中的金属屑，以减少发动机启动零件的磨损。在曲轴箱与油底壳之间还有密封衬垫。

3. 发动机支承

发动机一般通过汽缸体和飞轮壳或变速器壳支承在车架上，发动机的支承方法，一般有三点支承和四点支承2种。图3-73（a）为三点支承，前端两点通过曲轴箱支承在车架上，后端一点通过变速器壳支承在车架上。图3-73（b）为1种四点支承，前端两点通过曲轴箱支承在车架上，后端两点通过飞轮壳支承在车架上。

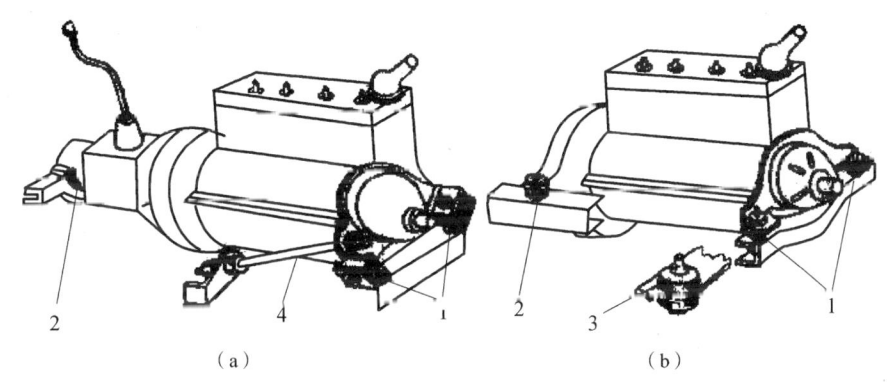

图3-73 发动机支承

（a）三点支承；（b）四点支承
1—前支承；2—后支承；3—橡胶垫圈；4—拉杆。

发动机在车架上的支承是弹性的，这是为了消除在汽车行驶中车架的扭转变形对发动机的影响，以及减少传给底盘及乘员的振动和噪声。为了防止当汽车制动或加速时由于弹性元件的变形而产生的发动机纵向位移，而设有纵拉杆，通过橡胶垫块使发动机与车架纵梁相连。

（三）活塞连杆组

曲柄连杆机构包括活塞连杆组件及曲轴飞轮组件2部分。

1. 活塞连杆组件

活塞连杆组件（图3-74）由活塞、活塞环、活塞销、连杆、连杆轴瓦等组成。

1）活塞

活塞由顶部、头部和裙部3部分组成（图3-75）。

（1）活塞顶部：有平顶、凸顶和凹顶3种（图3-76）。

平顶活塞顶部是一个平面，结构简单，制造容易，受热面积小，顶部应力分布较为均匀，一般用在汽油机上，柴油机很少采用。

凸顶活塞的顶部凸起，起导向作用，有利于改善换气过程。二行程汽油机常采用凸顶活塞。

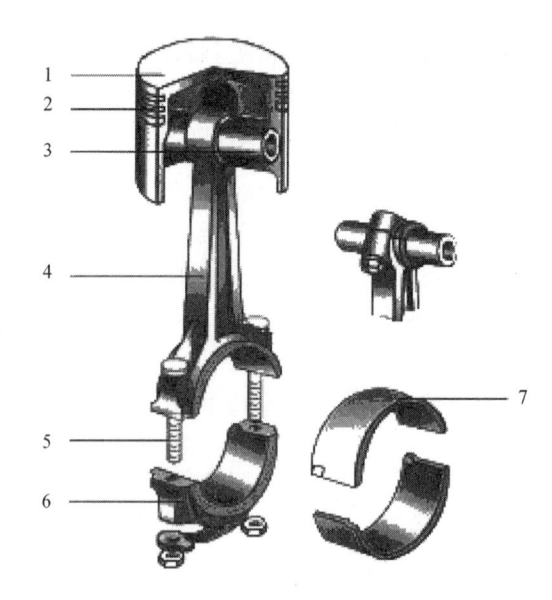

图 3-74 活塞连杆组件

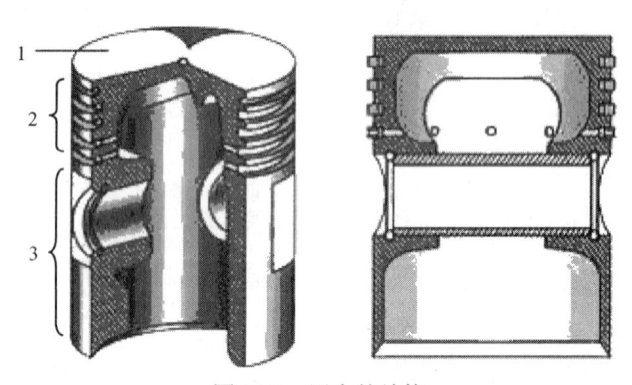

1—活塞；2—活塞环；3—活塞销；4—连杆；5—连杆螺栓；6—连杆盖；7—连杆轴瓦。

图 3-75 活塞的结构

1—活塞顶部；2—活塞头部；3—裙部。

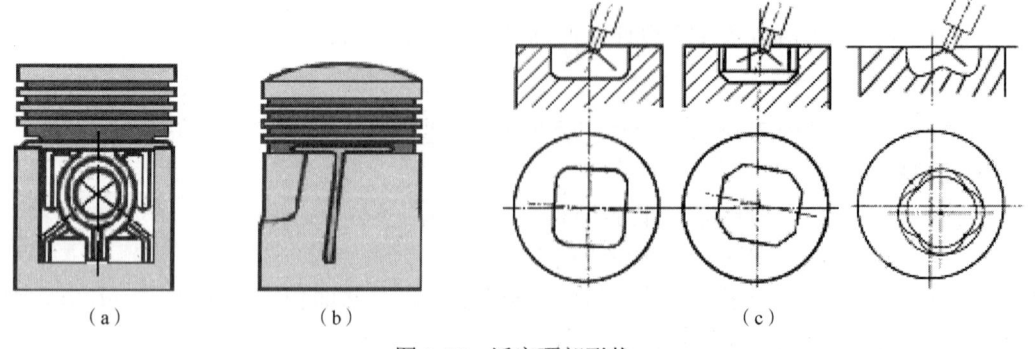

图 3-76 活塞顶部形状

（a）平顶活塞；（b）凸顶活塞；（c）凹顶。

凹顶活塞顶部呈凹陷形，凹坑的形状和位置必须有利于可燃混合气的形成和燃烧。凹顶的大小还可以用来调节发动机的压缩比。凹顶通常有方形凹坑、ω形凹坑、双涡流凹坑、球形凹坑等。

有些活塞顶打有各种记号（图3-77），用以显示活塞及活塞销的安装和选配要求，应严格按要求进行。

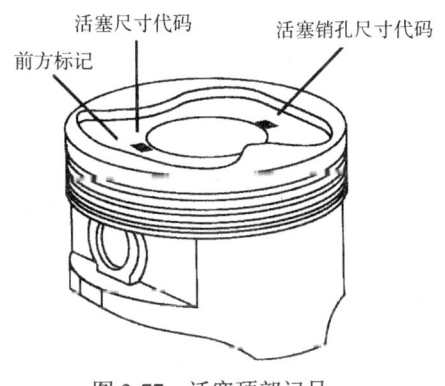

图 3-77　活塞顶部记号

（2）活塞头部（防漏部）：活塞头部指第一道活塞环槽到活塞销孔以上的部分。它有数道环槽，用以安装活塞环。为了提高第一道环槽的耐热和耐磨性，有的在第一道环槽部位铸入耐热合金钢护圈。

（3）活塞裙部：活塞裙部指从油环槽下端面起至活塞最下端的部分。活塞裙部对活塞在汽缸内的往复运动起导向作用，并承受气体侧压力。

为了使活塞在正常工作温度下与汽缸壁保持比较均匀的间隙，以免在汽缸内卡死或加大局部磨损，必须在冷态下预先把活塞裙部加工成不同的形状（图3-78）。

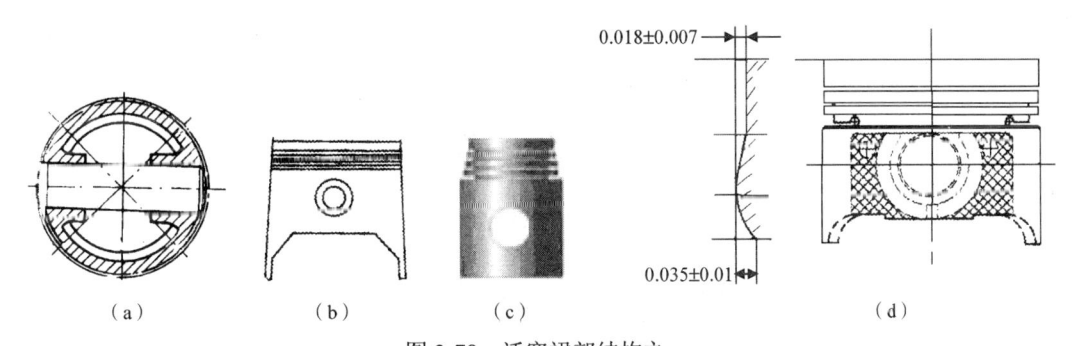

图 3-78　活塞裙部结构之一

（a）裙部椭圆；（b）锥形；（c）阶梯形；（d）桶形。

① 预先将活塞裙部加工成椭圆形，椭圆的长轴方向与销座垂直。
② 预先将活塞裙部做成锥形、阶梯形或桶形。
③ 预先在活塞裙部开槽（图3-79（a））。在裙部开横向的隔热槽，可以减小活塞裙部的受热量；在裙部开纵向膨胀槽，可以补偿裙部受热后的变形量。槽的形状有T形或Π形。裙部开竖槽后，会使其开槽的一侧刚度变小，在装配时应使其位于做功行程中承受侧压力

较小的一侧。通常柴油机活塞受力大，裙部一般不开槽。

（4）拖板式活塞（图 3-79（b））。在许多高速汽油机上，为了减轻活塞重量，把裙部不受侧压力的两边切去一部分或开孔，以减小惯性力，减小销座附近的热变形量，称拖板式活塞。该结构裙部弹性好，质量小，活塞与汽缸的配合间隙较小。

（5）裙部铸恒范钢（图 3-79（c））。为了减小铝合金活塞裙部的热膨胀量，有些汽油机活塞在活塞裙部或销座内铸入热膨胀系数低的恒范钢片。恒范钢为低碳铁镍合金，其膨胀系数仅为铝合金的 1/10，而销座通过恒范钢片与裙部相连，牵制了裙部的热膨胀变形量。

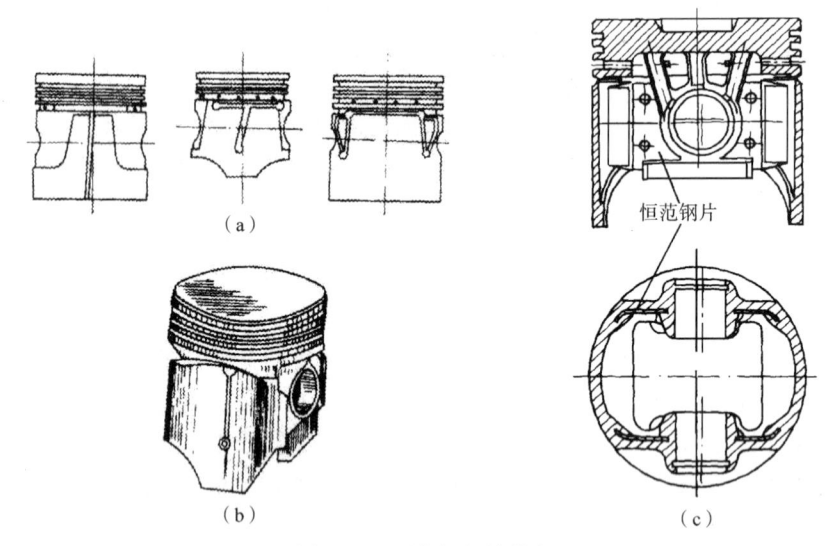

图 3-79 活塞裙部结构之二

（a）裙部开槽；（b）拖板式活塞；（c）裙部铸恒范钢。

（6）活塞销孔偏置结构（图 3-80）。有些高速汽油机的活塞销孔中心线偏离活塞中心线平面，向做功行程中受侧压力的一方偏移了 1mm～2mm。这种结构可使活塞在压缩行程到做功行程中较为柔和地从压向汽缸的一面过渡到压向汽缸的另一面，以减小敲缸的声音。在安装时要注意，活塞销偏置的方向不能装反，否则换向敲击力会增大，使裙部受损。

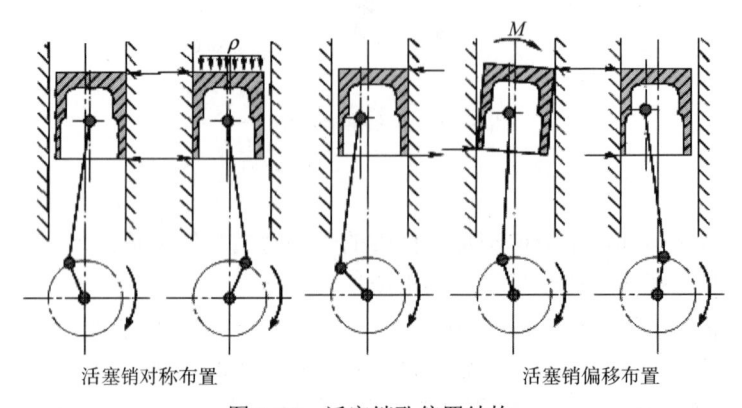

活塞销对称布置　　　　　　活塞销偏移布置

图 3-80 活塞销孔偏置结构

2）活塞环

活塞环是具有弹性的开口环，有气环和油环之分。

气环的作用：密封、传热。

油环作用：布油、刮油、封气、传热。

（1）气环结构原理（图3-81）：气环开有切口，具有弹性，在自由状态下外径大于汽缸直径，它与活塞一起装入汽缸后，外表面紧贴在汽缸壁上，形成第一密封面；被封闭的气体不能通过环周与汽缸之间，便进入了环与环槽的空隙，一方面把环压到环槽端面形成第二密封面，另一方面，作用在环背的气体压力又大大加强了第一密封面的密封作用。汽油机一般采用2道气环，柴油机一般采用3道气环。

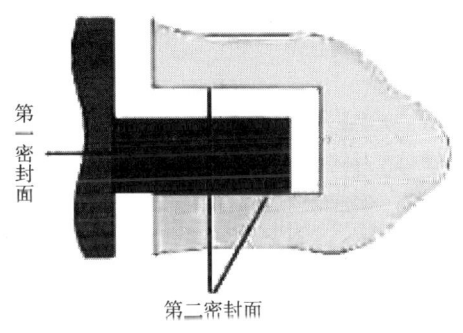

图3-81 气环密封原理

气环的断面形状很多，常见的有矩形环、扭曲环、锥面环、梯形环和桶面环（图3-82）。

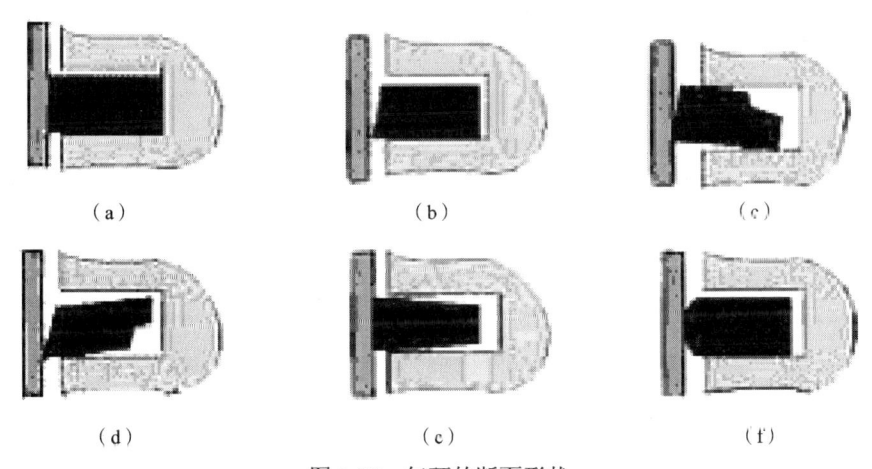

图3-82 气环的断面形状

（a）矩形环；（b）锥面环；（c）正扭曲内切环；（d）反扭曲内切环；（e）梯形环；（f）桶面环。

① 矩形环：其断面为矩形，结构简单，制造方便，易于生产，应用最广。但矩形环随活塞往复运动时，会把汽缸壁面上的机油不断送入汽缸中（图3-83（a））。这种现象称为"气环的泵油作用"。

② 锥面环（图3-82（b））：其断面呈锥形，外圆工作面上加工一个很小的锥面（0.5°～1.5°），减小了环与汽缸壁的接触面，提高了表面接触压力，有利于磨合和密封。活塞下行

时，便于刮油；活塞上行时，由于锥面的"油楔"作用，能在油膜上"飘浮"过去，减小磨损，安装时，不能装反，否则会引起机油上窜。

③ 扭曲环（图 3-82（c）、(d)）：扭曲环是在矩形环的内圆上边缘或外圆下边缘切去一部分，使断面呈不对称形状，在环的内圆部分切槽或倒角的称内切环，在环的外圆部分切槽或倒角的称外切环。装入汽缸后，由于断面不对称，外侧作用力合力 F_1（图 3-84（b））与内侧作用力合力 F_2 之间有一力臂 e，产生了扭曲力矩，使活塞环发生扭曲变形。活塞上行时，扭曲环在残余油膜上"浮过"，可以减小摩擦和磨损。活塞下行时，则有刮油效果，避免机油上窜。同时，由于扭曲环在环槽中上、下跳动的行程缩短，可以减轻"泵油"的副作用。目前被广泛应用于第 2 道活塞环槽上，安装时必须注意断面形状和方向，内切口朝上，外切口朝下，不能装反。

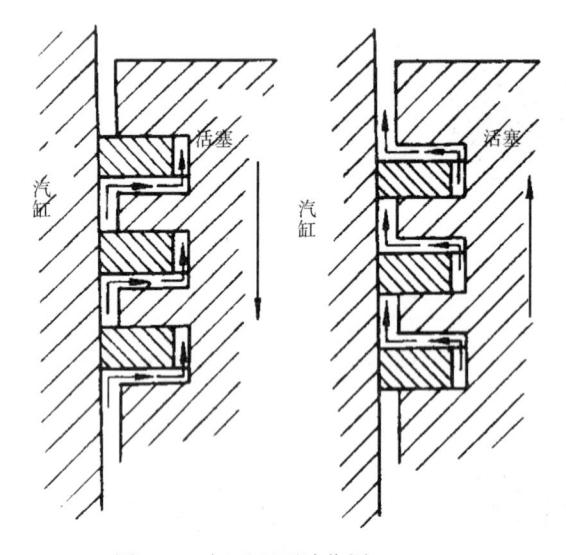

图 3-83 矩形环泵油作用
（a）活塞下行；（b）活塞上行。

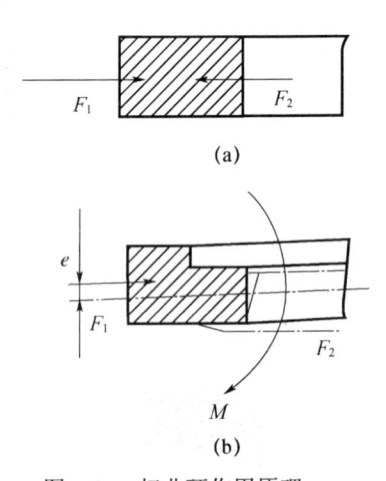

图 3-84 扭曲环作用原理
（a）矩形环；（b）扭曲环。

④ 梯形环（图 3-82（e））：其断面呈梯形，工作时，梯形环在压缩行程和做功行程随着活塞受侧压力的方向不同而不断地改变位置，这样会把沉积在环槽中的积炭挤出去，避免了环被粘在环槽中而折断。可以延长环的使用寿命。缺点是加工困难，精度要求高。

⑤ 桶面环（图 3-82（f））：桶面环的外圆为凸圆弧形。当桶面环上下运动时，均能与汽缸壁形成楔形空间，使机油容易进入摩擦面，减小磨损。由于它与汽缸呈圆弧接触，故对汽缸表面的适应性和对活塞偏摆的适应性均较好，有利于密封，但凸圆弧表面加工较困难。

（2）油环：油环有普通油环和组合油环 2 种（图 3-85）。

① 普通油环：一般是用合金铸铁制造的。其外圆面的中间切有一道凹槽，在凹槽的底部加工出很多穿通的排油小孔或狭缝。

② 组合式油环：它由上下数片刮油钢片 1 与中间的扩张器组成。扩张器由轴向衬环 2 和径向衬环 3 组成，轴向衬环 2 产生轴向弹力，径向衬环 3 产生径向弹力，使刮油钢片 1

紧紧压向汽缸壁和活塞环槽。刮油钢片 1 表面镀铬，很薄，对汽缸的比压力大，刮油效果好；而且数片刮油钢片 1 彼此独立，对汽缸壁面适应性好；回油通路大，重量轻。近年来汽车发动机上越来越多地采用了组合式油环。缺点主要是制造成本高。

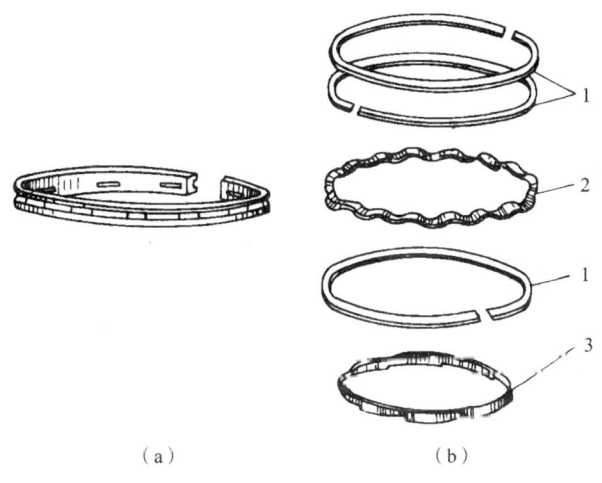

图 3-85 油环

（a）普通油环；（b）组合油环。
1—刮油钢片；2—轴向衬环；3—径向衬环。

3）活塞销

作用：连接、传力。

连接配合方式：与活塞销座孔及连杆小头衬套孔的连接配合有全浮式和半浮式 2 种方式（图 3-86）。

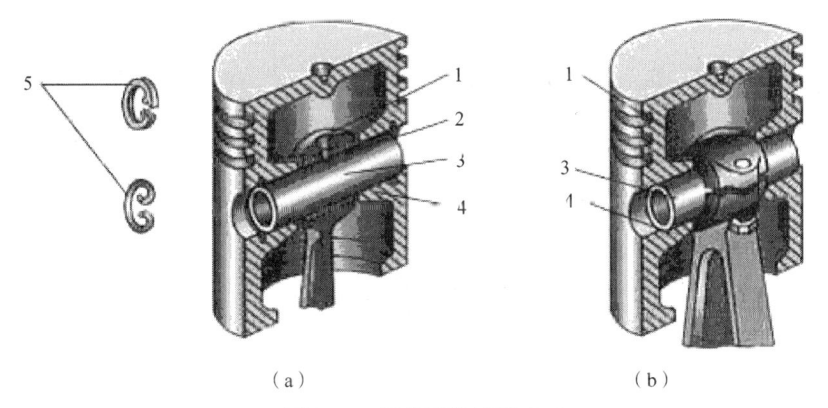

图 3-86 活塞销的连接方式

（a）全浮式；（b）半浮式。
1—连杆小头；2—连杆衬套；3—活塞销；4—活塞销座；5—卡环。

全浮式：指当发动机工作时，活塞销、连杆小头和活塞销座都有相对运动，使磨损均匀。活塞销两端装有卡环 5，进行轴向定位。由于铝活塞热膨胀量比钢大，为了保证高温工作时活塞销与活塞销座孔有正常间隙（0.01mm～0.02mm），在冷态时为过渡配合，装配时，应先把铝活塞加热到一定程度，再把活塞销装入。

半浮式：活塞中部与连杆小头采用紧固螺栓连接，活塞销只能在两端销座内做自由摆动，而和连杆小头没有相对运动。活塞销不会做轴向窜动，不需要卡环，小轿车上应用较多。

4）连杆

连杆的功用是将活塞承受的力传给曲轴，从而使得活塞的往复运动转变为曲轴的旋转运动。

连杆承受活塞销传来的气体作用力以及其本身摆动和活塞组往复运动时的惯性力。这些力的大小和方向都是周期性变化的。因此，连杆受到的是压缩、拉伸和弯曲等交变载荷。这就要求连杆在质量尽可能小的条件下有足够的刚度和强度。连杆的刚度不够，可能产生的结果有：连杆大头失圆，导致连杆大头轴瓦因油膜破坏而烧损；连杆杆身弯曲，造成活塞与汽缸偏磨，活塞环漏气和窜油等。

连杆一般用中碳钢或合金钢经模锻或辊锻而成，然后经机械加工和热处理。

如图 3-87 所示，连杆组由连杆体、连杆盖、连杆螺栓和连杆轴瓦等组成。

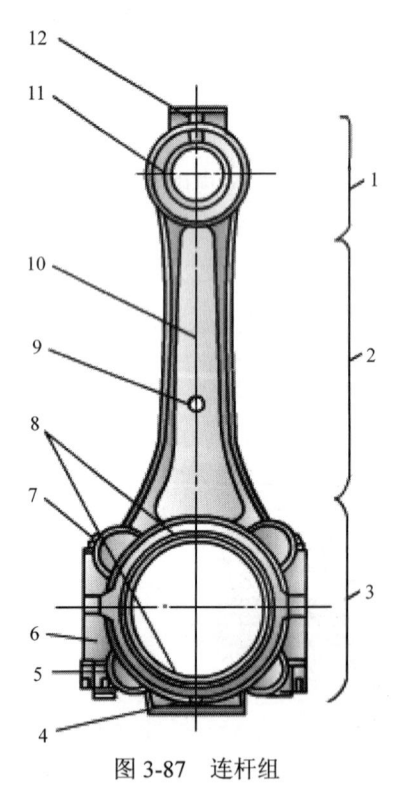

图 3-87 连杆组

1—小头；2—杆身；3—大头；4、9—装配记号（朝前）；5—螺母；6—连杆盖；7—连杆螺栓；8—轴瓦；10—连杆体；11—衬套；12—集油孔。

连杆小头与活塞销相连。工作时小头与销之间有相对转动，因此小头孔中一般压入减摩的青铜衬套。为了润滑活塞销与衬套，在小头和衬套上钻出集油孔 12 或铣出集油槽 13（图 3-88）用来收集发动机运转时被激溅上来的机油，以便润滑。有的发动机连杆小头采用压力润滑，在连杆杆身内钻有纵向的压力油通道。

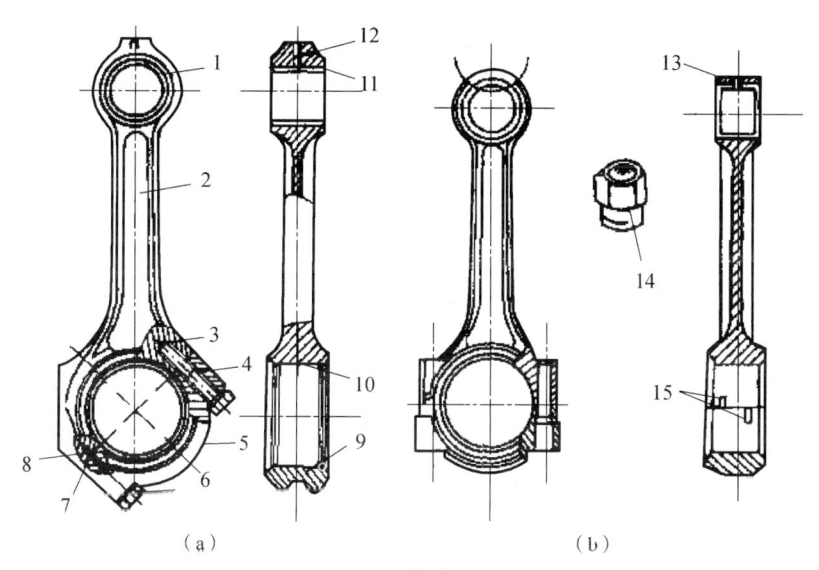

图 3-88 连杆构造图

（a）斜切口；（b）平切口。

1—连杆小头；2—连杆杆身；3—连杆大头；4—连杆螺钉；5—连杆盖；6—铁丝；7—锯齿；
8—定位销；9—连杆下轴瓦；10—连杆上轴瓦；11—连杆衬套；12—集油孔；13—集油槽；
14—自锁螺母；15—轴瓦定位槽。

连杆杆身通常做成"工"字形断面，以求在强度和刚度足够的前提下减小质量。

连杆大头与曲轴的曲柄销相连，除了个别小型汽油机的连杆采用整体式大头以外，连杆大头一般做成分开式，被分开的部分称为连杆盖，借特制的连杆螺栓紧固在连杆大头上。连杆盖与连杆大头是组合镗孔的，为了防止装配时配对错误，在同一侧刻有配对记号。大头孔表面有很高的光洁度，以便与连杆轴瓦（或滚动轴承）紧密贴合。连杆大头上还铣有连杆轴瓦的定位凹坑。有的连杆大头连同轴瓦还钻有油孔，从中喷出机油以加强配气凸轮与汽缸壁的激溅润滑。

平分——分面与连杆杆身轴线垂直（图 3-89（a）），汽油机多采用这种连杆。因为一般汽油机连杆大头的横向尺寸都小于汽缸直径，可以方便地通过汽缸进行拆装。

斜分——分面与连杆杆身轴线成 30°～60° 夹角（图 3-89（b））。柴油机多采用这种连杆。因为，柴油机压缩比大，受力较大，曲轴的连杆轴颈较粗，相应的连杆大头尺寸往往超过了汽缸直径，为了使连杆大头能通过汽缸，便于拆装，一般都采用斜切口。斜切口的连杆盖安装时应注意方向。

连杆盖与连杆的定位：把连杆大头分开可取下的部分叫连杆盖，连杆与连杆盖配对加工，加工后，在它们同一侧打上配对记号 3，安装时不得互相调换或变更方向。为此，在结构上采取了定位措施。平切口连杆盖与连杆的定位多采用连杆螺栓定位，利用连杆螺栓中部精加工的圆柱凸台或光圆柱部分与经过精加工的螺栓孔来保证（图 3-90）。斜切口连杆常用的定位方法有锯齿定位、圆销定位、套筒定位和止口定位（图 3-90）。

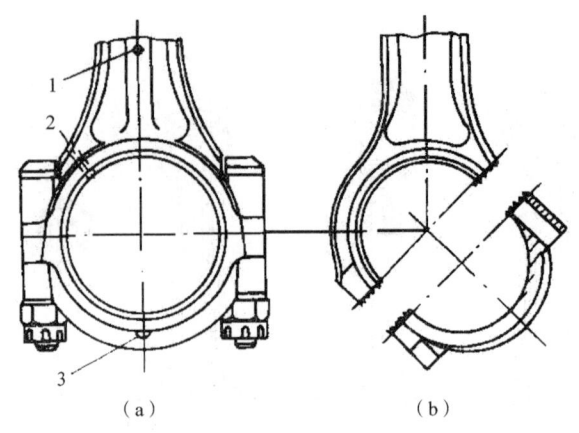

图 3-89 连杆大头

(a)平分式；(b) 斜分式。
1—连杆装配标志；2—机油喷孔；3—连杆盖装配标志。

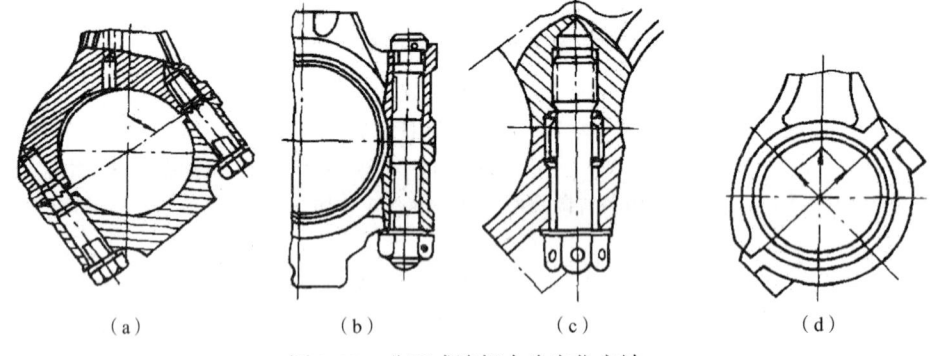

图 3-90 分开式连杆大头定位方法

(a) 锯齿定位；(b) 圆销定位；(c) 套筒定位；(d) 止口定位。

连杆螺栓：采用优质合金钢，并经精加工和热处理特制而成，损坏后绝不能用其他螺栓来代替。安装连杆盖拧紧连杆螺栓螺母时，要用扭力板手分 2 次～3 次交替均匀地拧紧到规定的扭矩，拧紧后还应可靠地锁紧。

连杆轴瓦（图3-91）。分上、下 2 个半片。瓦上制有定位凸键。

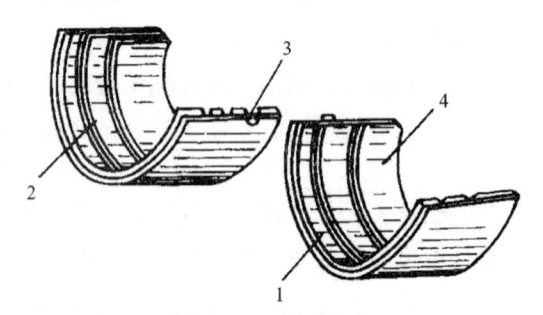

图 3-91 连杆轴瓦

1—钢背；2—油槽；3—定位凸键；4—耐磨合金层。

轴瓦材料目前多采用薄壁钢背轴瓦，在其内表面浇铸有耐磨合金层。耐磨合金层具有质软，容易保持油膜，磨合性好，摩擦阻力小，不易磨损等特点。耐磨合金常采用的有巴氏合金、铜铝合金和高锡铝合金。

V 型发动机叉形连杆：有 3 种形式（其中两种见图 3-92）。

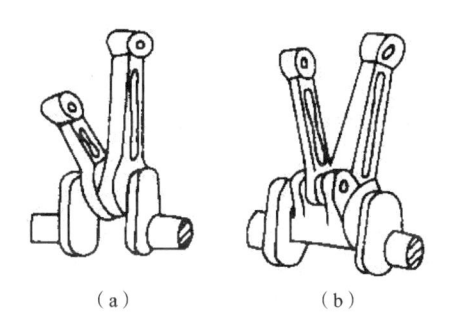

图 3-92 叉形连杆

（a）主副式；（b）叉式。

（1）并列式：相对应的左、右两缸连杆并列安装在同一连杆轴颈上。

（2）主副式：一列汽缸为主连杆，直接安装在连杆轴颈上，另一列连杆为副连杆，铰接在主连杆大头（或连杆盖）上的 2 个凸耳之间。

（3）叉式：左、右对应的 2 列汽缸连杆中，一个连杆大头做成叉形，跨于另一个连杆厚度较小的大头两端。

（四）曲轴飞轮组

曲轴飞轮组主要由曲轴和飞轮以及其他不同作用的零件和附件组成。其零件、附件的种类和数量取决于发动机的结构和性能要求。典型的实例如图 3-93 所示。

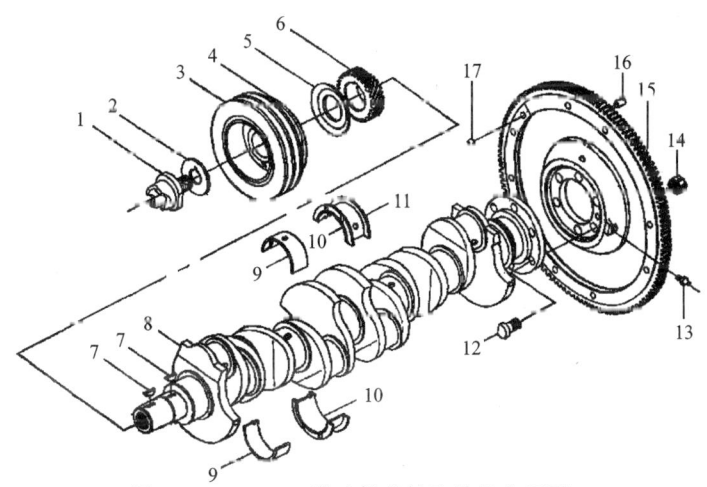

图 3-93 EQ6100 发动机曲轴飞轮组分解图

1—启动爪；2—启动爪锁紧垫圈；3—扭转减振器；4—皮带轮；5—挡油片；6—正时齿轮；
7—半圆键；8—曲轴；9—主轴承上下轴瓦；10—中间主轴承上下轴瓦；11—止推片；
12—螺栓；13—直通滑脂嘴；14—螺母；15—齿环；16—圆柱销；
17—第一、六缸活塞压缩上止点记号用钢球。

1. 曲轴

曲轴的功用是承受连杆传递的力，并由此造成其绕其本身轴线的力矩使其旋转。在发动机工作中，曲轴受到旋转质量的离心力、周期性变化的气体压力和往复惯性力的共同作用，使曲轴受弯曲与扭转载荷，为了保证工作可靠，因此要求曲轴具有足够的刚度和强度，各工作表面要耐磨而且润滑良好。

如图 3-94 所示，曲轴主要由 3 部分组成，即：①曲轴的前端（或称自由端）轴 1；②若干个曲柄销 3 和左、右两端的曲柄 4，以及前、后 2 个主轴颈 2 组成的曲拐；③曲轴后端（或称功率输出端）凸缘 6。曲轴的曲拐数取决于汽缸的数目和排列方式。直列式发动机曲轴的曲拐数等于汽缸数；V 型发动机曲轴的曲拐数等于汽缸数的一半。

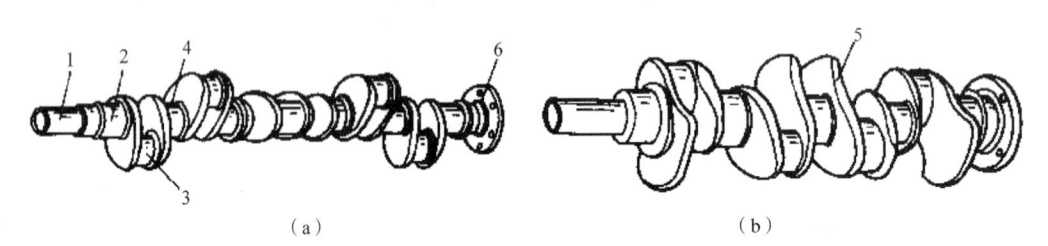

图 3-94 曲轴

（a）CA6102 发动机曲轴；（b）BJ492 发动机曲轴。
1—前端轴；2—主轴颈；3—连杆轴颈（曲柄销）；4—曲柄；5—平衡重；6—后端凸缘。

按照曲轴的主轴颈数，可以把曲轴分为全支撑曲轴和非全支撑曲轴 2 种。在相邻的 2 个曲拐之间，都设置一个主轴颈的曲轴，称为全支撑曲轴；否则称为非全支撑曲轴。因此，直列式发动机的全支撑曲轴，其主轴颈总数（包括曲轴前端和后端的主轴颈）比汽缸数多 1 个；V 型发动机的全支撑曲轴，其主轴颈总数比汽缸数的一半多 1 个。

全支撑曲轴的优点是可以提高曲轴的刚度和弯曲强度，并且可减轻主轴承的载荷，其缺点是曲轴的加工表面增多，主轴承数增多，使机体加长。这两种形式的曲轴，均可用于汽油机，但柴油机一般多采用全支撑曲轴，这是因为其载荷较大的缘故。多缸发动机的曲轴一般做成整体式的。连杆大头为整体式的某些小型汽油机或采用滚动轴承作为曲轴主轴承的发动机，必须采用组合式曲轴，如图 3-95 所示。其主轴承即为滚动轴承，相应的汽缸体必须是隧道式。

曲轴要求用强度、冲击韧性和耐磨性都比较高的材料制造，一般都采用中碳钢或中碳合金钢模锻。为了提高曲轴的耐磨性，其主轴颈和曲柄销表面上均需高频淬火或氮化，再经过精磨，以达到高的光洁度和精度。近年来，国产的许多发动机还采用了高强度的稀土球墨铸铁铸造曲轴，节省了大量优质钢材，但这种曲轴必须采用全支撑以保证刚度。

曲柄销不少做成空心的，目的在于减小质量和离心力。从主轴承经曲柄孔道输来的机油就储存在此空腔中，曲柄销与轴瓦上钻有径向孔与此油腔相通，如图 3-96 所示。

平衡重 5（图 3-94）用来平衡发动机不平衡的离心力和离心力矩。有时还用来平衡一部分往复惯性力。对于四缸、六缸等多缸发动机，由于曲柄对称布置，往复惯性力和离心力及其产生的力矩从整体上看都能互相平衡，但曲轴的局部却受到弯曲作用。从图 3-97（a）中可看到第一和第四曲柄销的离心力 F_1、F_4 与第二和第三曲柄销的离心力 F_2、F_3 因大小相等，方向相反而互相平衡，但由它们所形成的 2 个力矩 M_{1-2}、M_{3-4} 都给曲轴造成了弯曲载荷。曲轴若刚度不够就会产生弯曲变形，引起主轴颈和轴承偏磨。为了减轻主轴承负荷，改善其工作条件，一般都在曲柄相反方向设置平衡重，如图 3-97（b）所示。由此可见，平衡重所造成的弯矩可以同 M_{1-2}、M_{3-4} 造成的弯矩相平衡。有的发动机平衡重与曲柄是一体的（图 3-97（b）），有的则单独制造并用螺钉安装在曲柄上（图 3-98）。一般四缸发动机设置 4 块平衡重；六缸发动机可设置 4 块、6 块平衡重，甚至在所有曲柄下均设置平衡重。

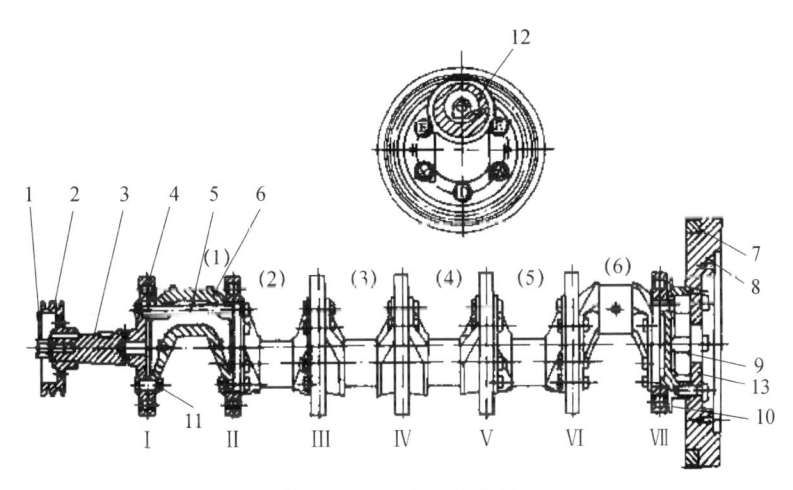

图 3-95　组合式的曲轴

1—启动爪；2—皮带盘；3—前端轴；4—滚动轴承；5—连接螺杆；6—曲柄；7—飞轮齿圈；8—飞轮；9—后端凸缘；10—挡油圈；11—定位螺钉；12—油管；13—锁片。

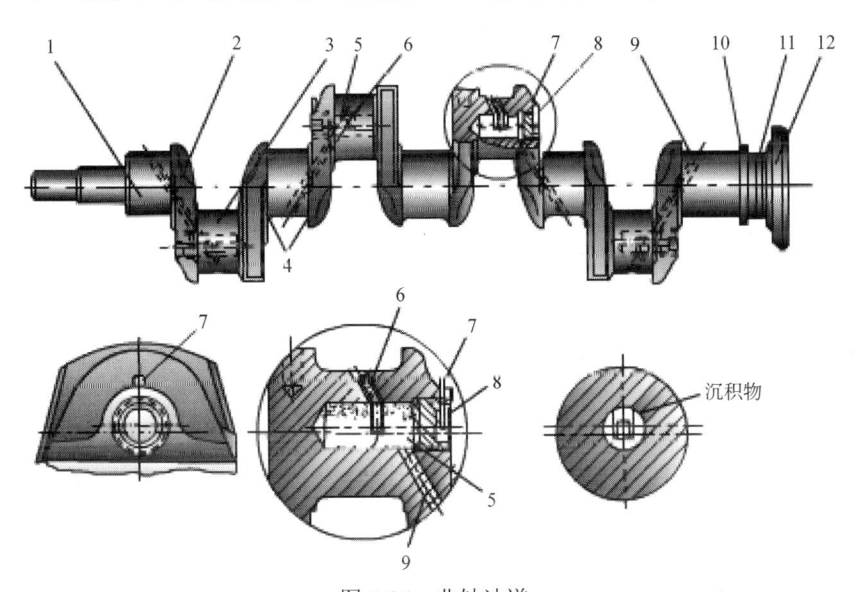

图 3-96　曲轴油道

1—主轴颈；2—曲轴；3—连杆轴颈；4—圆角；5—积污腔；6—油管；7—开口销；8—螺塞；9—油道；10—挡油盘；11—回油螺纹；12—曲轴后端。

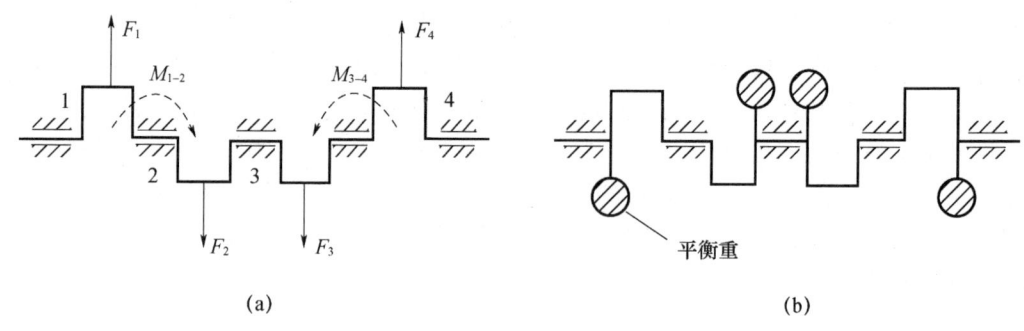

图 3-97 曲轴平衡重作用示意图

（a）受力平衡；（b）设置平衡重。

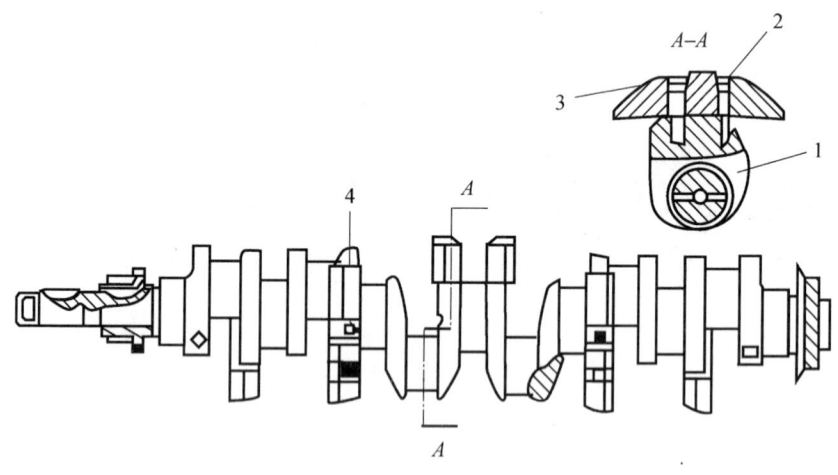

图 3-98 菲亚特 C40N 型汽车发动机曲轴

1—曲柄；2—平衡重紧固螺钉；3—平衡重；4—紧固螺钉焊缝。

加平衡重会导致曲轴质量和材料消耗增加，锻造工艺复杂。因此曲轴是否加平衡重，要视具体情况而定。

曲轴前端（图 3-99）装有驱动配气凸轮轴的正时齿轮 4、驱动风扇和水泵的皮带轮 7 以及止推片 3 等。为了防止机油沿曲轴轴颈外漏，在曲轴前端上有一个甩油盘 5，随着曲轴旋转，当被齿轮挤出和甩出来的机油落在盘上时，由于离心力的作用，被甩到齿轮室盖的壁面上，再沿壁面流下来，回到油底壳中。即使还有少量机油落到甩油盘前面的曲轴轴段上，也按压配在齿轮室盖上的油封 6 挡住，甩油盘的外斜面应向后。如果装错，效果将适得其反。

此外，在中、小型发动机的曲轴前端还装有启动爪 8（图 3-99），以便必要时用人力转动曲轴，使发动机启动。曲轴后端有安装飞轮用的凸缘。

为防止机油向后漏出，在曲轴后端通常切出回油螺纹或其他封油装置。回油螺纹可以是梯形的或矩形的，其螺旋方向应为右旋。回油螺纹的工作原理如图 3-100 所示。当曲轴旋转时，流到回油螺纹槽中的机油也被带动旋转。因为机油本身有粘性，所以受到机体后盖孔壁的摩擦阻力 F_r。F_r 可分解为平行于螺纹的分力 F_{r1} 和垂直于螺纹的分力 F_{r2}。机油在 F_{r1} 的作用下，顺着螺纹槽道被推送向前，流回机油盘。

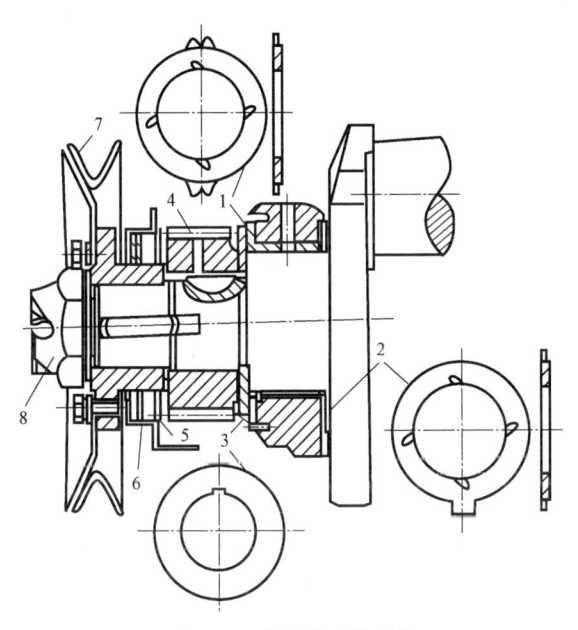

图 3-99 曲轴前端的结构

1、2—滑动推力轴承；3—止推片；4—正时齿轮；5—甩油盘；6—油封；
7—皮带轮；8—启动爪。

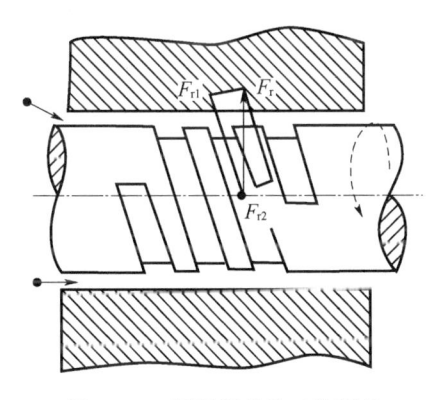

图 3-100 回油螺纹的工作原理

发动机工作时，曲轴由于经常受到离合器施加于飞轮的轴向力作用而有轴向窜动的趋势。曲轴窜动将破坏曲轴连杆机构各零件的正确相对位置，故必须用推力轴承（一般是滑动轴承）加以限制。而在曲轴受热膨胀时，又应允许它能自由伸长，所以曲轴上只能有一处设置轴向定位装置。

滑动推力轴承的形式有两种：一是翻边轴瓦的翻边部分；二是单制的具有减磨合金层的推力片。前者应用越来越广泛。

曲轴的形状和各曲拐的相对位置（即所谓曲拐的布置）取决于缸数、汽缸排列方式（单列或 V 型等）和发火次序（即各缸的做功行程交替次序）。在安排多缸发动机的发火次序时，应注意使连续做功的两缸相距尽可能远，以减轻主轴承的载荷，同时避免可能发生的进气重叠现象（即相邻两缸进气门同时开启）以免影响充气；做功间隔应力求均匀，就是说，在发动机完成一个工作循环的曲轴转角内，每个汽缸都应发火做功 1 次，而且各缸发火的间隔时间（以曲轴转角表示，称为发火间隔角）应力求均匀。对缸数为 i 的四冲程发动机而言，发火间隔角为 $720°/i$，即曲轴每转 $720°/i$ 时，就应有一缸做功，以保证发动机运转平稳。

几种常用的多缸发动机曲拐布置和发火次序如下。

四冲程直列四缸发动机发火次序——发火间隔角应为 $720°/4=180°$。曲拐布置如图 3-101 所示，4 个曲拐布置在同一平面内。发火次序有 2 种可能的排列法，即 1—2—4—3 或 1—3—4—2，它们的工作循环如表 3-21 和表 3-22 所列。

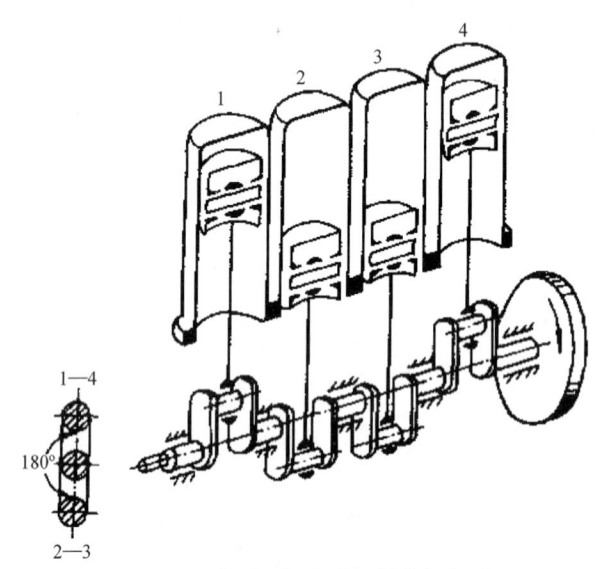

图 3-101 直列四缸发动机的曲拐布置

表 3-21 四缸发动机工作循环表（发火次序：1—2—4—3）

曲轴转角/(°)	第一缸	第二缸	第三缸	第四缸
0～180	做功	压缩	排气	进气
180～360	排气	做功	进气	压缩
360～540	进气	排气	压缩	做功
540～720	压缩	进气	做功	排气

表 3-22 四缸发动机工作循环表（发火次序：1—3—4—2）

曲轴转角/(°)	第一缸	第二缸	第三缸	第四缸
0～180	做功	排气	压缩	进气
180～360	排气	进气	做功	压缩
360～540	进气	压缩	排气	做功
540～720	压缩	做功	进气	排气

四冲程直列六缸发动机发火次序——发火间隔角应为 720°/6=120°。曲拐布置如图 3-102 所示，6 个曲拐分别布置在 3 个平面内，各平面夹角为 120°。曲拐的具体布置有 2 种方案：一种发火次序是 1—5—3—6—2—4，国产汽车的六缸发功机的点火次序都用这种方案，其工作循环如表 3-23 所列；另一种发火次序是 1—4—2—6—3—5。

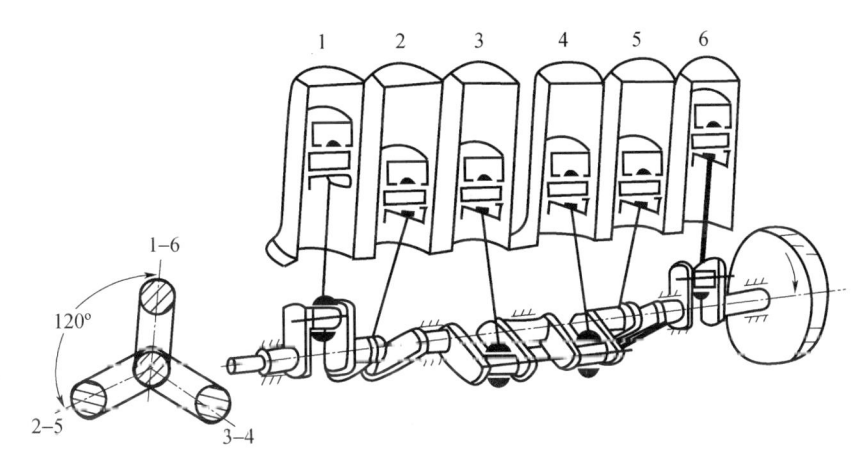

图 3-102 直列六缸发动机的曲拐布置

表 3-23 六缸发动机工作循环表（发火次序：1—5—3—6—2—4）

曲轴转角/(°)	第一缸	第二缸	第三缸	第四缸	第五缸	第六缸
0～60	做功	排气	进气	做功	压缩	进气
60～120						
120～180	排气	进气	压缩	排气	做功	压缩
180～240						
240～300						
300～360		压缩	做功	进气	排气	
360～420	进气					做功
420～480			排气	压缩		
480～540		做功			进气	排气
540～600	压缩					
600～660		排气	进气	做功	压缩	
660～720						

四冲程 V 型八缸发动机发火次序——发火间隔角应为 720°/8=90°。V 型发动机左、右 2 列中相对应的一对连杆共用 1 个曲拐。所以 V 型八缸发动机只有 4 个曲拐，其布置可以与四缸发动机一样，4 个曲拐布置在同一平面内，也可以布置在 2 个互相错开 90°的平面内，如图 3-103 所示，这样可使发动机得到更好的平衡性。红旗轿车 8V100 型发动机就采用这种布置形式，发火次序为 1—8—4—3—6—5—7—2，其工作循环如表 3-24 所列。

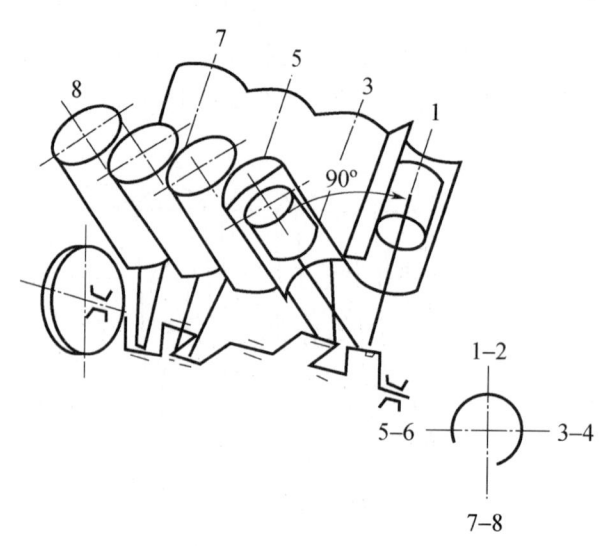

图 3-103　8V100 型发动机的曲拐布置

表 3-24　V 型八缸发动机工作循环表（发火次序：1—8—4—3—6—5—7—2）

曲轴转角/(°)	第一缸	第二缸	第三缸	第四缸	第五缸	第六缸	第七缸	第八缸
0~45	做功	做功	进气	压缩	排气	进气	排气	压缩
45~90								
90~135		排气	压缩		进气			做功
135~180								
180~225	排气			做功	压缩	压缩	进气	
225~270								
270~315								
315~360		进气	做功	压缩				排气
360~405	进气			排气		做功	压缩	
405~450								
450~495								
495~540		压缩	排气		做功			进气
540~585								
585~630	压缩			进气		排气	做功	
630~675								
675~720		做功	进气		排气			压缩

2. 曲轴扭转减振器

曲轴是一种扭转弹性系统，本身具有一定的自振频率。在发动机工作过程中，经连杆传给连杆轴颈的作用力的大小和方向都是周期性变化的，这种周期性变化的力作用在曲轴上，引起曲拐回转的瞬时角速度也呈周期性变化。由于固装在曲轴上的飞轮转动惯量大，其瞬时角速度基本上可看作是均匀的。这样，曲拐便会一会比飞轮转得快，一会又比飞轮转得慢，形成相对于飞轮的扭转摆动，这就是曲轴的扭转振动，当外力频率与曲轴自振频率成整数倍关系，曲轴扭转振动便因共振而加剧。这将使发动机功率受到损失，正时齿轮或链条磨损增加，严重时甚至将曲轴扭断。为了消减曲轴的扭转振动，有的发动机在曲轴前端装有扭转减振器。

汽车发动机最常用的曲轴扭转减振器是摩擦式减振器。其作用原理是使曲轴扭转振动能量逐渐消耗于减振器内的摩擦，从而使振幅逐渐减小。

图 3-104 所示为红旗轿车发动机曲轴上的橡胶摩擦式扭转减振器。转动惯量较大的惯性盘 5 用一层橡胶垫和由薄钢片冲压制成的盘 3 相连。盘 3 和惯性盘 5 都同橡胶垫 4 硫化粘接。圆盘 3 的毂部用螺钉固定在装于曲轴前端的风扇皮带轮上。当曲轴发生扭转振动时，曲轴前端的角振幅最大，而且通过皮带轮毂带动圆盘 3 一起振动。惯性盘 5 则因转动惯量较大而实际上相当于一个小型的飞轮，其转动瞬时角速度也就比圆盘 3 均匀得多。这样，惯性盘 5 就同盘 3 有了相对角振动，而使橡胶垫 4 产生正反方向交替变化的扭转变形。这时由于橡胶垫变形而产生的橡胶内部的分子摩擦，消耗扭转振动能量，整个曲轴的扭转振幅将减小，把曲轴共振转移向更高的转速区域内，从而避免在常用转速内出现共振。

橡胶减振器的主要优点是结构简单、质量小、工作可靠，所以在汽车上得到广泛应用。其主要缺点是对曲轴扭转振动的衰减作用不够强，而且橡胶由于内摩擦生热升温而容易老化。

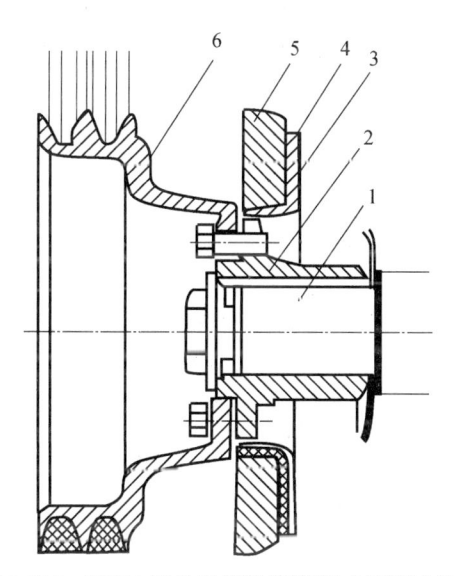

图 3-104 8V100 型发动机橡胶摩擦式扭转减振器

1—曲轴前端；2—皮带轮毂；3—减振器圆盘；4—橡胶垫；5—惯性盘；6—皮带盘。

3. 飞轮

飞轮是一个转动惯量很大的圆盘，如图 3-105 所示。其主要功用是将在做功行程中输入曲轴的动能的部分储存起来，用以在其他行程中克服阻力，带动曲柄连杆机构越过上、下止点，保证曲轴的旋转角速度和输出转矩尽可能均匀，并使发动机有可能克服短时间的超载荷，此外，在结构上飞轮又往往用作汽车传动系统中摩擦离合器的驱动件。

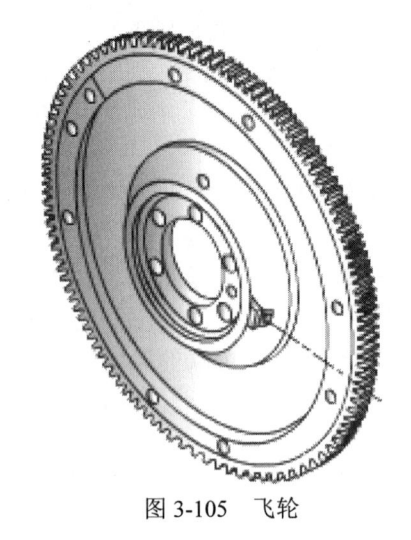

图 3-105 飞轮

飞轮多采用灰铸铁制造，当轮缘的圆周速度超过 50m/s 时要采用强度较高的球铁或铸钢制造。

飞轮外缘上压有一个齿环（图 3-106），可与起动机的驱动齿轮啮合，供启动发动机用。飞轮上通常刻有第一缸发火正时记号，以便校准发火时间。如图 3-106 所示，解放 CA6102 型发动机的正时记号是"上止点 / 1-6"，当这个记号与飞轮壳上的刻线对正时，即表示 1 缸～6 缸的活塞处在上止点位置。东风 EQ6100-1 型发动机的飞轮上的这一记号为一个镶嵌的钢球。

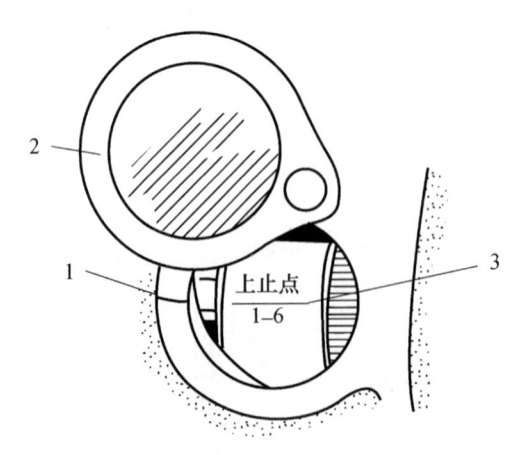

图 3-106 汽车发动机发火正时记号

1—离合器外壳的记号；2—观察孔盖板；3—飞轮的记号。

多缸发动机的飞轮应与曲轴一起进行动平衡，否则在旋转时因质量不平衡而产生的离心力，将引起发动机振动并加速主轴承的磨损。为了在拆装时不破坏它们的平衡状态，飞轮与曲轴之间应有严格的相对位置，用定位销或不对称布置螺栓予以保证。

四、自我测试题

（一）概念题

1. 汽缸的圆柱度误差
2. 活塞环端隙
3. 活塞环侧隙
4. 活塞环背隙
5. 半浮式活塞销
6. 全浮式活塞销
7. 曲拐
8. 整体式曲轴

（二）填空题

1. 曲柄连杆机构的作用是：提供_____的场所，并将燃料燃烧后产生的作用在活塞上的_____转变成使曲轴旋转运动的_____，对外输出动力。
2. 曲柄连杆机构的零件可分为____、_____和_____三大组。
3. 机体组的主要零件有_____、_____、_____、_____等。
4. 活塞连杆组的主要零件有_____、_____、_____、_____等。
5. 曲轴飞轮组的主要零件有_____、_____、____等。
6. 活塞环磨损后，将使环_____、_____、_____、漏气、窜机油。
7. 曲轴按曲拐连接方式不同可分为_____和_____。按曲轴主轴颈数不同可分为_____和_____。
8. 曲轴的轴向间隙过大、过小可通过更换_____或_____进行调整。

（三）判断题

1. 要按汽缸的尺寸选配活塞，活塞与汽缸应同一尺寸级别、同一分组尺寸。（　　）
2. 活塞环槽是活塞的最大磨损部位，特别是最后一道环槽最为严重。（　　）
3. 组合式油环比整体式油环刮油效果好。（　　）
4. 活塞环端隙小于规定值，应用细平锉或什锦锉对开口处的两端进行锉削。（　　）
5. 将活塞环放在环槽内，围绕环槽滚动一圈，环在槽内应滚动自如，既不松动，又无阻滞现象。（　　）
6. 与活塞一样，活塞环的直径尺寸也有标准尺寸和加大的修理尺寸及分组尺寸。（　　）
7. 曲轴后端回油螺纹的旋向应为左旋。（　　）
8. 按1—5—3—6—2—4顺序工作的发动机，当一缸压缩到上止点时，五缸处于进气行程。（　　）
9. 活塞环的泵油作用，可以加强对汽缸上部的润滑，因此是有益的。（　　）

10．偏置销座的活塞，其销座偏移方向应朝向做功行程时活塞受侧压大的一侧。（　　）
11．活塞裙部膨胀槽一般开在受侧压力较大的一面。（　　）
12．采用全浮式连接的活塞销，无论在装配时，还是在发动机工作时，活塞销均能在活塞销座孔中自由转动。（　　）
13．各种形式曲轴的曲拐数都与汽缸数相同。（　　）

（四）选择题

1．学生 a 说四冲程往复活塞式内燃机的活塞从上止点向下止点运动和从下止点向上止点运动的约前半个行程是加速，后半个行程是减速。学生 b 的意见与其相反，他们说法应该是（　　）。

  A．只有学生 a 正确　　　　　　　B．只有学生 b 正确
  C．学生 a 和 b 都正确　　　　　　D．学生 a 和 b 都不正确

2．学生 a 说四冲程往复活塞式内燃机在做功行程时，作用在活塞上的气体作用力的大小不随活塞的位移而变化，学生 b 认为作用在活塞上的气体作用力的大小是随活塞的位移而变化的。他们说法应该是（　　）。

  A．只有学生 a 正确　　　　　　　B．只有学生 b 正确
  C．学生 a 和 b 都正确　　　　　　D．学生 a 和 b 都不正确

3．学生 a 说四冲程往复活塞式内燃机的活塞从上止点向下止点运动时，其往复惯性力向上。学生 b 的意见与其相反，他们说法应该是（　　）。

  A．只有学生 a 正确　　　　　　　B．只有学生 b 正确
  C．学生 a 和 b 都正确　　　　　　D．学生 a 和 b 都不正确

4．活塞气环的主要作用是（　　）。

  A．密封　　　B．布油　　　　C．导热　　　　D．刮油

5．活塞环的油环的主要作用是（　　）。

  A．密封　　　B．布油　　　　C．导热　　　　D．刮油

6．活塞气环开有切口，具有弹性，在自由状态下其外径与汽缸直径（　　）。

  A．相等　　　B．小于汽缸直径　　C．大于汽缸直径　　D．不能确定

7．下列说法正确的是（　　）。

  A．飞轮的主要功用是用来储存做功行程的能量，增加发动机功率
  B．飞轮的主要功用是用来储存做功行程的能量，用于克服进气、压缩和排气行程的阻力和其他阻力，使曲轴均匀地旋转
  C．飞轮轮缘上的记号供发动机安装和修理用
  D．飞轮紧固螺钉承受作用力大，应以最大力矩拧紧。

（五）简答题

1．曲柄连杆机构有何功用？
2．曲柄连杆机构主要由哪些组成？
3．机体组主要包括哪些零件？
4．活塞连杆组主要包括哪些零件？

5．曲轴飞轮组主要包括哪些零件？
6．汽缸体主要有几种结构形式？
7．曲轴箱有几种结构形式？各有何特点？
8．什么是水套？
9．为何镶汽缸套？
10．汽缸套有几种？各有何特点？
11．如何清洗汽缸体？
12．如何检查汽缸体裂损？
13．如何检查汽缸磨损？
14．汽缸磨损修理时应注意哪些问题？
15．何时采用汽缸的镶套？应注意哪些问题？
16．汽缸体上平面变形有何影响？如何检查和修理？
17．汽缸盖的拆装应注意什么？
18．如何清洁活塞？
19．活塞的拆装应注意什么？
20．拆装活塞环应注意什么？
21．活塞销与座孔如何选配？
22．如何检查连杆变形？
23．如何检查与修理曲轴弯曲？
24．曲轴的轴承间隙失准有何危害？如何检查？

项目四 冷却系统的检修

一、项目描述

接受学习工作单；运用维修手册和维修数据库获得该车型发动机冷却系统结构组成和维修标准技术数据；按照检测程序，运用检测工具，检查发动机冷却系统性能，必要时进行拆检，诊断故障原因，确定维修方案；确定检修所需的工量具、设备和材料；按确定的维修方案进行维修，记录维修过程并填写学习工作单；通过该项目的学习，学生能够达到以下要求。

1. 知识要求

（1）了解冷却系统的功用、组成，掌握冷却液循环路线。
（2）了解冷却液的性能、成分及种类。
（3）掌握冷却系统主要机件构造和检修。
（4）掌握冷却系统的常见故障诊断与排除知识要求。

2. 技能要求

（1）会分析冷却系统工作循环，正确拆装和检修主要零部件。
（2）能进行冷却系统的维护和调整。

3. 素质要求

（1）注意 5S。
（2）注意劳动保护与安全操作。
（3）具备环境保护意识。
（4）具有团队协作精神。
（5）具有组织沟通能力。
（6）操作规范。

项目四 冷却系统的检修

二、项目实施

任务一 冷却系统的拆装与主要零部件的检修

训练目标与要求

（1）明确发动机冷却系统的各部件安装位置。
（2）掌握冷却系统主要机件的构造。
（3）掌握冷却系统主要部件的拆装步骤、检测项目和维修工作。

训练设备

（1）桑塔纳轿车或桑塔纳轿车 AJR 发动机试验台 4 台。
（2）常用工具 4 套，桑塔纳轿车专用工具 4 套，压力测试仪器。
（3）棉纱、冷却液、制动液等收集容器，其他辅助材料若干。

训练步骤

1. 水泵的拆装与检修

（1）水泵的拆卸。

① 在点火开关切断的情况下，拔下蓄电池搭铁线和冷却风扇的电线接头，如图 4-1 所示。

② 旋开冷却液储液罐盖，在发动机下放置一个收集盘。

③ 如图 4-2 所示，松开散热器下水管夹箍，拔下散热器的下水管，放出冷却液。冷却液必须用干净的容器予以收集，用于处理或再使用。

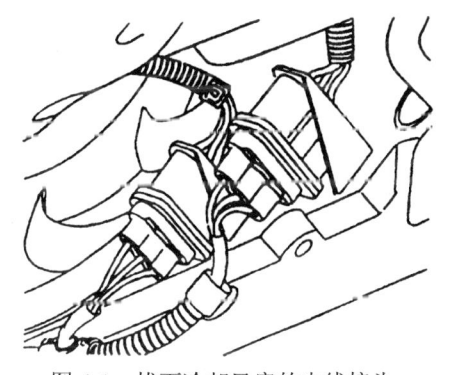

图 4-1 拔下冷却风扇的电线接头　　图 4-2 拔下散热器的下水管

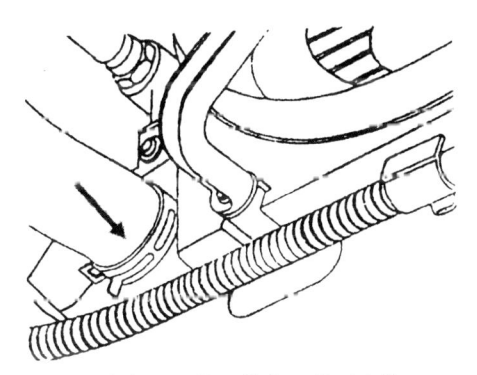

④ 使用专用工具或一把合适的开口扳手（17 开口扳手），按图 4-3 所示的方向扳动半自动张紧轮，使传动带松开，使用销钉固定住张紧轮，从发电机上取下 V 形带，然后取下销钉。

⑤ 如图 4-4 所示，拆下同步带的上防护罩 4、中防护罩 3，将曲轴调整到第一缸上止点位置。

153

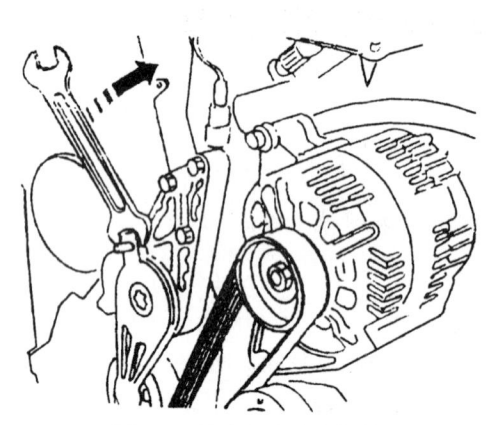

图 4-3 扳动半自动张紧轮

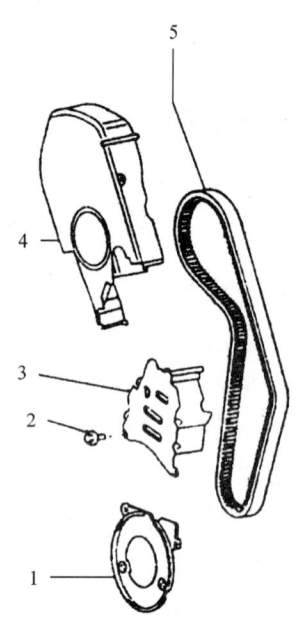

图 4-4 拆下同步带的上防护罩和中防护罩

1—正时齿带下防护罩；2—中间防护罩螺栓（拧紧力矩 10N·m）；3—正时齿带中间防护罩；4—正时齿带上防护罩；5—正时齿带。

⑤ 如图 4-5 所示，旋松张紧轮固定螺栓，拆下凸轮轴上的同步带。

⑥ 旋下螺栓 1 和螺栓 5，拆下同步带后防护罩 2，拆下水泵 4 和 O 形密封圈 3，小心地将其拉出，如图 4-6 所示。

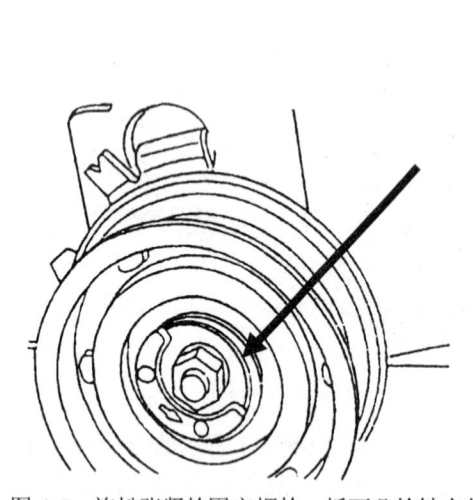

图 4-5 旋松张紧轮固定螺栓，拆下凸轮轴上的同步带

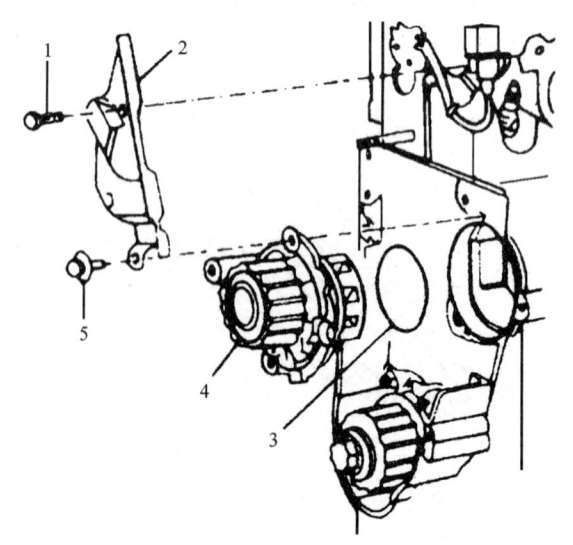

图 4-6 拆卸水泵

1、5—螺栓；2—同步带后防护罩；3—O 形密封圈；4—水泵。

（2）水泵的检修。水泵检修时，要用专用工具，必要时加热泵体。拆下叶轮、水封组件、水泵轴及轴承。然后将拆出的零件逐一检查。

发动机水泵常见的损坏形式如下。

① 检查水泵壳体、卡簧槽及叶轮是否破裂。如果水泵壳体、卡簧槽的裂纹较轻，可根据情况实施焊补或用环氧树脂胶粘接。严重时应更换。叶轮若有破损，必须更换。

② 检查带轮凸缘配合孔是否松动。凸缘孔若松旷，可镶套修整，必要时更换新件。

③ 检查水封是否变形、老化及损坏。水封一般应更换新件。

④ 检查水泵轴承、泵轴、轴承是否磨损。转动水泵轴，如果不正常或有噪声，则进行修复或更换。

（3）水泵安装。

① 清洁O形密封圈的密封表面，用冷却液浸湿新的O形密封圈。

② 安装水泵，罩壳上的凸耳朝下。

③ 安装同步带后防护罩。

④ 拧紧水泵螺栓至15N·m。

⑤ 安装同步带，安装驱动V形带。

⑥ 接好散热器的下水管，夹紧散热器下水管夹箍，插上冷却风扇的电线接头。

⑦ 加注冷却液至规定量，旋上冷却液储液罐盖。

2. 节温器拆装与检查

（1）节温器拆卸。

① 在点火开关切断的情况下，拔下蓄电池搭铁线。

② 排放冷却液。

③ 拆卸V形带，拆卸发电机。

④ 从连接体上拆下冷却液管。

⑤ 松开螺栓，取出节温器盖、O形密封圈和节温器，如图4-7所示。

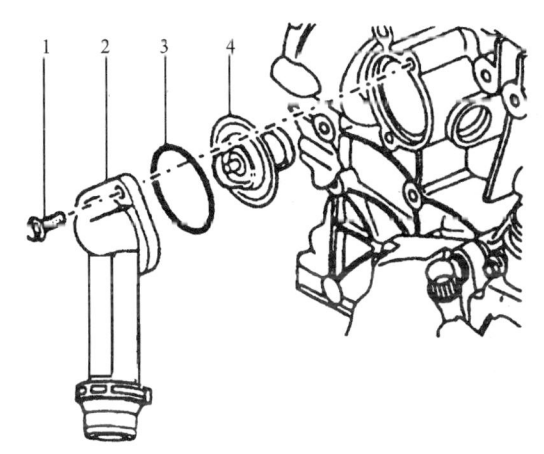

图 4-7 拆下节温器

1—螺栓；2—节温器盖；3—O形密封圈；4—节温器。

（2）节温器的检查。桑塔纳轿车 AJR 发动机的节温器为蜡式节温器。拆下节温器，首先在温度较低时检查节温器能否完全关闭。

① 节温器开启温度的检查。如图 4-8（a）所示，将节温器浸入水中，并将一温度计悬挂于水中，慢慢将水加热，观察温度变化时节温器的动作。当水温为（87±2）℃时，节温器应开始打开。如果打开温度不符合规定，应更换节温器。

② 节温器阀门升程的检查。如图 4-8（b）所示，当水温达到约 120℃时，节温器阀门升程应不小于 8mm。如果打开温度不符合规定，应更换节温器。

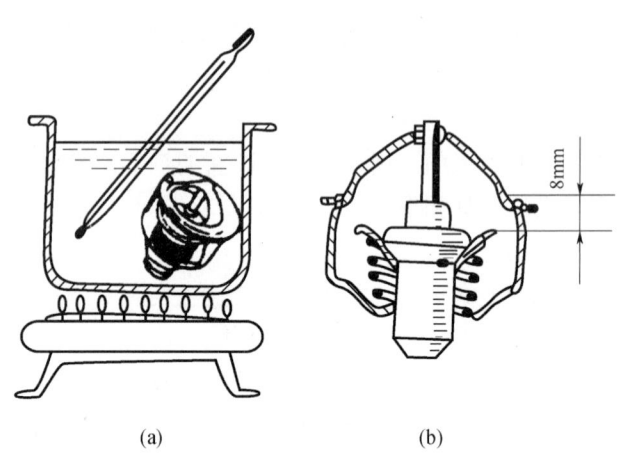

(a)　　　　(b)

图 4-8　检查节温器

在表 4-1 中记录检查结果。查阅维修手册，确定节温器可否继续使用。

表 4-1　检查结果表

较低温度时节温器状态	节温器开启温度		节温器阀门升程		可否继续使用	
	实测值	标准值	实测值	标准值	是	否

（3）节温器的安装。

① 清洁 O 形密封圈的密封表面。

② 安装节温器，节温器的感温部分必须在汽缸体内。

③ 用冷却液浸湿新的 O 形密封圈。

④ 拧紧螺栓，安装发电机和 V 形带。

⑤ 加注冷却液。

⑥ 接上蓄电池搭铁线。

3. 散热器拆装与检修

（1）散热器的拆卸步骤如下。

① 排放冷却液。

② 松开冷却液管上的夹箍，拔下散热器的冷却液软管。

③ 拔下位于电控冷却风扇罩壳上的热敏开关插头，如图 4-9 所示。为防止损坏冷凝器及制冷剂管路，不要压迫、扭曲及弯曲制冷剂管路。

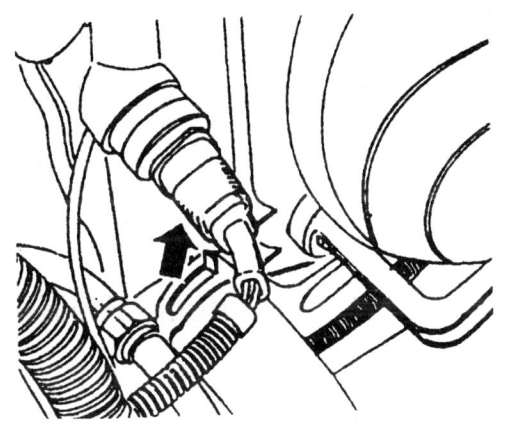

图 4-9　拔下热敏开关插头

④ 将双电控冷却风扇连同罩壳一起拆下。
⑤ 拆下散热器。
安装散热器时，以拆卸的相反顺序进行。
（2）散热器的检修。

① 散热器水垢的清洗。将散热器放在洗涤池（盆）内，进行清洗脱水垢，其方法如下：在洗涤池内盛有含碳酸钠 3%～5% 的水溶液，加热并使温度保持 80℃～90℃，5h～8h 后取出散热器，再用温水清洗；或者，洗涤池内盛含有苛性钠 10%～15% 的水溶液，加热使散热器在其水溶液中浸煮 25min～30min，然后用热水冲洗。

如果散热器的水垢比较严重，可使用 3%～5% 的盐酸溶液，并按每升溶液加入 3g～5g 六亚甲基四胺，然后加热到 60℃～70℃，进行清洗约 30min，再用热碱水中和，最后用热水冲洗。

冲洗时，将压力水（水压为 3 倍～4 倍的大气压）从散热器的出水口导入，同时加入压缩空气，计水和压缩空气从散热器的进水孔流出，如图 4-10 所示。

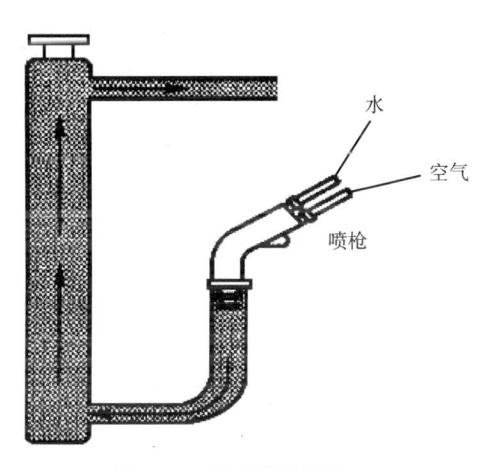

图 4-10　散热器的冲洗

② 散热器的堵漏。散热器的裂纹在 0.3mm 左右时，可用散热器堵漏剂就车进行修补。

(a) 清洗散热器。加入 2%纯碱水后，发动机在 80℃左右运转 5min，趁热把碱水放掉，再加满清水，启动发动机，升温 80℃时，将水放掉。

(b) 拆除节温器。

(c) 在冷却系统中加入堵漏剂与水，堵漏剂与水的比例为 1∶20。

(d) 启动发动机，将水温升到 80℃～85℃，并保持 30min。

(e) 等散热器完全冷却后，再启动发动机，升温 80℃～85℃，保持 10min。此后就可行车。堵漏剂在冷却系统内保留 3 天～4 天，切勿放掉，保留时间愈长，效果愈好。

任务二　冷却系统的维护与调整

训练目标与要求

（1）熟悉冷却液的功能、类型及选用。

（2）掌握冷却系统的维护与调整工艺。

（3）掌握拆装检修工具设备的使用方法，文明操作，安全生产。

训练设备

（1）桑塔纳轿车或桑塔纳轿车 AJR 发动机试验台 4 台。

（2）常用工具 4 套，桑塔纳轿车专用工具 4 套，压力测试仪器。

（3）棉纱、冷却液、制动液等收集容器，其他辅助材料若干。

训练步骤

1. 冷却液液位的检查

检查膨胀水箱的冷却液液位，应在 LOW（低）和 FULL（满）之间，如图 4-11 所示。如果低于规定值，检查泄露和加专用的冷却液至 FULL 线。

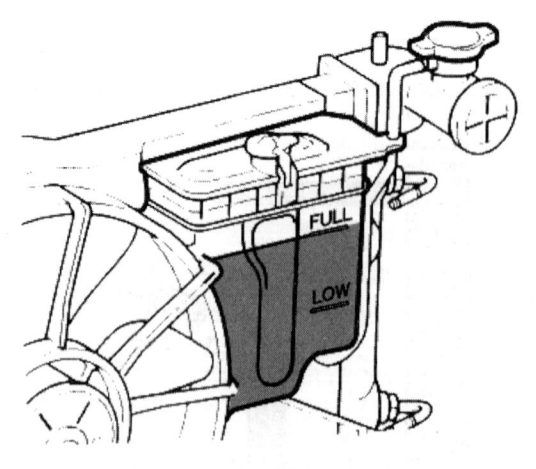

图 4-11　检查冷却液液位

2. 散热器盖的检查

（1）将散热器盖套在 V.A.G1274/9 上，如图 4-12 所示。

（2）使用手动真空泵使压力上升到约 0.15MPa。

在 0.12MPa～0.15MPa 时，压力阀必须打开；在大于-0.01MPa（绝对压力 0.09MPa）时，真空阀应打开。

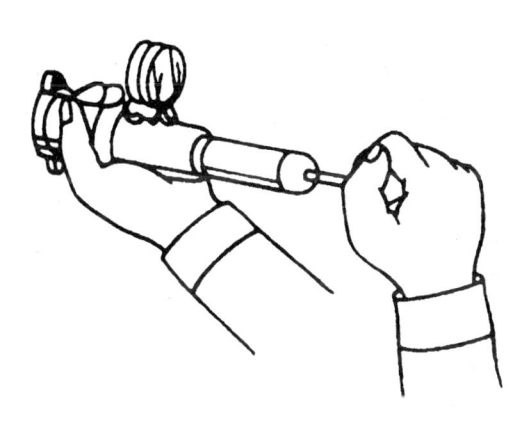

图 4-12 检查散热器盖

3. 冷却液质量检查（冰点检查）

用冰点检测仪（图 4-13）检查冷却液的冰点时，首先用吸管从散热器或膨胀水箱中取一点冷却液，滴一两滴冷却液到冰点检测仪的检测窗口上，然后压上盖板，通过观察镜读取其冰点值。

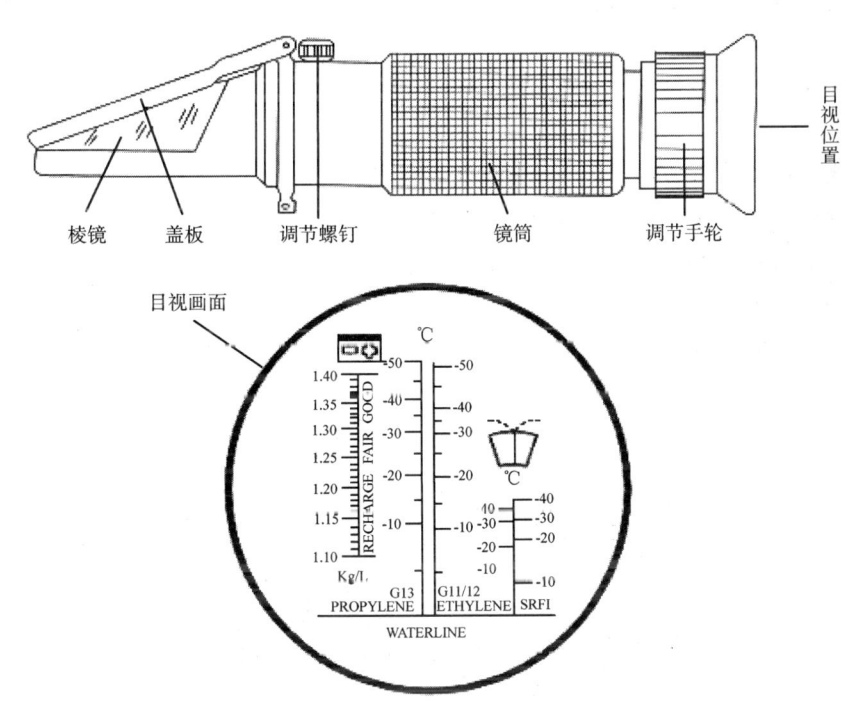

图 4-13 手持式折射仪

使用步骤：

（1）请将折射仪的前部对准光亮的方向，用调节手轮调节目镜的折光度，直到分界线上的刻度可以被清晰地看见为止。

（2）调零。打开盖板，在棱镜的表面滴一两滴蒸馏水，然后盖上盖板并轻轻压平，调节螺钉，使得明暗分界线和零刻度线（图 4-14）一致。

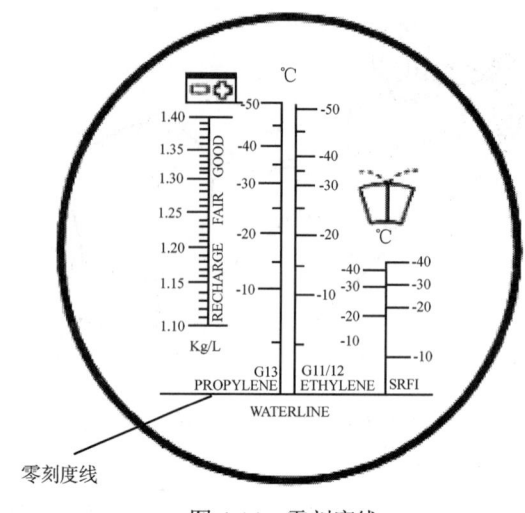

图 4-14　零刻度线

（3）测量。打开盖板，将棱镜表面和盖板上的水分用纱布擦拭干净。接着滴一两滴冷却液到棱镜表面上，盖上盖板，并轻轻地压平。即可从明暗分界线的刻度上读出数值，该数值就是冷却的冰点。

（4）测量完后，将棱镜和盖板表面用清水清洗后擦拭干净。待晾干后，将折射仪正确保存好。

4. 冷却系统的压力测试

（1）将发动机热机，打开散热器盖。如果想在发动机仍然发热时拆卸散热器盖，在盖上放一块布并且松开 45℃以便释放压力。然后，拆卸散热器盖。不要立即拆卸散热器盖，否则冷却液将会溅出。

（2）将压力测试仪 V.A.G1274 及 V.A.G1274/8 安装到膨胀水箱上，如图 4-15 所示。

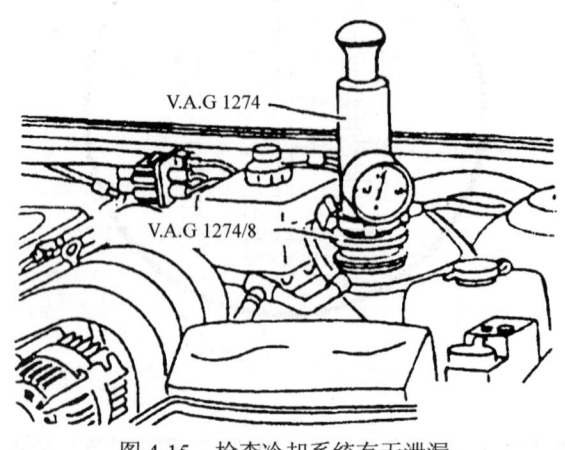

图 4-15　检查冷却系统有无泄漏

(3) 使用手动真空泵产生约 0.2MPa 的压力（表压）。

(4) 如果压力迅速下降，则找出泄漏的位置并排除故障。

5. 更换冷却液

排放冷却液的步骤如下：

(1) 旋开散热器盖。在旋开散热器盖子时，可能会有蒸气喷出。在盖子上盖一块抹布，小心地旋开盖子。

(2) 在发动机下放置一个干净的收集盘。

(3) 松开夹箍，拔下散热器的下水管，如图 4-16 所示，放出冷却液。

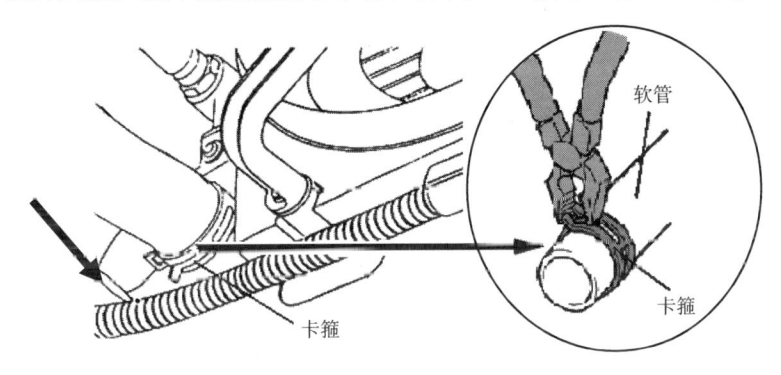

图 4-16　拔下散热器的下水管

加注冷却液的步骤如下：

(1) 插上散热器的下水管，夹紧夹箍。

(2) 加注冷却液至冷却液储液罐最高点标志处（冷却液加注量为 3.5L～4.0L）。

(3) 旋紧散热器盖。

(4) 使发动机运转 5min～7min。

(5) 检查冷却液液面，必要时加注冷却液到最高标记。

三、相关知识

（一）概述

发动机工作时，可燃混合汽在汽缸内燃烧，其工作温度高达 2000°C，瞬时温度可达 3000°C 左右。如果不加以适当冷却，不仅会使发动机过热导致充气效率下降，燃烧不正常，机油变质，零件磨损加剧，有时甚至造成机件卡死或烧毁等事故性损伤。但如果冷却过度，又会由于汽缸温度过低使机油黏度增大，摩擦损失增加，燃油雾化不良动力下降，散热损失增加及润滑性能变差。因此，必须对发动机加以适当冷却，保证发动机始终处在最适宜的温度状态下工作。

1. 冷却系统的功用

冷却系统的主要功用是把受热零件吸收的部分热量及时散发出去，保证发动机在最适宜的温度状态下工作（水冷式压力循环发动机 80°C～90°C）。

2. 冷却系统的类型

冷却系统按照冷却介质不同可以分为风冷和水冷两种。由于水冷却系统冷却均匀，效果好，而且发动机运转噪声小，目前汽车发动机上广泛采用的是水冷却系统（图 4-17）。它是利用冷却水吸收高温机件的热量，再将这些吸收了热量的冷却水送至散热器，通过散热器将热量散发到大气中。

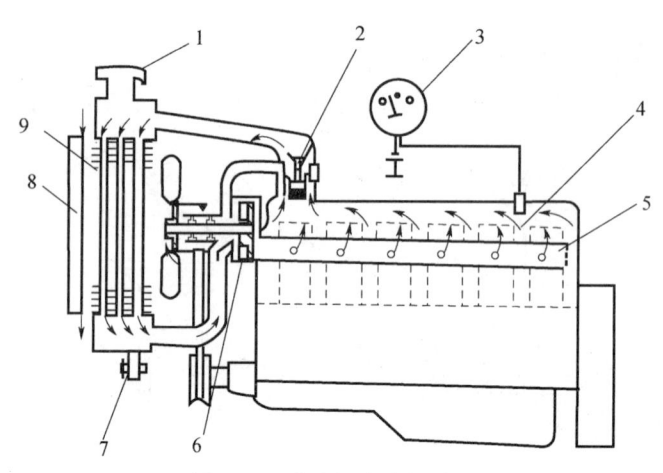

图 4-17 发动机水冷却系统

1—散热器盖；2—节温器；3—水温表；4—水套；5—分水管；6—水泵；7—放水开关；8—百叶窗；9—散热器。

一些柴油机和大部分摩托车发动机采用风冷却系统，如图 4-18 所示。风冷却系统是把发动机中高温零件的热量直接散入大气而进行冷却的装置。有些发动机的风冷却系统设有轴流式风扇、导流罩和分流板，以加强冷却效果，并使各缸冷却均匀。

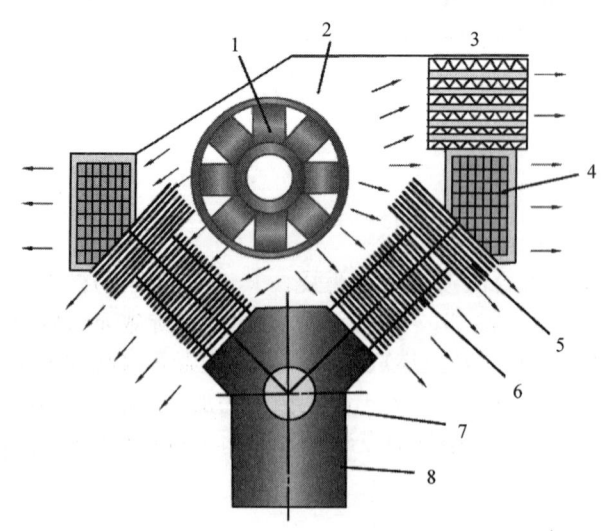

图 4-18 发动机风冷却系统

1—冷却风扇；2—风室；3—液力传动油冷却器；4—机油冷却器；5—汽缸盖；6—汽缸体；7—曲轴箱；8—油底壳。

3. 冷却液的特点与选用

1）普通冷却水的选择

水冷式发动机应使用清洁软水（即含少量 Ca^{2+}、Mg^{2+} 的水，如不受污染的雨水、雪水、自来水等）作冷却液，否则在水套中易产生水垢，使汽缸体、汽缸盖传热效果差，发动机容易产生过热。

若只有硬水，则需经过软化后，方可注入冷却系统中使用。硬水软化的常用方法是：在 1L 水中加入碳酸纳（纯碱）0.5g～1.5g 或氢氧化纳（烧碱）0.5g～0.8g，或将硬水煮沸后，冷却再使用。

2）防冻液的选择

由于水的冰点较高，在 0℃ 就要结冰，若冬季冷却水结冰，只要体积膨胀 9%，就可以使缸体、散热器等破损。为防止在冬季室外停车时冷却水冻结，在最低气温下保持其流动性，冷却系统须加注防冻冷却液，简称防冻液。防冻液的配制方法是：在冷却水（蒸馏水）中加进适量的可以降低冰点、提高沸点的乙二醇、甘油或酒精等防冻剂。根据防冻剂的不同，防冻液可以分为 3 种。

（1）酒精与水型防冻液。该防冻液中，酒精含量达 40%～50%（重量比）时，蒸发出来的气体就有着火的危险。防冻液最低冰点只能在 -30℃ 左右。

（2）甘油与水型防冻液。由于甘油的沸点高，挥发损失较小，故不易发生火灾。但甘油降低冰点的效率很低，使用不经济。

（3）乙二醇与水型防冻液。乙二醇是一种无色略有甜味的黏性液体，沸点为 197℃。它能与水及有机溶剂以任何比例混合。乙二醇与水混合后，其冰点可显著降低，最低可达 -68℃。用不同比例的乙二醇与水可以配制各种冰点的防冻液。由于乙二醇型防冻液有毒性，使用中严禁用嘴吸吮；因乙二醇的沸点比水高得多，故使用中蒸发的主要是水，发现体积减少时，添加适量的蒸馏水即可继续使用。表 4-2 是用工业乙二醇配制的防冻液配方（乙二醇的浓度）与冰点的关系。

表 4-2 防冻液配方与冰点的关系

冰点/℃	乙二醇（容积/%）	水（容积/%）	密 度
-10	26.4	73.6	1.0240
-20	36.4	63.6	1.0506
-30	45.6	54.4	1.0627
-40	52.6	47.4	1.0713
-50	58.0	42.0	1.0780
-60	63.1	36.9	1.0833

3）冷却液

目前，很多轿车发动机均采用了强制冷却液循环、高压封闭式冷却系统。此时冷却系统中的冷却介质不再是单纯的水，而是由蒸馏水和冷却液添加剂组成的冷却液。冷却液具有优良的防腐、防止氧化、防止结垢、防冻和提高冷却液沸点的功能。如大众公司推荐使用的 Gll 添加剂，即含防腐剂的乙二醇添加剂。

冷却液在使用过程中，应注意下列事项。

（1）冷却液内只准加入同种冷却液添加剂。

（2）冷却液及其添加剂均为有毒物质，应置于安全场所。

（3）冷却液的使用浓度（体积比）为 40%～60%。否则，影响防冻能力。

（4）放出的冷却液不宜再使用，并妥善处理。

（5）更换缸盖、缸垫、散热器等，就必须更换冷却液。

（6）发动机热态时，冷却系统内仍处于高温、高压状态。因此，此时切勿打开散热器盖以防烫伤。

（7）发现冷却液大量损耗，则必须待发动机处于冷态时，方可添加冷却液，以免损坏发动机。

（8）紧急情况下，若全部加入纯水，则须尽快按规定添加冷却液添加剂，使冷却液浓度恢复正常状态。

（9）冬季来临前应检查一下冷却液浓度，并按规定调配浓度，保证冷却液具有足够的防冻能力。

（二）水冷却系统的组成和水路

1. 水冷却系统的组成

水冷却系统大都是由散热器、水泵、风扇、冷却水套和温度调节装置（节温器、硅油风扇离合器）等组成，如图 4-19 所示。

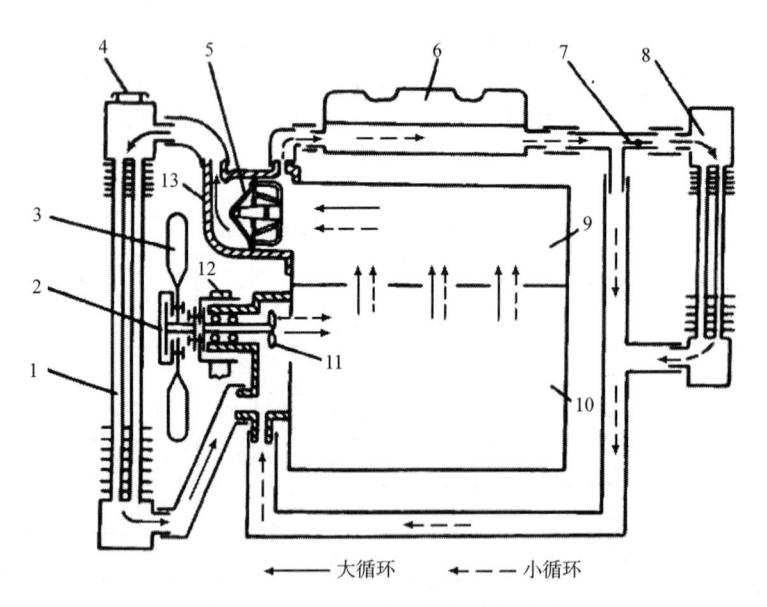

图 4-19 水冷却系统的组成与循环

1—散热器；2—硅油风扇离合器；3—风扇；4—散热器盖；5—节温器；6—进气管；7—热水阀；8—暖风热交换器；9—汽缸盖；10—汽缸体；11—水泵；12—风扇皮带；13—发动机出水管。

2. 水冷却系统的工作过程

目前汽车发动机上采用的水冷却系统大都是强制循环式水冷却系统，利用水泵强制水在冷却系统中进行循环流动。散热器内的冷却水加压后通过汽缸体进水孔压送到汽缸体水套和汽缸盖水套内，冷却水在吸收了机体的大量热量后经汽缸盖出水孔流回散热器。由于有风扇的强力抽吸，空气流由前向后高速通过散热器。因此，受热后的冷却水在流过散热器芯的过程中，热量不断地散发到大气中去，冷却后的水流到散热器的底部，又被水泵抽出，再次压送到发动机的水套中，如此不断循环，把热量不断地送到大气中去，使发动机不断地得到冷却。

3. 冷却水的循环路线

冷却水在冷却系统内的循环流动路线有两条，一条为大循环，另一条为小循环，如图4-19图、4-20所示。所谓大循环是水温高时，水经过散热器而进行的循环流动；而小循环就是水温低时，水不经过散热器而进行的循环流动，从而使水温升高。

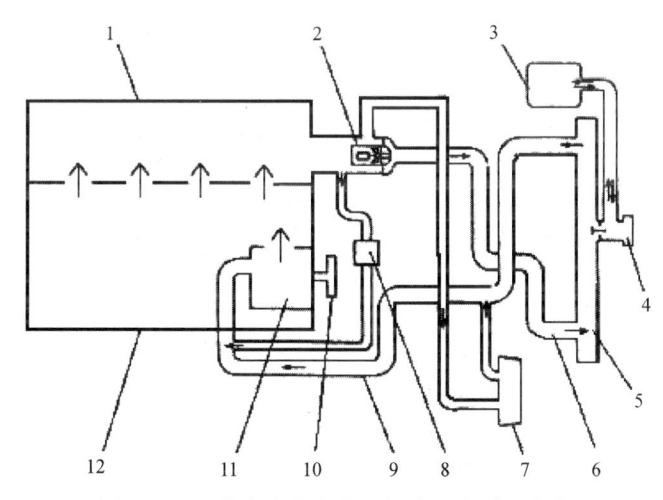

图 4-20　五菱之光汽车发动机冷却水循环路线

1—缸盖和进气歧管；2—节温器；3—膨胀水箱；4—散热器盖；5—散热器；6—散热器进水管；7—暖风机；8—节流阀体；9—发动机进水管；10—水泵皮带轮；11—水泵；12—缸体。

控制冷却水循环路线的是节温器。当发动机刚刚启动，冷却水温度低于70℃时（轿车密闭式冷却系统低于85℃时），节温器关闭通往散热器的通路，从缸盖水套流出的冷却水通过小循环水管直接进入水泵，并经水泵送入缸体水套。由于冷却水不经散热器散热，可使发动机温度迅速提高。

当发动机冷却水温度高于80℃时（密闭式冷却系统高于85℃时），节温器将直接通往水泵的小循环通路逐渐关闭，从缸盖水套流出的冷却水进入散热器进行散热。散热后的冷却水在水泵的抽吸下，又回到缸体水套进行循环。由于经过散热器散热，可使发动机冷却水的温度迅速下降，避免发动机过热。

当发动机冷却水温度位于70℃～80℃之间时（密闭式冷却系统82℃～93℃之间时），节温器使两种循环都存在，这时只有部分冷却水流经散热器散热。

（三）冷却系统主要部件的构造

1. 水泵

1) 功用

水泵的功用是对冷却水加压，使冷却水循环流动。车用发动机多采用离心式水泵。

2) 安装位置

水泵用螺栓固定在发动机前端面上。通过皮带与曲轴带轮相连。

3) 组成

水泵主要由水泵壳、叶轮、水泵轴、轴承、水封等组成，如图4-21所示。

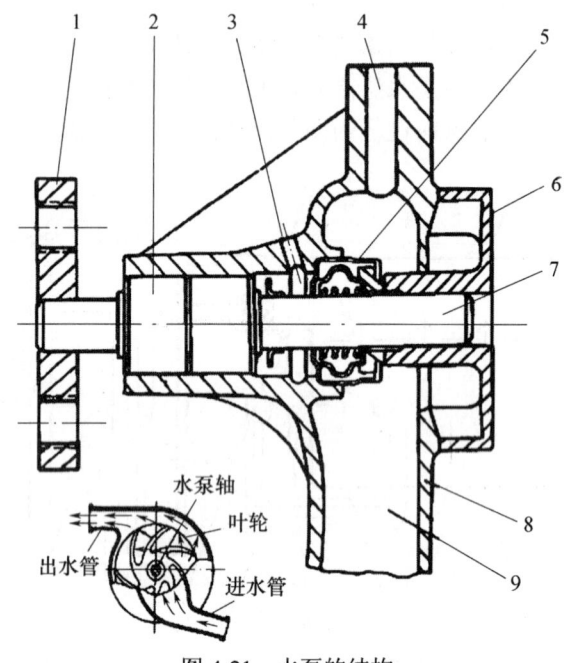

图 4-21 水泵的结构

1—凸缘盘；2—轴承；3—通气孔；4—小循环进水道；5—水封；6—叶轮；7—水泵轴；
8—水泵壳；9—大循环进水道。

4) 工作过程

当叶轮旋转时，水泵中的水被叶轮带动一起旋转，在离心力作用下，水被甩向叶轮边缘，然后经外壳上与叶轮成切线方向的出水管压送到发动机水套内。与此同时，叶轮中心处的压力降低，散热器中的水便经进水管被吸进叶轮中心部分。如此连续的作用，使冷却水在水路中不断地循环。

2. 风扇

1) 功用

提高通过散热器芯的空气流速，增加散热效果，加速水的冷却。

2) 安装位置

通常安装在散热器后面。由皮带带动的风扇与水泵同轴，与水泵一起转动。

3）形式

车用发动机的风扇有两种形式，轴流式和离心式，如图 4-22 所示。

轴流式风扇所产生的风，其流向与风扇轴平行；离心式风扇所产生的风，其流向为径向。轴流式风扇效率高，风量大，结构简单，布置方便。因而在车用发动机上得到了广泛的应用。

目前小汽车上的风扇一般为电动风扇，由发动机 ECU 根据冷却液温度传感器信号控制其工作。电动风扇的结构如图 4-23 所示。

图 4-22 风扇的结构形状图

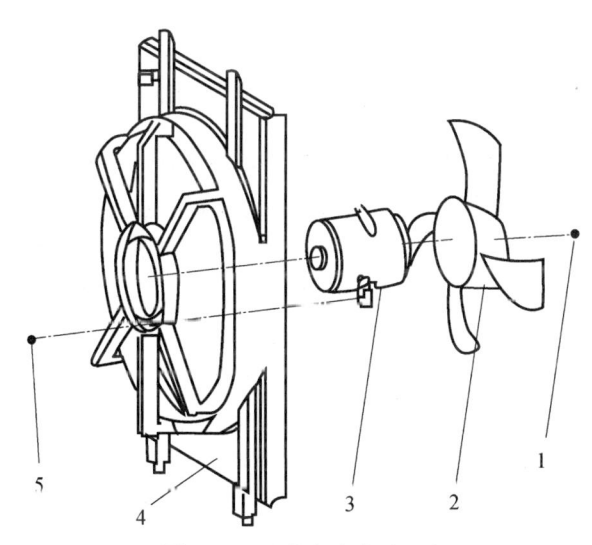

图 4-23 五菱之光电动风扇

1—风扇安装螺母；2—风扇；3—电机；4—导风罩；5—电机安装螺钉。

3. 散热器

1）功用

增大散热面积，加速水的冷却。冷却水经过散热器后，其温度可降低 10℃～15℃。为了将散热器传出的热量尽快带走，在散热器后面装有风扇与散热器配合工作。

2）安装位置

大多安装在发动机及风扇的前方。

3）结构

散热器又称为水箱，由上储水室、散热器芯和下储水室等组成，有些还配有补偿水桶，如图 4-24 所示。

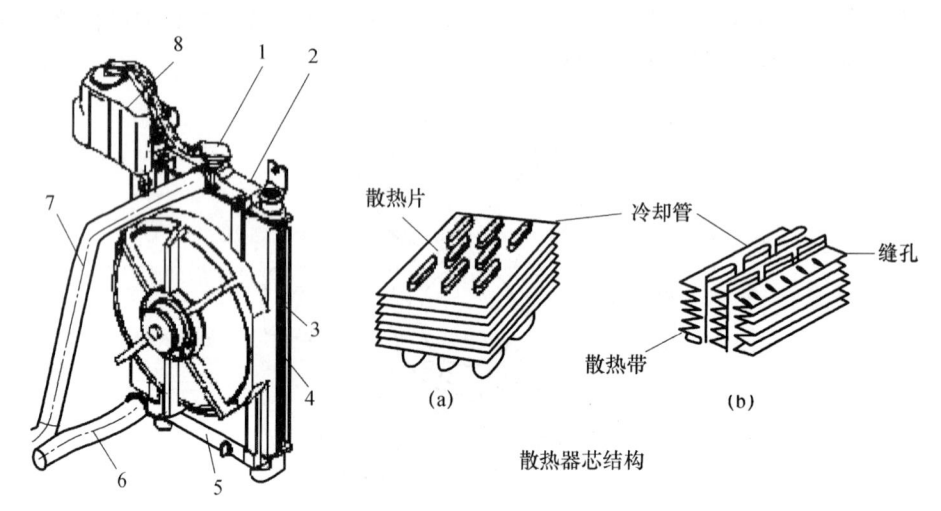

图 4-24 散热器的结构

（a）管片式；（b）管带式。

1—散热器盖；2—上储水室；3—导风罩；4—散热器总成；5—下储水室；6—散热器出水管；
7—散热器进水管；8—补偿水桶。

散热器上储水室顶部有加水口，平时用散热器盖盖住，冷却水即由此注入整个冷却系统。在上、下储水室分别装有进水管和出水管，分别用橡胶软管和汽缸盖的出水管和水泵的进水管相连。由发动机汽缸盖上出水管流出的温度较高的热水经过进水软管进入上储水室，经冷却管得到冷却后流入下储水室，由出水管流出被吸入水泵。在散热器下储水室的出水管上还有一个放水阀。散热器芯由许多冷却水管和散热片组成，对于散热器芯应该有尽可能大的散热面积，采用散热片是为了增加散热器芯的散热面积。散热器芯的构造形式有多样，常用的有管片式和管带式 2 种，如图 4-24 所示。

散热器盖上有蒸气（压力）阀和空气（真空）阀，其结构如图 4-25 所示。蒸气（压力）阀在弹簧作用下紧压加水口，密封散热器。空气阀在弹簧作用下也处于关闭状态。

当散热器内温度升高产生蒸气，使压力升高到一定值时（一般为 0.026MPa～0.037MPa，某些轿车达到 0.1MPa），蒸气（压力）阀打开，水蒸气从通气管排出。当散热器内因水温下降而产生一定的真空度时（一般为 0.01MPa～0.02MPa），空气（真空）阀被吸开，空气从通气管进入散热器内，以保持散热器内、外压力平衡。

补偿水桶通过橡胶管与散热器通气管相连。当冷却液受热膨胀时，多余的冷却液通过橡胶管进入补偿水桶；而当温度降低，散热器内产生真空时，补偿水桶内的冷却液及时返回散热器。

压力阀开启　　　　　　　　　　　真空阀开启

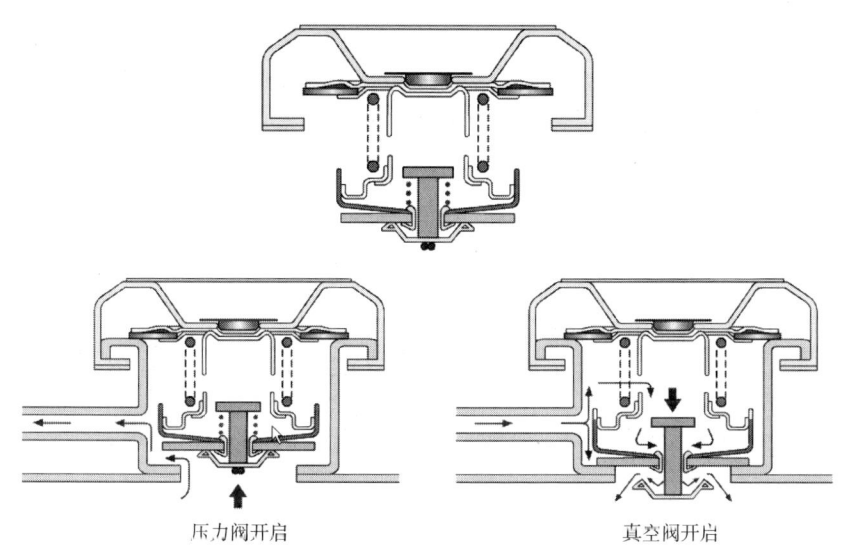

散热器盖结构及其工作原理

图 4-25　具有空气和蒸气阀的散热器盖

4．节温器

1）功用

改变冷却水的循环路线及流量，自动调节冷却强度，使冷却水温度经常保持在正常工作范围。

2）安装位置

装在冷却水循环的通路中，一般装在汽缸盖的出水口。

3）形式

有蜡式和折叠式（膨胀筒式）2 种，目前大多数发动机采用蜡式节温器。

4）工作原理

蜡式节温器（图 4-26）在胶管和感应体之间的空间里装有石蜡，为提高导热性，石蜡中常掺有铜粉或铝粉。常温时，石蜡呈固态，主阀门压在阀座上。这时主阀门关闭通往散热器的水路，来自发动机缸盖出水口的冷却水，流入小循环管，经水泵又流回汽缸体水套中，进行小循环。当发动机水温升高时，石蜡逐渐变成液态，体积随之增大，迫使胶管收缩，从而对推杆上端头产生向上的推力。由于推杆上端固定，故推杆对胶管、感应体产生向下反推力，主阀门开启。当发动机水温达到 82℃时，主阀门开始打开，来自汽缸盖出水口的冷却水流向散热器，而进行大循坏。当温度升高到 91℃～93℃时，主阀门完全打开。

一般水冷系统的冷却液都是由发动机的机体流进，从汽缸盖流出。因此大多数节温器布置在汽缸盖出水管路中。这种布置方式的优点是结构简单，容易排除冷却系统中的气泡。其缺点是节温器在工作时会产生振荡现象。例如，在冬季启动冷却发动机时，由于冷却液温度低，节温器阀关闭。冷却液在进行小循环时，温度很快升高，节温器开启。与此同时，散热器内的低温冷却液流入机体，使冷却液又冷了下来，节温器阀重新关闭。等到冷却液温度再度升高，节温器阀又再次打开。直到全部冷却液的温度稳定之后，节温器阀才趋于稳定不再反复开闭。节温器在短时间内反复开闭的现象称作节温器振荡。当出现这种现象时，将增加汽车的燃油消耗量。节温器也可以布置在散热器的出水管路中。这种布置方式可以减轻或消除节温器振荡现象，并能精确地控制冷却液温度，但其结构复杂，成本较高。多用于高性能的汽车及在冬季经常高速行驶的汽车上。桑塔纳 2000 型轿车发动机的节温器即布置在散热器出口的管路中。

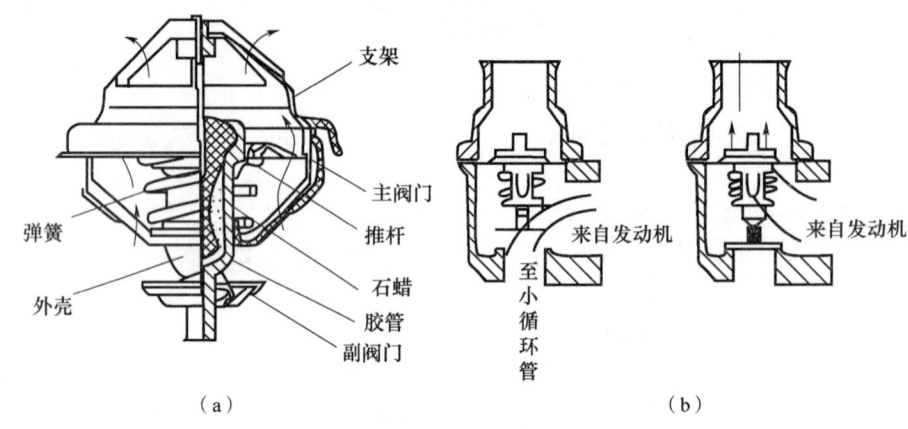

图 4-26 蜡式节温器

（a）蜡式节温器结构（主阀门打开时）；（b）蜡式节温器工作原理。

（四）冷却系统的常见故障诊断与排除

冷却系统主要故障是发动机过热。过热现象主要有：冷却液充足但发动机过热，冷却液不足引起发动机过热，发动机突然过热等。

1. 冷却液充足但发动机过热

1）现象

发动机的冷却液充足，但在行驶中冷却液温度超过 363K，直至沸腾（俗称"开锅"）；或运行中冷却液在 363K 以上，如一停车，冷却液立刻沸腾。

2）原因

主要原因有 2 个：首先是冷却系统的散热能力下降，其次是发动机产生的热量增加。冷却系统本身的原因有以下几个。

（1）百叶窗开度不足。

（2）风扇皮带太松或因油污面打滑。

（3）散热器出水管老化吸瘪或内壁脱层堵塞。

（4）冷却风扇装反，或风扇规格不对。

（5）电动风扇不转，或硅油风扇离合器损坏，使风扇不转或转速过低。

（6）节温器失效，使冷却液大循环受阻。

（7）水套水垢沉积过多，或分水管堵塞，分水不畅。

（8）散热器内芯管堵塞，或散热片倾倒过多。

（9）水泵损坏。

（10）气抽屉垫烧穿，或缸盖出现裂缝，使高温气体进入冷却系统。

其他系统的原因有以下几个。

(1) 点火时间过迟。
(2) 混合气过浓或过稀。
(3) 燃烧室积炭过多。
(4) 发动机机油量不足，或机油散热器工作不良。
(5) 汽车使用条件的影响（如道路、气候、风向和负荷等）。

3) 故障诊断与排除方法

(1) 先检查百叶窗开度是否足够。若开度足够，再检查风扇的转动情况及风扇皮带是否打滑。如风扇不转或转速太低，可调整风扇皮带松紧度，或检查硅油风扇离合器，或检查风扇电机及温控开关的好坏，若损坏则应更换新件。

(2) 若风扇转动正常，再用手分别感觉散热器和发动机的温度。若散热器温度低，而发动机温度高，说明冷却液循环不良。应检查散热器出水胶管是否被吸瘪，或胶管内壁有脱层堵塞，若胶管被吸瘪应更换新管。

(3) 如散热器出水良好，再拆松散热器进水管，启动发动机试验，冷却液应有力排出。否则，说明水泵或节温器有故障。或进一步拆下节温器试验，若散热器的进水管仍不排水，则说明水泵有故障；若拆下节温器后，散热器的进水管变得排水有力了，则故障就在节温器，应换用新件。

(4) 检查散热器各部分温度是否均匀。如果冷热不均，说明散热器内部芯管有堵塞或散热片倾倒过多。

(5) 检查发动机各部分温度是否均匀。如发动机的后端温度高于前端，则说明分水管已损坏或堵塞，应换用新件。

(6) 若以上检查正常，在冷却液温度过高的同时，发动机动力明显下降，并从散热器的加水口处涌出高温气体或从排气管处排出水蒸气，然后检查汽缸垫是否烧坏。

(7) 对于长期未清洗水垢的发动机，若出现过热无法排除时，应考虑水套内积垢太多，可采用化学溶剂法清洗水垢。

(8) 此外，还应检查是否由其他系统的原因引起过热。

(9) 若发动机及冷却液温度正常，冷却液位也正常，而水温表指示水温过高，或水温过高报警灯点亮，则为水温表、报警灯电路或元件故障。

2. 冷却液不足引起发动机过热

1) 现象

发动机冷却系统容纳不了规定的冷却液量，或在运行中冷却液消耗异常，使发动机过热。

2) 原因

(1) 冷却水套或散热器积垢过多或堵塞。
(2) 散热器漏水。
(3) 散热器盖的进、排气阀失效。
(4) 水泵水密封不良或叶轮密封垫圈磨损过甚而漏水。
(5) 冷却系统其他部位漏水。
(6) 汽缸垫水道孔与汽缸相通。

（7）个别进气通道破裂漏水。

（8）气门室内壁破裂漏水。

3）故障诊断与排除方法

（1）在发动机运转时，首先检查冷却系统外部是否漏水，可通过紧固排除漏水部位进行检查。

（2）水泵泄水孔漏水，常被误认为散热器出水管漏水，可用一干燥洁净木条伸到的泄水孔处，若木条上有水，则说明水泵漏水。

（3）若外部不漏水，则应考虑为冷却系统内部漏水。若发动机运转时，排气管排出的水蒸气，或拔出机油尺发现机油中有冷却液，则为水套破裂或汽缸垫水道孔破损，冷却液漏入曲轴箱、汽缸内或进、排气道内。

3. 发动机突然过热

1）现象

冷车启动后，发动机冷却液温度迅速升高而产生沸腾现象或汽车行驶中发动机突然过热。

2）原因

（1）风扇皮带断裂。

（2）水泵轴与叶轮脱转。

（3）冷却系统严重漏水。

（4）节温器主阀门脱落致使冷却液不能进行大循环。

（5）汽缸垫烧穿，或缸盖出现裂缝，高温气体进入冷却系统。

3）故障诊断与排除方法

若汽车在行驶中发动机突然过热，且冷却液沸腾后，切莫使发动机立即熄火，应怠转散热 5min，待冷却液温度下降后，再补加冷却液。

（1）首先检查冷却液数量是否充足，再检查风扇是否转动。若风扇停转，应察看风扇皮带是否断裂；检查硅油风扇离合器或电磁式风扇离合器是否损坏；若为电动风扇，应检查冷却液温度开关、风扇电机及其电路是否损坏。

（2）若风扇运转正常，冷却液数量足够，可用手感觉散热器和发动机的温度，如发动机温度很高，而散热器温度很低，说明水泵损坏或节温器失灵。

（3）若冷态发动机启动后，水箱口立即向外溢水并排出大量气泡，呈现冷却液沸腾状态，多为汽缸套、汽缸盖出现裂纹或汽缸垫烧蚀，使高温、高压气体窜入水套。此时，应分解缸盖、缸体，焊修裂纹或更换汽缸套、汽缸垫。

四、自我测试题

（一）概念题

1. 强制循环式水冷系统

2. 冷却液大循环

3．冷却液小循环

4．水套

（二）填空题

1．百叶窗是通过改变_____来调节发动机的冷却强度。

2．节温器的作用是：随发动机冷却系统温度的变化_____控制通过散热器的冷却_____，使发动机工作在正常的温度范围内。

3．蜡式节温器有_____和____之分。

4．防冻液中常见的添加剂有_____、_____、_____。

5．发动机冷却系统可分为_____和_____两大类，冷却液的工作温度一般在_____左右。

（三）判断题

1．AJR发动机冷却系统的小循坏为常开的。（　　）

2．当发动机温度较高（特别是开锅）时，应立即开启散热器盖。（　　）

3．膨胀罐的作用是给冷却液提供一个冷却的空间。（　　）

4．冷却水最好选用软水，即含盐分少的水，如雨水、雪水、自来水等。（　　）

5．不同类型的防冻液不宜混用。（　　）

6．防冻液品牌、规格的选用及与水、添加剂的配比可以根据当地气温条件来确定。（　　）

7．如更换了散热器、热交换器、缸盖、缸垫，则不可再用旧冷却液。（　　）

8．防冻液的颜色发生了变化，可能是防冻液的浓度及冷却系统发生了腐蚀或混有其他冷却液。（　　）

9．发动机的风扇与水泵同轴，是由曲轴通过凸轮轴来驱动的。（　　）

10．为防止发动机过热，要求其工作温度越低越好。（　　）

11．风扇在工作时，风是向散热器方向吹的，以利于散热。（　　）

12．冷却系统中的风扇离合器是调节发动机正常工作温度的一个控制元件。（　　）

（四）单项选择题

1．使冷却水在散热器和水套之间进行循环的水泵旋转部件叫做（　　）。

　　A．叶轮　　　　B．风扇　　　　C．壳体　　　　D．水封

2．节温器中使阀门开闭的部件是（　　）。

　　A．阀座　　　　B．石蜡感应体　　C．支架　　　　D．弹簧

3．冷却系统中提高冷却液沸点的装置是（　　）。

　　A．水箱盖　　　B．散热器　　　C．水套　　　　D．水泵

4．水泵泵体上溢水孔的作用是（　　）。

　　A．减少水泵出水口工作压力

　　B．减少水泵进水口工作压力

　　C．及时排出向后渗漏的冷却水，保护水泵轴承

D．便于检查水封工作情况

5．节温器主阀门在（　　）时才打开。

A．低温时　　　　B．高温时　　　　C．冷却液沸腾时　　D．以上都不是

（五）简答题

1．为什么在发动机中要设置冷却系统？

2．为什么要对水冷系统的冷却强度进行调节？

3．冷却系统由哪几部分组成？

4．简述水冷系统的循环路线。

5．膨胀水箱有何作用？

6．试述离心式水泵的工作原理。

7．水冷系统的冷却强度调节方式有哪些？

8．简述节温器的结构及其工作原理。如何检测其性能？

9．冷却系统的常见故障有哪些？简述故障的现象、原因以及判断与排除方法。

项目五 润滑系统的检修

一、项目描述

接受学习工作单；运用维修手册和维修数据库获得该车型发动机润滑系统结构组成和维修标准技术数据；按照检测程序，运用检测工具，检查发动机润滑系统性能，必要时进行拆检，诊断故障原因，确定维修方案；确定检修所需的工具、设备和材料；按确定的维修方案进行维修，记录维修过程并填写学习工作单。

通过该项目的学习，学生能够达到以下要求。

1. 知识要求

（1）了解润滑系统的功用组成，掌握润滑方式、润滑油路。
（2）掌握润滑系统主要机件的构造与检修知识要求。
（3）了解润滑油的成分．指标及牌号。
（4）理解曲轴箱通风原理。
（5）掌握润滑系统常见故障诊断与排除知识要求。

2. 技能要求

（1）正确拆装与检修润滑系统主要部件。
（2）能够进行润滑系统的简单维护。

3. 素质要求

（1）注意5S。
（2）注意劳动保护与安全操作。
（3）具备环境保护意识。
（4）具有团队协作精神。
（5）具有组织沟通能力。

（6）操作规范。

二、项目实施

任务一　润滑系统的拆装与主要零部件的检修

训练目标与要求

（1）了解发动机润滑系统的功用、组成和润滑方式。
（2）熟悉发动机的润滑部位及典型发动机润滑油路的分析。
（3）掌握发动机润滑系统的拆卸工艺。
（4）掌握机油泵、集滤器的拆装与检修方法。
（5）掌握拆装工具使用方法，文明操作，安全生产。
（6）了解机油滤清器与机油压力开关的作用、类型及构造。
（7）掌握机油滤清器与机油压力开关的拆装与检测方法。

训练设备

（1）桑塔纳轿车的AJR发动机试验台及机油泵等4台。
（2）常用工具4套，桑塔纳轿车专用工具4套。
（3）塞尺、金属直尺、千分尺、内径百分表和常用工量具等。
（4）棉纱、发动机油等收集容器，其他辅助材料若干。

训练步骤

桑塔纳2000GSi型轿车AJR发动机润滑系统油路如图5-1所示。润滑油泵从油底壳中吸取润滑油，经由润滑油滤清器，输送到发动机各润滑点。润滑油压力是安装在润滑油滤清器支架上的两个油压开关监控的。在润滑油路中，装有两个减压阀（开启压力为0.35MPa～0.45MPa），一个装在机油泵上，另一个装在润滑油滤清器支架上，当冷却发动机或者润滑油黏度较大时，可避免润滑油压力过高而造成危险。在润滑油滤清器内有一个旁通阀，当滤清器堵塞时，旁通阀打开，未被滤清的润滑油仍能输送到各润滑点。在润滑油滤清器支架上还安装有一个止回阀，当发动机不运转时，能阻止汽缸盖油道内的润滑油流回油底壳。

由于AJR发动机润滑油泵的安装位置在汽缸体的前端底面，汽缸体内通往润滑油滤清器支架的油道因此设计得较长，通过滤清后的润滑油在机油滤清器支架内分为3路：一路进入汽缸体主油道，经主油道将润滑油分配到各曲轴主轴承，再由曲轴上的斜油孔通往各连杆轴承，由连杆体上的油孔通往连杆小头衬套。第二路通过安装在润滑油滤清器的一个止回阀进入汽缸体上的一个通向汽缸体上平面的油道，经汽缸盖上的第四个汽缸盖螺栓孔进入汽缸盖主油道，由此将润滑油分配到各凸轮轴轴颈和液力挺杆。止回阀的作用是在发动机停机时保持缸盖油道内的存油，防止发动机再次启动时缸盖供油不足，导致液压挺杆不能正常工作。第三路通往一个限压阀，油道内的压力过大时该阀打开，将部分润滑油旁通流回油底壳。

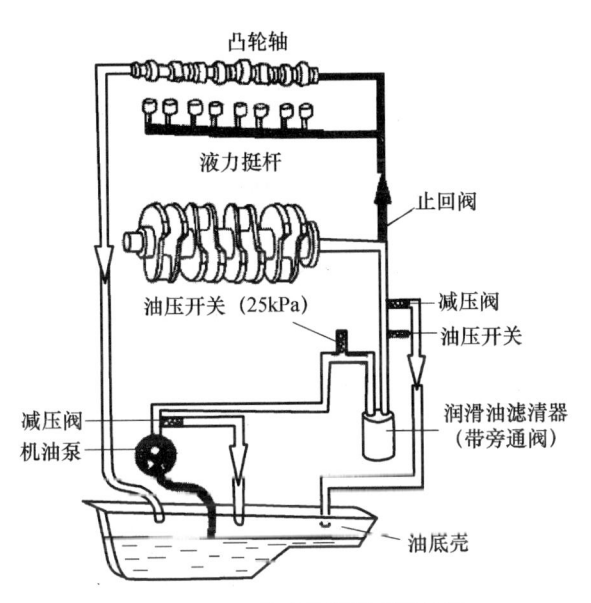

图 5-1 AJR 发动机润滑系统油路

AJR 发动机润滑系统零件分解图如图 5-2 所示。

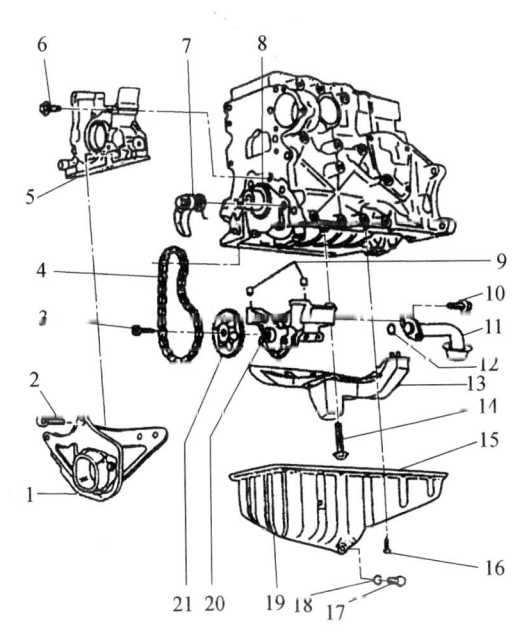

图 5-2 润滑系统零件分解图

1—扭力臂；2—螺栓（拧紧力矩 25N·m）；3—螺栓（拧紧力矩 22 N·m±3N·m）；4—机油泵传动链；5—曲轴前油封凸缘；6—油封凸缘固定螺栓（拧紧力矩 15N·m）；7—链条张紧器；8—曲轴链轮；9—销钉；10、14、16—螺栓（拧紧力矩为 14.4N·m～16.6N·m）；11—吸油管；12—O 形圈；13—挡油板；15—衬垫；17—放油螺塞；18—放油螺塞密封圈；19—油底壳；20—机油泵；21—机油泵链轮。

1. 油底壳

(1) 油底壳的拆卸。

① 使发动机前端位于维修工作台上。

② 放出发动机机油。

③ 拆卸离合器防尘罩板。

④ 如图 5-3 箭头所示,旋下副梁螺栓和发动机橡胶支承。

图 5-3 旋下副梁螺栓和发动机橡胶支承

⑤ 缓缓放下副梁。

⑥ 旋下油底壳上的所有螺栓。

⑦ 拆卸油底壳,必要时用橡胶锤子轻轻敲击。

(2) 油底壳的安装。

① 更换油底壳衬垫。

② 交替对角拧紧油底壳与汽缸体的紧固螺栓。

③ 安装好副梁。

④ 拧紧发动机橡胶支承。

⑤ 注意主要部件螺栓拧紧力矩。发动机支承与副梁紧固螺栓拧紧力矩为(40 ± 5)N·m,发动机支承与支架紧固螺栓拧紧力矩为(40 ± 5)N·m,扭力臂与发动机紧固螺栓拧紧力矩为(23 ± 3)N·m。

2. 机油泵

(1) 机油泵的拆卸。

① 拆下油底壳。

② 旋下图 5-4 箭头所示的螺栓。

③ 将链轮和机油泵一起拆下来。

(2) 机油泵的安装。

① 将销钉插入到机油泵上端,机泵轴与链轮只能有 1 个安装位置。

② 安装机油泵,安装油底壳。

③ 用(22 ± 3)N·m 的力矩拧紧链轮与机油泵的紧固螺栓,用(16 ± 1)N·m 的力矩拧紧机油泵与汽缸体的紧固螺栓。

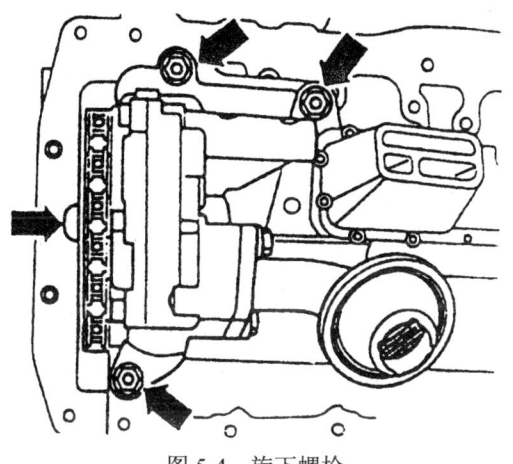

图 5-4 旋下螺栓

(3) 机油泵检修。

桑塔纳 2000 系列轿车发动机机油泵可靠耐用,且由于机油泵本身工作时润滑条件好,一般在大修时几乎不会损坏,因此在修理时,最好通过检验,并确认不能维持最低油压指标时,再进行解体检修。

① 检查限压阀配合是否良好,油道有无堵塞,滑动表面有无损伤,必要时应更换限压阀。

② 检查限压阀弹簧有无损伤,弹力是否减弱,必要时予以更换。

③ 检查内转子端面到机油泵结合面的距离(转子式机油泵),即检验端面间隙。常用的方法是用塞尺和直尺测量,如图 5-5 所示,若间隙超过极限值,应更换齿轮副或转子副或者更换泵体。

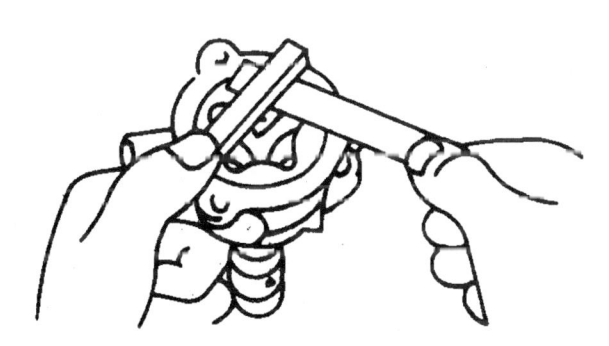

图 5-5 机油泵端面间隙的检查

④ 对转子式机油泵,用塞尺检查内、外转子之间的间隙和外转子与泵壳内圆间隙,若间隙超过极限值,应更换转子副或泵体。

⑤ 检查发动机机油泵的性能。

机油泵装复后,用手转动机油泵齿轮或转子,应转动自如,无卡滞现象。同时,还应进行总成试验,确定其工作性能。

桑塔纳 2000 系列轿车发动机机油泵的特性是:用 SAE20 机油,在 80℃时测试,当 n=1000r/min 时,进口压力为 13kPa,输出压力为 500kPa,最小流量为 8.3L/min,实测为

10L/min。AJR 发动机机油泵的最高压力可达 1MPa。

桑塔纳 2000 系列轿车发动机机油泵也可用简便的方法进行试验,把装好的机油泵放入机油中,用手转动齿轮或转子,机油能连续泵出,然后用手堵住出油口,转动机油泵轴,若转不动,则说明机油泵性能良好。

机油泵装车后,通过压力表观察机油压力,当发动机油温为 80℃时,正确的油压为:在 800r/min 时,大于 30kPa;在 2000r/min 时,大于 200kPa 但小于 450kPa。如不符合标准,应调整限压阀,可在限压阀弹簧的一端加减调整垫片的厚度,使机油压力达到规定值。

3. 机油滤清器的结构与维修

机油滤清器分解图如图 5-6 所示。拆装机油滤清器时应使用机油滤清器扳手 3417,机油滤清器螺栓拧紧力矩 20N·m。

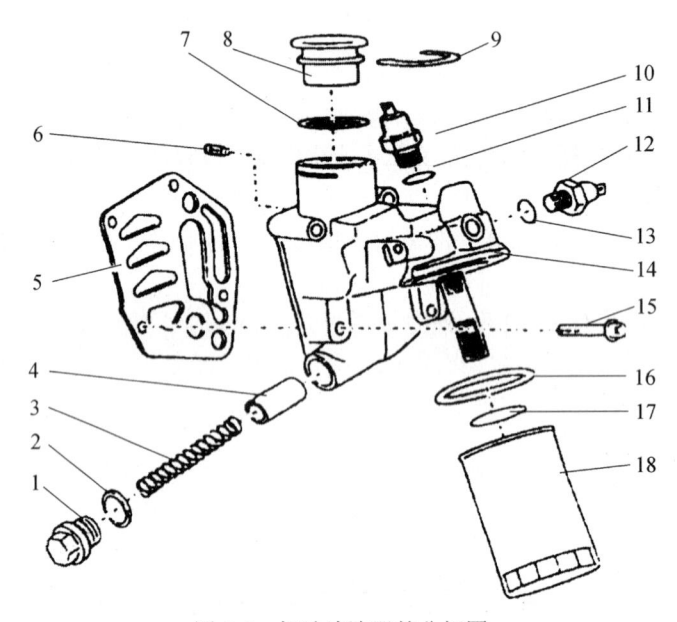

图 5-6 机油滤清器的分解图

1—螺塞;2—密封圈;3—弹簧(用于减压阀,约 0.4MPa); 4—柱塞(用于泄压阀); 5—衬垫; 6—压力止回阀(在机油滤清器支架内);7—密封圈;8—盖子;9—夹箍;10—0.025MPa 机油压力开关(棕色绝缘,拧紧力矩 15N·m);11—密封圈; 12—0.18MPa 机油压力开关(白色绝缘,拧紧力矩 25N·m); 13—密封圈;14—机油滤清器支架;15—机油滤清器支架紧固螺栓(拧紧力矩 16N·m+90°,拆卸后更换);16—衬垫;17—密封圈;18—机油滤清器。

机油滤清器采用粗(褶纸滤芯)、(尼龙滤芯)细机油滤清器合为一体的过滤式滤清器,其结构如图 5-7 所示,工作流程如图 5-8 所示。

粗滤器能滤去直径为 0.05mm～0.1mm 的机械杂质,细滤器能滤去直径为 0.001mm 以上的机械杂质。

机油滤清器装有用吸附能力不同的棉花、毛绒、人造纤维等不同材料制成的褶纸滤芯和尼龙滤芯。两种滤芯串联连结。机油滤清器还装有旁通阀和止回阀,防止滤芯被堵或发动机停止工作时,润滑油道内缺油。

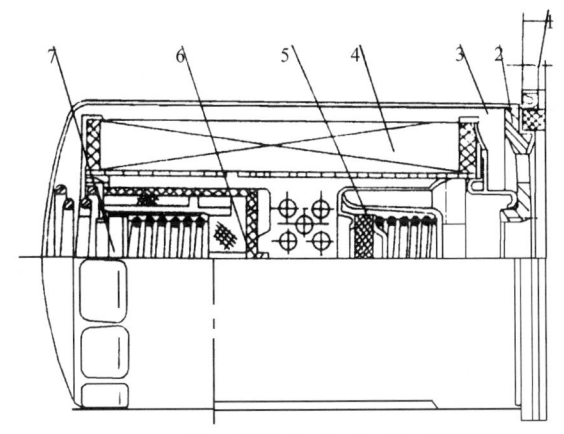

图 5-7 桑塔纳轿车发动机机油滤清器结构

1—密封圈；2—滤清器盖；3—滤清器壳；4—褶纸滤芯；5—止回阀；6—尼龙滤芯；
7—旁通阀。

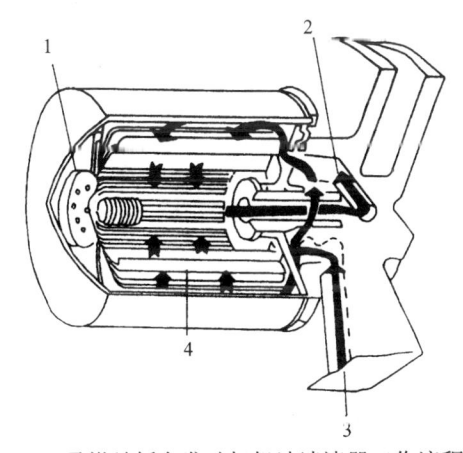

图 5-8 桑塔纳轿车发动机机油滤清器工作流程图

1—旁通阀；2—通向发动机的清洁润滑油；3—从油底壳来的脏油；4—褶纸滤芯。

机油滤清器为整体式，更换时应将外壳与滤芯一起更换。机油滤清器的更换步骤如下：

（1）趁热放出发动机机油。
（2）用专用工具拆卸机油滤清器，如图 5-9 所示。更换时，注意清洗滤清器安装表面。
（3）安装新滤清器时，应在密封圈上涂上干净的机油，如图 5-10 所示。若不涂机油，安装时密封圈与接合面发生干摩擦，密封圈易翘曲和损坏，造成密封不良而漏油。
（4）用手轻轻拧进机油滤清器，直到感觉有阻力为止，再用专用工具重新拧紧机油滤清器 3/4 圈，如图 5-11 所示。

4. 机油压力开关的检测

测试机油压力开关前应保证机油液面正常，当点火开关接通时机油报警灯应该闪亮；发动机机油温度约为 80℃。

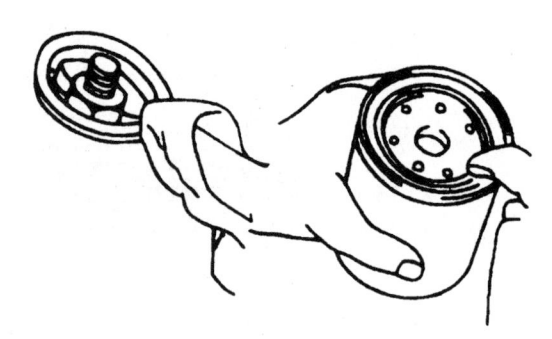

图 5-9　拆卸机油滤清器　　　　　　图 5-10　密封圈上涂机油

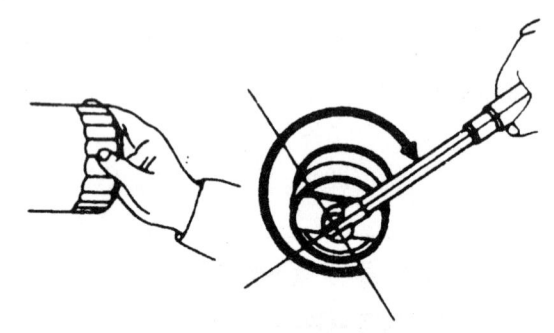

图 5-11　用专用工具拧紧机油滤清器

（1）拔下低压开关（0.025MPa，棕色绝缘层），将其拧到 V.A.G1342 机油开关测试仪上，如图 5-12 所示。

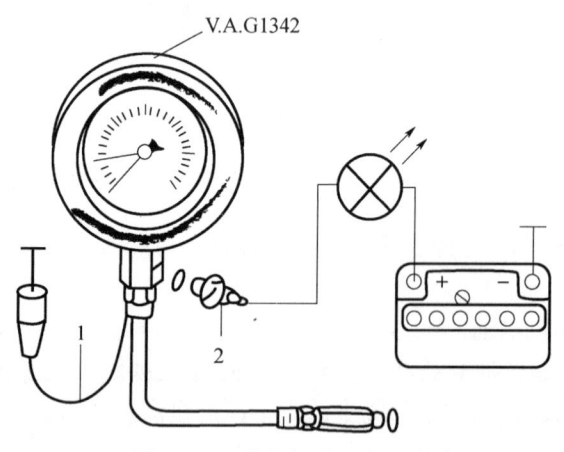

图 5-12　检查机油压力开关

（2）将测试仪拧到机油滤清器支架低压力油压力开关的位置上。

（3）将测试仪的棕色导线搭铁。

（4）将二极管测试灯 V.A.G1527 连接到机油压力开关和蓄电池正极上。发光二极管必须发亮。

（5）启动发动机，并缓慢提高发动机转速。

（6）当机油压力为 0.015MPa～0.045MPa 时，测试灯必须熄灭。否则更换机油压力开关。

（7）将二极管测试灯拧在高压油压开关上（0.18MPa，白色绝缘层）。

（8）当机油压力为 0.16MPa～0.2MPa 时，发光二极管必须发亮。否则更换机油压力开关。

（9）继续提高发动机转速。在 2000r/min 和 80℃的机油温度下，机油压力应至少维持在 0.2MPa。

三、相关知识

（一）概述

发动机润滑系统是发动机正常运行的一个重要保障系统，其主要起润滑、冷却、清洗、密封、减振、防锈、控制的作用。润滑系统工作不正常，将引起摩擦阻力增加，机件磨损加快，甚至在短时间内造成发动机产生事故性损坏，其控制部分不正常使发动机性能下降。因此，要汽车能正常运行，润滑系统必须保持处于正常工作状态。要保证润滑系统的正常工作，则需要对其进行正确的使用、维护、保养、排除故障。要做到这些，维修人员首先必须熟悉各种汽车发动机润滑系统的总体构造、油路布置情况；其次要掌握润滑系统各主要总成的结构、工作过程及主要耗损形式；再就是掌握润滑系统的正确使用、维护、保养方法，特别是新维护、保养技术的应用；第四要掌握润滑系统的拆装方法、步骤、故障诊断及排除方法，以确保润滑系统能正常发挥作用，降低车辆的使用成本，延长车辆的使用寿命。本节综合介绍润滑系统的基本理论知识、正确的使用、维护、故障诊断及排除等方面，做到理论知识和操作技能相结合，作为汽车维修人员应知应会的学习内容。

1. 润滑系统的功用

汽车发动机润滑系统的功用。

（1）润滑：可使发动机内部运动零件表面之间的干摩擦变为液体摩擦，减少零件表面摩擦、磨损和摩擦功率损失。

（2）冷却：润滑油经过摩擦表面，带走摩擦副产生的 6%～14%的热量，维持零件正常的工作温度。

（3）清洗：利用润滑油冲洗零件表面，带走零件的磨损、磨屑和其他杂质。

（4）密封：利用润滑油的黏性，附在互相运动零件的表面之间，提高间隙密封效果，如活塞环、活塞裙部表面与汽缸壁之间的环形间隙，形成的油膜减少了漏气和窜油。

（5）防锈：润滑油吸附在零件表面形成的油膜，阻隔零件与大气中的水、燃烧时产生的酸性气体接触，防止零件生锈的功用。

（6）减振：具有相对运动的零件，其表面的油膜在加速以及负荷增加时，可吸收部分冲击能量，起到缓冲、减振的作用。

（7）控制：利用润滑油的油压进行功能切换控制，提高发动机的性能，如液力挺柱、可变配气相位与气门升程的控制机构。

在发动机工作时，内部零件的相对运动表面，如曲轴与主轴承、活塞与汽缸壁、正时齿轮副等之间必然存在摩擦。而金属表面之间的摩擦不仅会增加发动机的功率消耗，使零件表面迅速磨损，并且因为摩擦产生的大量热量可能导致零件表面的烧损，导致发动机不能运转。所以，为了确保发动机正常工作，必须对相对运动零件的表面加以润滑，在磨擦表面上覆盖一层润滑油，使金属表面间隔一层薄油膜，以减小摩擦阻力，减轻机件磨损，降低功率损耗，从而延长了发动机的寿命。而润滑工作由润滑系统来完成。

2. 润滑剂

汽车发动机润滑系统所用的润滑剂有润滑油（机油）和润滑脂（黄油）2 种。

1）润滑油

润滑油是由石油炼制而成的，一般通过加热蒸馏得到的，加热的温度范围为 350℃～500℃，此时的石油馏出物称为润滑油。润滑油的主要性能指标如下：

（1）黏度。机油的黏度指机油在外力作用下流动时，分子间的内聚力阻碍分子间的相对运动产生一种内摩擦力，所表现出来的性质。它是评价机油品质的主要指标，通常用运动黏度来表示。运动黏度是根据一定量的机油在一定的压力之下，通过黏度计上一定直径与长度的毛细管所需的时间来确定，其单位为 mm^2/s。所需的时间越长，表示机油的运动黏度越大。

（2）温度—黏度特性。温度—黏度特性指机油的黏度随温度变化而变化的性质。机油温度高则黏度小，因而夏季可能因机油过稀而不能使发动机得到可靠的润滑；机油温度低则黏度大，因而冬季可能因机油黏度大，流动性差而不能把机油输送到零件摩擦表面的间隙中。在严寒地区，如何保证汽车有良好的冬季启动性能是一个主要的问题，要求机油黏度随温度的变化要小。

（3）低温性。低温性指机油在低温下的流动性。机油的低温性好，发动机在低温下启动容易，可有效地润滑机件。

（4）安定性。安定性指机油在一般情况下抵抗氧化变质的性能。机油的安定性好，说明机油不容易氧化变质，存放的时间可以长一些。

（5）腐蚀性。机油的腐蚀性指机油对金属及其他物质产生腐蚀作用的性质。通常要求机油的腐蚀性小，这对润滑系统的零部件与发动机的腐蚀性就小。

2）润滑脂

润滑脂的主要性能指标如下：

（1）锥入度（稠度）。锥入度指润滑反映的软硬、稠密程度和流动性。锥入度愈小，则润滑反映愈硬、愈稠，不易进入和充满摩擦表面，而且摩擦阻力大。润滑脂的锥入度也随温度的升高而增大。当温度过高，润滑脂胶体分解，丧失稠度，润滑脂即失效。

（2）滴点。滴点指润滑脂在规定条件下加热熔化，开始滴下第一滴时的温度。它表示润滑脂的耐热能力。

（3）耐水性。耐水性指润滑脂与物体外接触时保持其他性能稳定的程度。

另外：润滑脂还有抗蚀性、含水量、化学安定性和胶体安定性能指标。

常用的润滑脂有：钠基润滑脂、钙基润滑脂、钙钠基润滑脂、锂基润滑脂、石墨润滑脂、石墨（固体润滑剂）、二硫化钼（固体润滑剂）等。

3. 润滑系统的润滑方式与滤清方式

1) 润滑系统的润滑方式

发动机按润滑油供应方式不同,其润滑方式有压力润滑、飞溅润滑、压力飞溅复合润滑等。

发动机工作时,因为发动机各运动零件的工作条件不同,所要求的润滑强度也不同,所以要相应地采取不同的润滑方式。曲轴主轴承、连杆轴承及凸轮轴轴承等处承受的负荷及相对运动速度较大,需要将一定的压力油输送到摩擦表面上,才能形成油膜而润滑,这种润滑方式称为压力润滑。而利用发动机工作时运动零件飞溅起来的油滴或油雾润滑摩擦表面的润滑方式,称为飞溅润滑。这种方式可润滑相对滑动速度较小的,如活塞销,以及配气机构的凸轮表面、挺柱等场合。在发动机辅助系统中的有些零件,如水泵及发电机的轴承,则只须定期加注润滑脂,即可保证零件的润滑。

一般汽车发动机中,既存在压力润滑,也存在飞溅润滑,同时存在一定的脂润滑。如上海桑塔纳 2000 型轿车发动机,无论是 AFE 型,还是最新的 AJR 型都与 JV 型一样,采用了压力飞溅复合润滑方式。

2) 润滑系统的滤清方式

四冲程发动机一般设有润滑油滤清装置,润滑油滤清方式通常有全流式、分流式。

润滑油滤清方式示意图如图 5-13 所示。其中:图 5-13 (a) 为全流式滤清方式,即滤清器与主油道串联的滤清方式,从机油泵 1 压送出的油全部经过滤清器 3 供给各个摩擦部位,润滑油得到较好的清洁,若滤清器被堵塞,就会出现润滑不良的后果,因此和滤清器并联一个旁通阀 4,在滤清器被堵塞的情况下,可越过滤清器向各摩擦部位供油;图 5-13 (b) 为分流式滤清方式,仅将油路中的一部分油滤清,即滤清器与主油道并联的滤清方式。丰田、标致、桑塔纳及奥迪车等在发动机上采用了全流式滤清方式。

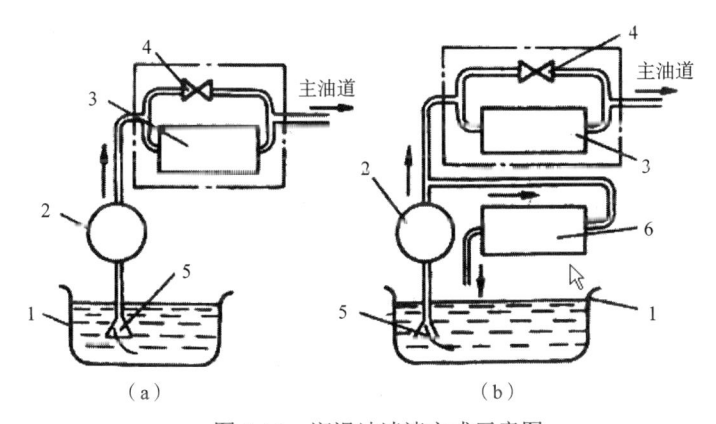

图 5-13 润滑油滤清方式示意图

(a) 全流式;(b) 分流式。

1—油底壳;2—机油泵;3—滤清滤器;4—旁通阀;5—集滤器;6—细滤器。

4. 润滑系统的组成

润滑系统由油底壳、机油泵、机油滤清器、限压阀、旁通阀、机油压力表、机油标尺等组成,如图 5-14 所示。

润滑系统中必须具有为进行润滑和保证机油循环而建立足够油压的机油泵、储存润滑油的容器——油底壳、由润滑油管以及在发动机机体上加工出的一系列润滑油道的循环油道；并且，油路中还必须有限制最高油压的装置——限压阀，它既可以附于机油泵中，也可以单独设置。这样才能使发动机得到必要的润滑。

现代发动机的润滑系统中还必须有机油滤清器。因为发动机在工作过程中，会将混有发动机零件的金属磨屑和其他机械杂质等，以及机油本身生成的胶质，混入润滑油。这些杂质若随同润滑油进入润滑油路，必将加速发动机零件的磨损，甚至可能堵塞油管或油道，使发动机润滑无法进行。

一般发动机是采用汽车行驶中的迎面空气流吹拂油底壳的方式来冷却润滑油的。在热负荷较高的发动机上，一般应设置润滑油散热器来加强润滑油的冷却。由于润滑油在循环过程中，吸收零件摩擦所产生的热量会引起温度升高，如果润滑油温度过高则其黏度下降，在摩擦表面不易形成油膜，此外还会加速润滑油老化变质，缩短润滑油使用期。因此应对润滑油进行适当冷却，以保持油温在正常范围之内，即 70℃～90℃。另外，发动机都设有指示润滑油压力的机油压力表及报警装置，如油压过低报警灯、蜂鸣器。这可让驾驶员随时掌握润滑系统的工作状况。有些发动机还装有润滑油温度表。

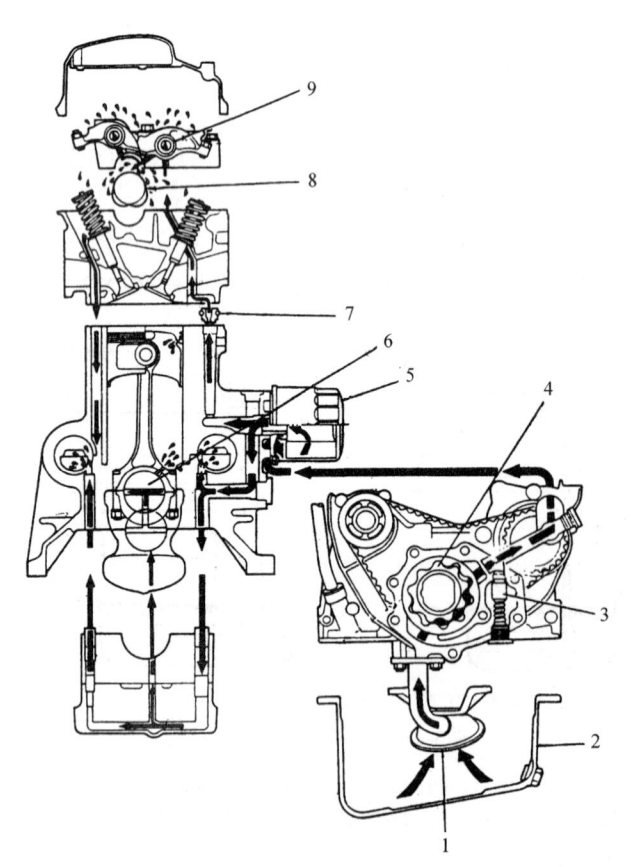

图 5-14 本田轿车发动机润滑系统

1—机油集滤器；2—油底壳；3—限压阀；4—机油泵；5—机油滤清器；6—曲轴；7—机油控制节流孔；8—凸轮轴；9—摇臂轴。

5. 润滑系统的油路

1）桑塔纳 2000 型轿车发动机润滑系统

桑塔纳 2000 型轿车发动机润滑系统布置概况，如图 5-15 所示。机油泵 2 通过集滤器 3 从油底壳 4 中吸上机油，以防止大的杂质进到机油泵内。当油压太高或流量太大时，由安全阀 6 旁流一部分回油底壳 4。具有一定压力的机油进入滤清器 7 进一步滤清，大部分进入发动机主油道 8，另一小部分压力油首先进入凸轮轴 13 的轴承，再进入气门机构，之后流回油底壳。进入主油道 8 的压力机油又分成两路：一路经进入曲轴内部油道进入连杆大端轴承再经过连杆油道进入连杆小端轴承，最后回油底壳；另一路则进入中间轴 11 的轴承（AJR 发动机已取消中间轴），然后回油底壳 4。机油滤清器盖上装一只拧紧力矩为 25N·m 的压力开关，启动压力为 0.18MPa。如果机油滤清器阻塞，机油能短路直接进入主油道，不影响发动机正常工作。主油道上有 5 条分油道，对准 5 个主轴承。缸盖上凸轮轴总油道尾端，也是整个压力油润滑路线的终端，在此也装一只开关，即最低压力报警开关，动作压力为 30kPa。活塞与缸壁之间靠飞溅润滑。桑塔纳 2000 型轿车发动机润滑系统的循环路线，如图 5-16 所示。

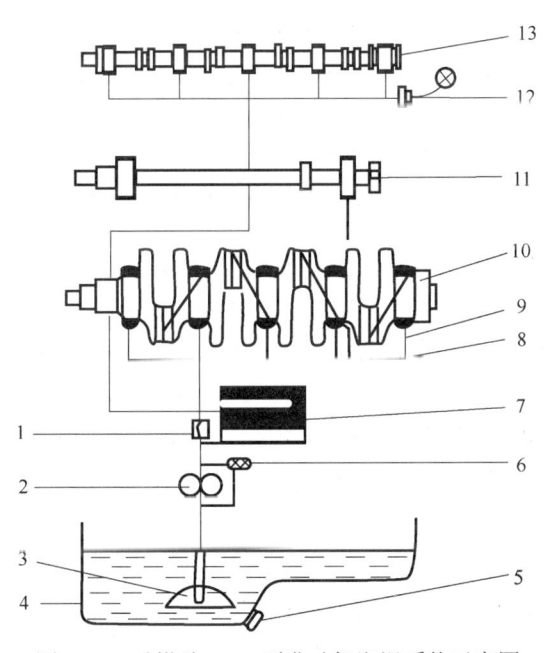

图 5-15　桑塔纳 2000 型发动机润滑系统示意图

1—旁通阀；2—机油泵；3—集滤器；4—油底壳；5—放油塞；6—安全阀；7—机油滤清器；8—主油道；9—分油道；10—曲轴；11—中间轴；12—压力开关；13—凸轮轴。

2）东风 EQ6100-1 型发动机的润滑系统

东风 EQ6100-1 型发动机的润滑系统，如图 5-17 所示。在该润滑系统中，曲轴的主轴颈、连杆轴颈、凸轮轴轴颈、凸轮轴推力凸缘、摇臂轴正时齿轮和分电器传动轴等都用压力润滑。其余部分用飞溅润滑。发动机在工作时，润滑系统的工作过程是这样的：机油泵 11 经固定式集滤器 14 从油底壳中的较上层，吸取机油。被机油泵压出的机油分成 2 部分：

大部分的机油，经机油粗滤器 9 滤去较大的机械杂质，流入纵向主油道 4，执行润滑任务；另一小部分机油（10%～15%），经限压阀 15 流入机油细滤器 16 内，滤去较细的机械杂质和胶质后流回油底壳。

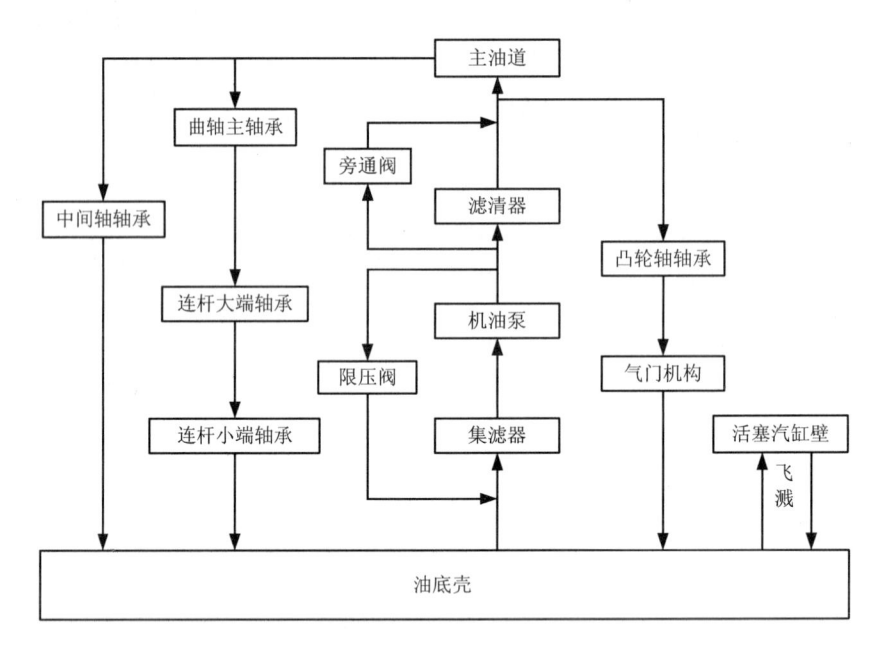

图 5-16　桑塔纳 2000 型轿车发动机润滑系统的循环路线

从上可知，机油细滤器、机油粗滤器与主油道是并联的。这是因为细滤器阻力较大，如果与主油道串联，则难以保证主油道的畅通，并使发动机消耗于驱动机油泵的功率增加。采用并联的方案，虽每次经细滤器的油量较少，但机油经过不断地循环流动仍可取得良好的滤清效果。一般汽车每行 50km 左右全部机油就能通过细滤器滤清 1 次。如果机油泵出油压力低于一定值，如东风 EQ6100-1 型发动机为 0.1MPa，则机油细滤器进油限压阀 15 不开启，以保证压力油全部进入主油道。机油进入主油道 4 后，通过上曲轴箱中的 7 条并联的横向油道 5 分别润滑主轴颈和凸轮轴轴颈。机油还通过曲轴中的斜向油道从主轴颈处流向连杆轴颈。同时也从凸轮轴的第二、第四轴颈处，经 2 个上油道 2 通向摇臂支座，润滑摇臂轴、推杆球头和气门端部。第三条横向油道不通向机油泵传动轴 3。这些摩擦表面都能得到压力润滑。

另外，还有一部分机油，由第一条横向油道通过喷油嘴 6 喷射出来，以润滑正时齿轮副。此外，第一、二条横向油道之间还有油管从主油道接出，通到空气压缩机曲轴中心的油道，润滑空气压缩机的连杆轴颈后，经回油道流回到油底壳中。

主油道中还有机油压力传感器和油压过低讯号器，并通过导线分别与驾驶室中的机油压力表和机油压力过低警报灯相连，以检测油压，并显示润滑系统的工作状态。

当连杆大头上对着凸轮轴一侧的小孔与曲轴的连杆轴颈上的油道孔口相通时，机油即由此小孔喷向凸轮表面、汽缸壁及活塞等处。润滑推杆球头和气门端的机油顺推杆表面流下到杯形挺柱内，再由挺柱下部的油孔流出与飞溅的机油共同来润滑凸轮的工作表面。飞溅到活塞内部的机油，溅落在连杆小头的切槽内，借以润滑活塞销。

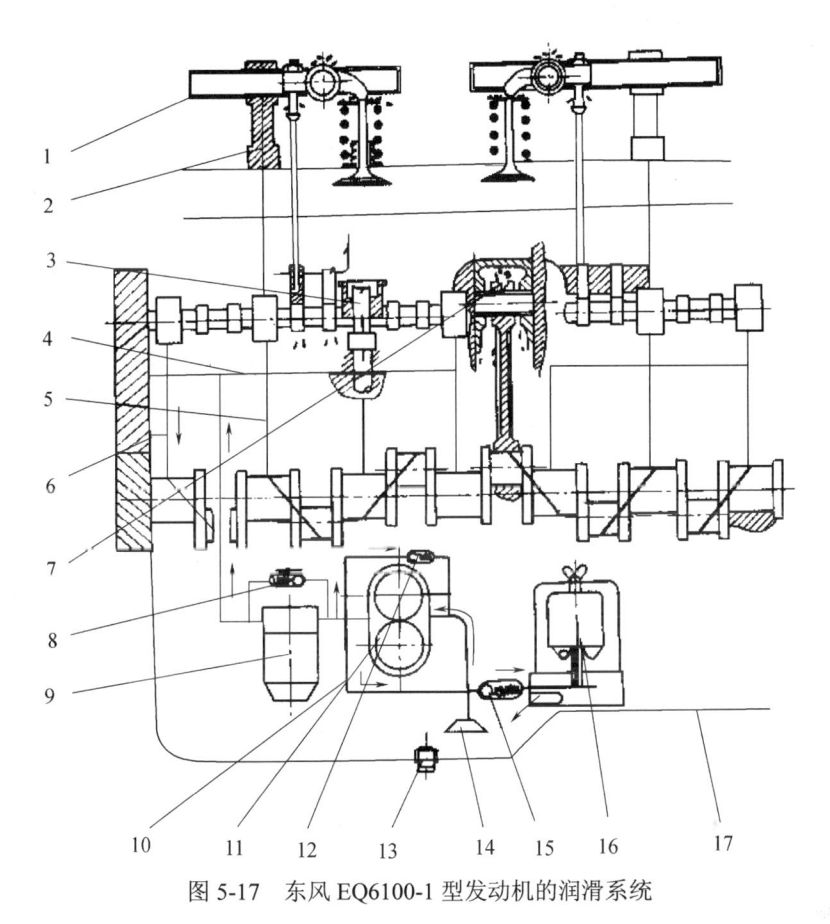

图 5-17 东风 EQ6100-1 型发动机的润滑系统

1—摇臂轴；2—上油道；3—机油泵传动轴；4—主油道；5—横向油道；6—喷油嘴；7—连杆小头油道；8—机油粗滤器旁通阀；9—机油粗滤器；10—油管；11—机油泵；12—限压阀；13—磁性放油螺塞；14—固定式集滤器；15—机油细滤器进油限压阀；16—机油细滤器；17—油底壳。

若机油粗滤器被杂质严重淤塞，将使整个油路不能畅通。因此，机油泵与主油道之间，与粗滤器并联设置一个旁通阀 8。当粗滤器进油和出油道中的压力差达到 0.15MPa～0.18MPa 时，旁通阀即被推开，则机油不经过粗滤器滤清而直接进入主油道，确保对发动机各部分的正常润滑。为了防止润滑系统的油压过高，减少发动机的功率损失，因此在机油泵端盖内设置柱塞式限压阀 12。当机油泵出油压力超过规定值时（东风 EQ6100-1 型发动机为 0.6MPa），作用在阀上的机油总压力将超过限压阀弹簧预紧力，顶开柱塞阀而使一部分机油流回到机油泵的进油口，在机油泵内形成小循环。通过增加或减少垫片的办法来调节弹簧预紧力。

在机油细滤器的下面还设置了可接机油散热器的阀门。机油散热器一般安装在冷却水散热器的前面。在酷热季节，当发动机长时间在大负荷高转速下工作时，驾驶员可以将阀门打开，使部分机油流入机油散热器进行散热。在寒冷季节或在气温低于 20℃ 的情况下，汽车行驶于好路面上时，须将阀门关闭。由进油限压阀 15 来控制通往散热器的通路是否开通，以保证主油道油压不致过低。

6. 曲轴箱通风

在发动机工作时，会有少量未燃混合气和废气经活塞环窜到曲轴箱内，所引起的后果如下：

（1）窜入曲轴箱内的汽油蒸气凝结后导致机油变稀，机油性能变差。

（2）废气中的水蒸气凝结在机油中形成泡沫，破坏机油的供给。

（3）废气中的二氧化硫遇水则生成亚硫酸，亚硫酸再遇到空气中的氧而生成硫酸，会腐蚀、损坏发动机零件。

（4）使曲轴箱内的压力增大，破坏发动机的密封，导致发动机的渗漏。

从减少摩擦零件的磨损与腐蚀、延长机油的使用期限、防止发动机渗漏等方面出发，必须对发动机的曲轴箱进行通风，抽出曲轴箱内的混合气和废气。

曲轴箱通风的方式有两种。

（1）自然通风，即把曲轴箱内抽出的气体直接排入大气中去。

（2）强制通风，即把曲轴箱内抽出的气体导入发动机的进气管内。

现代汽车发动机曲轴箱一般都是采用强制通风。这样可以回收使用窜入曲轴箱内的混合气、提高发动机经济性、减少排放污染。

发动机工作时，在进气管内真空度作用下，窜入曲轴箱内的可燃混合气将经通气道连接软管送入空气滤清器，最后由进气管吸入汽缸燃烧。

本田雅阁曲轴箱通风控制系统结构：曲轴箱强制通风阀（PCV）和通气软管等部件组成，PCV阀的一端通过通气软管与发动机进气歧管相通，另一端则与发动机曲轴箱相通。阀门的关闭和开启程度由进气歧管的真空度决定。发动机在不同工况下，通过进气歧管的真空度的变化控制 PCV 阀的关闭和开启的程度，将适量的曲轴箱混合气吸入进气歧管。PCV 阀的结构与原理如图 5-18、图 5-19 所示。

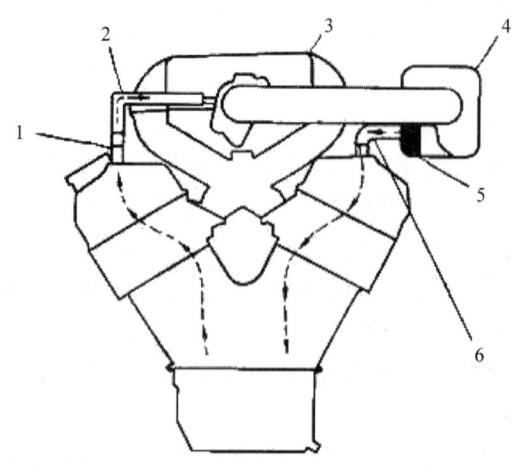

图 5-18　曲轴箱强制通风（PCV）系统

1—PCV 阀；2—曲轴箱通风阀软管总成；3—进气增压室；4—空气滤清器总成；
5—曲轴箱进气滤清器；6—曲轴箱通风口与空气滤清器总成的连接软管。

图 5-19 PCV 阀的位置

1—阀盖；2—PCV 软管；3—曲轴箱强制通风（PCV）阀。

图 5-20 所示的是一汽奥迪 100 轿车所采用的负压通风方式。

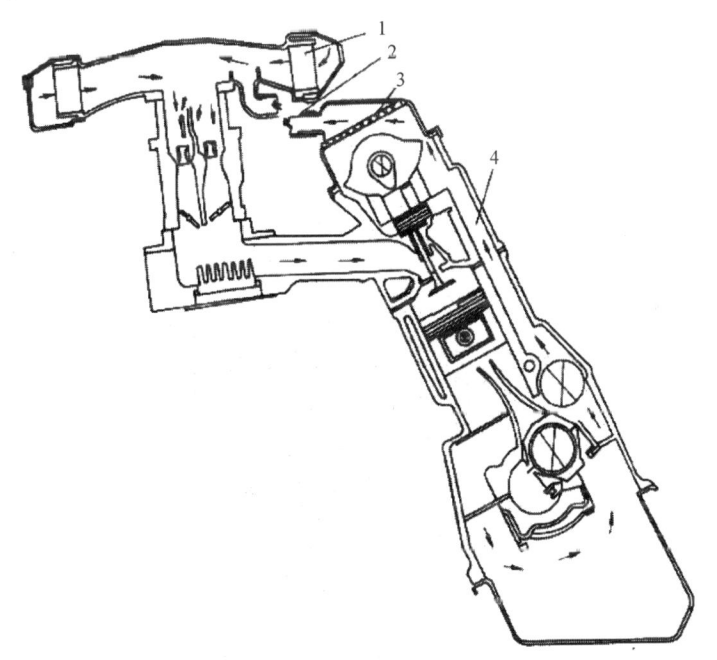

图 5-20 一汽奥迪 100 轿车所采用的负压通风方式

1—空气滤清器；2—连接软管；3—铁网；4—通气道。

图 5-21 所示的是 V 型发动机曲轴箱强制通风示意图。

（二）润滑系统主要部件的构造

1. 机油泵

目前发动机润滑系统中广泛采用的是外啮合齿轮式机油泵和内啮合转子式机油泵 2 种。

1）齿轮式机油泵

齿轮式机油泵由主动轴、主动齿轮、从动轴、从动齿轮、壳体等组成（图 5-22），两个齿数相同的齿轮相互啮合,装在壳体内,齿轮与壳体的径向和端面间隙很小。主动轴与主动齿轮用键连接,从动齿轮空套在从动轴上。

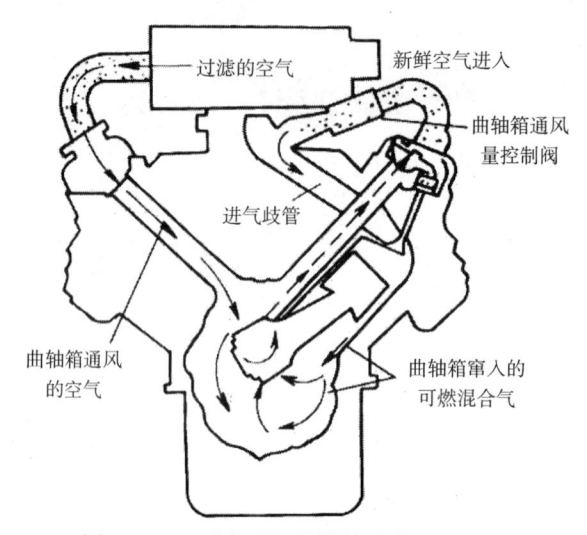

图 5-21　V 型发动机曲轴箱强制通风示意图

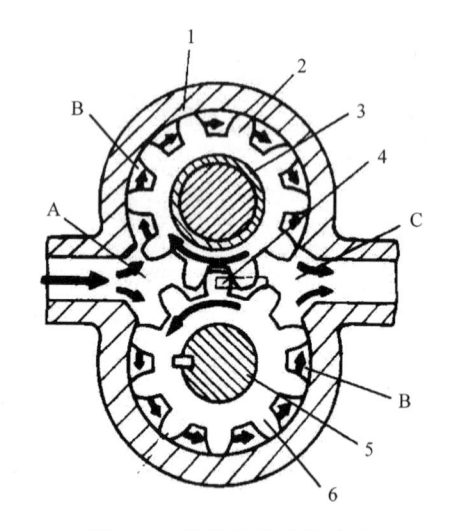

图 5-22　外接齿轮式机油泵

1—机油泵体;2—机油泵被动齿轮;3—衬套;4—卸压槽;5—驱动轴;6—机油泵主动齿轮;
A—进油腔;B—过渡油腔;C—出油腔。

工作时,主动齿轮带动从动齿轮反向旋转。两齿轮旋转时,充满在齿轮齿槽间的机油沿油泵壳壁由进油腔带到出油腔,在进油腔一侧由于齿轮脱开啮合以及机油被不断带出而产生真空,使油底壳内的机油在大气压力作用下经集滤器进入进油腔,而在出油腔一侧由于齿轮进入啮合和机油被不断带入而产生挤压作用,机油以一定压力被泵出。

齿轮式机油泵结构简单,机械加工方便,工作可靠,使用寿命长,应用较广泛。

2）转子式机油泵

转子式机油泵由壳体、内转子、外转子和泵盖等组成(图5-23)。内转子用键或销子固定在转子轴上，由曲轴齿轮直接或间接驱动，内转子和外转子中心的偏心距为e，内转子带动外转子一起沿同一方向转动。内转子有4个凸齿，外转子有5个凹齿，这样内、外转子同向不同步地旋转。

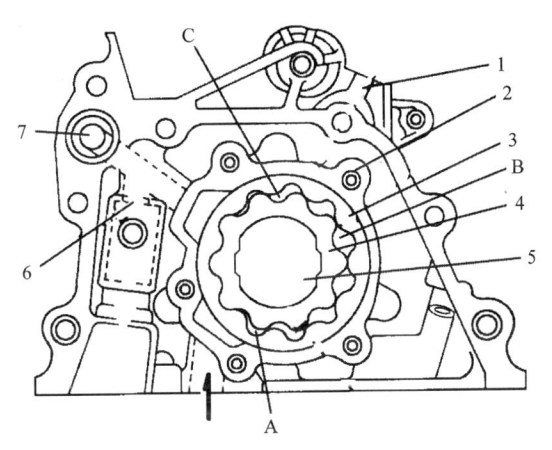

图 5-23　转子式机油泵

1—发动机体；2—机油泵体；3—外转子；4—内转子；5—驱动轴；6—安全阀；7—出油孔；
A—进油腔；B—过渡油腔；C—出油腔。

转子齿形齿廓设计得使转子转到任何角度时，内、外转子每个齿的齿形廓线上总能互相成点接触。这样内、外转子间形成4个工作腔，随着转子的转动，这4个工作腔的容积是不断变化的。在进油道的一侧空腔，由于转子脱开啮合，容积逐渐增大，产生真空，机油被吸入，转子继续旋转，机油被带到出油道的一侧，这时，转子正好进入啮合，使这一空腔容积减小，油压升高，机油从齿间挤出并经出油道压送出去。这样，随着转子的不断旋转，机油就不断地被吸入和压出。

转子式机油泵结构紧凑，外形尺寸小，重量轻，吸油真空度较大，泵油量大，供油均匀度好、成本低，在中、小型发动机上应用广泛。

2. 机油滤清器

发动机工作时，金属磨屑和大气中的尘埃以及燃料燃烧不完全所产生的炭粒会渗入机油中，机油本身也因受热氧化而产生胶状沉淀物，机油中含有这些杂质。如果把这样的脏机油直接送到运动零件表面，机油中的机械杂质就会成为磨料，加速零件的磨损，并且引起油道堵塞及活塞环、气门等零件胶结。因此必须在润滑系统中设有机油滤清器，使循环流动的机油在送往运动零件表面之前得到净化处理。保证摩擦表面的良好润滑，延长其使用寿命。

1）集滤器

集滤器是具有金属网的滤清器，安装于机油泵进油管上，其作用是防止较大的机械杂质进入机油泵（图5-24）。浮式集滤器飘浮于机油表面吸油，能吸入油面上较清洁的机油，但油面上的泡沫易被吸入，使机油压力降低，润滑欠可靠，目前应用不多。固定式集滤器淹没在油面之下，吸入的机油清洁度较差，但可防止泡沫吸入，润滑可靠，结构简单，逐步取代浮式集滤器。

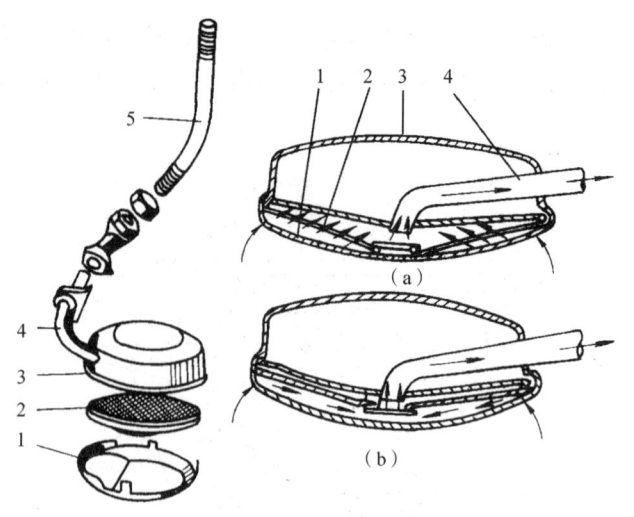

图 5-24 机油集滤器

(a)滤网未堵塞；(b)滤网堵塞。
1—浮筒罩；2—滤网；3—浮筒；4—吸油管；5—固定油管。

2）机油滤清器

机油滤清器用来滤除润滑油中的金属屑、机械杂质和润滑油氧化物。

机油滤清器若串联安装在机油泵与主油道之间，所有机油经过滤清器过滤，称该滤清器为全流式滤清器。若滤清器与主油道并联安装，只有一部分机油经过滤清器过滤，称该滤清器为分流式滤清器。有的发动机 2 种滤清器都有（如重型货车发动机）：全流式滤清器作为粗滤器，滤除机油中直径为 0.05mm 以上的较大杂质后，再进入主油道，润滑各运动零件表面；分流式滤清器作为细滤清器，滤除机油中直径为 0.001mm 以上的细小杂质后，再返回油底壳。

全流式滤清器外壳内安装有纸滤芯总成（图5-25），机油泵来的机油从滤芯外围进入滤清器中心，过滤后的干净机油经出油口进入主油道。

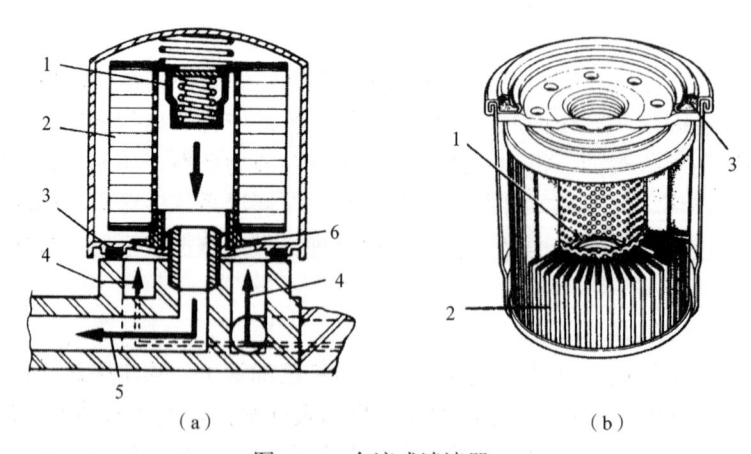

图 5-25 全流式滤清器

（a）滤清器；（b）纸滤芯总成。
1—安全阀；2—纸滤芯；3—密封圈；4—来自机油泵的机油；5—过滤后的机油；6—防漏阀。

滤清器使用一定时间后，滤芯外留下了较多杂质，这时应该按说明书要求及时更换新滤清器。为了防止用户未及时更换新滤清器造成滤芯堵塞，发动机缺机油的严重后果，在滤清器中设置有安全阀 3，当滤芯堵塞，机油压力升高时，能克服弹簧的压力，顶开安全阀，直接进入主油道。滤清器的滤芯材料有纸质、锯末和金属等，以纸质滤芯结构简单、质量小、体积小、滤清效果好、成本低、保养方便，得到广泛应用。

为了提高机油过滤效果，有的发动机采用双滤芯（图 5-26），称复合滤清器。正常情况下，从机油泵来的机油经进油口进入外滤芯（粗滤芯）6，再进入内滤芯（细滤芯）7，然后经中心油道从出油口流向主油道。

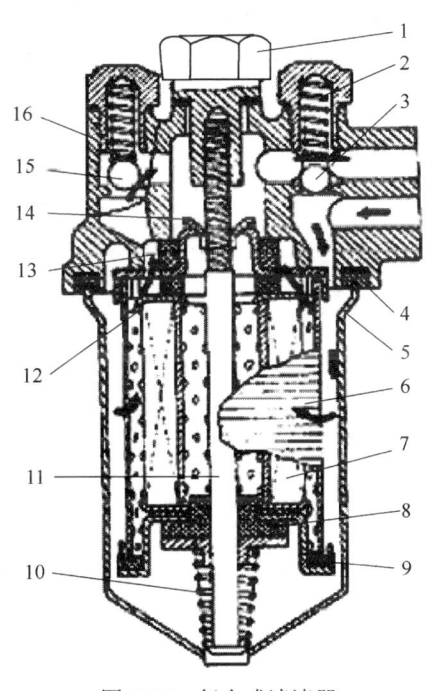

图 5-26　复合式滤清器

1—拉杆螺母；2—安全阀弹簧；3—安全阀；4—橡胶垫；5—壳体；6—外（粗）滤芯；7—内（细）滤芯；8—橡胶下油封；9—橡胶密封圈；10—滤芯底座弹簧；11—拉杆螺栓；12—橡胶上油封；13—密封圈；14—锁紧螺母；15—旁通阀；16—旁通阀弹簧。

当内滤芯堵塞时，内滤芯前后压差达 0.09MPa～0.1MPa 时，旁通阀 15 打开，机油从旁通阀流向主油道；当外滤芯堵塞时，外滤芯前后压差达 0.2MPa～0.25MPa 时，安全阀 3 打开，机油从安全阀流向主油道。

3）机油细滤器

EQ6l00-l 型发动机机油细滤器构造如图 5-27 所示。滤清器外壳 1 上固定着带中心孔的转子轴 3。转子体 14 与转子体端套 6 连成一体，其上压入 3 个衬套 13，套在转子轴上可以自由转动。压紧螺母 12 将转子盖 8 与转子体紧固在一起，转子下面装有止推轴承 4。转子上面装有支撑垫圈 9，并用压紧弹簧 10 压紧，以限制转子轴向移动。整个转子用滤清器端盖 7 盖住。压紧螺套 11 将盖 7 固定在外壳 1 上。转子下端装有 2 个按中心对称水平安装的喷嘴 5。

发动机工作时，从油泵来的机油进入滤清器进油孔 B，若油压低于 0.1MPa，进油限压阀 19 不开启，机油则不进入滤清器而全部供入主油道，以保证发动机可靠润滑。当油压高于此值时，进油限压阀被顶开，机油沿完体中的转子轴内的中心油道，经出油孔 C 进入转子内腔，然后经进油孔 D、油道 E 从两喷嘴喷出。于是转子在喷射反作用力的推动下高速旋转。当油压为 0.3MPa 时，转子转速高达 5000r/min～6000r/min。由于转子内腔的机油随着转子高速旋转，机油中的机械杂质在离心力的作用下被甩向转子壁。因此，洁净的机油由孔 D 进入，再经喷嘴喷出。喷出的机油经滤清器出油口 F 流回油底壳。

在发动机工作中如机油温度过高，可旋松调整螺钉 17，让油通过球阀，经管接头 20 流向机油散热器。当油压高于 0.4MPa 时，旁通阀 18 打开，机油流回油底壳。

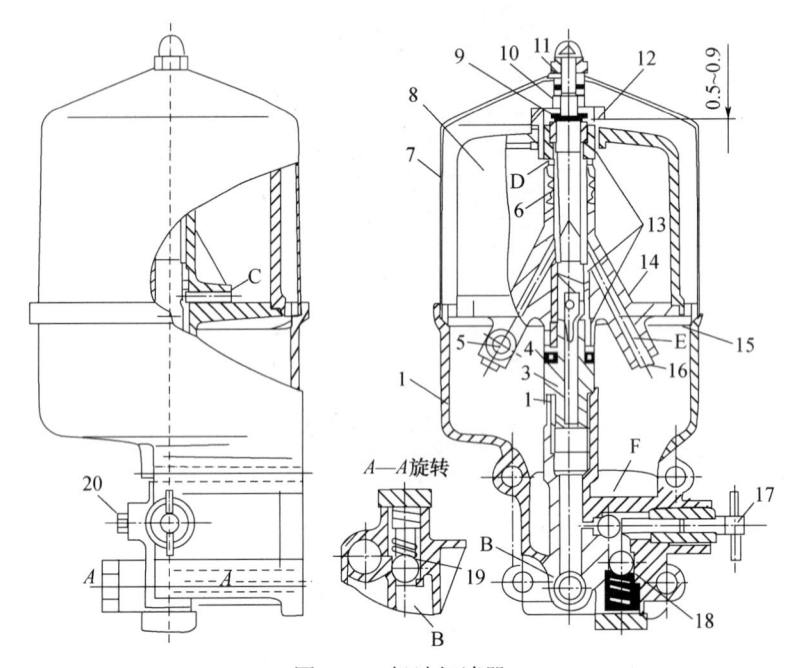

图 5-27 机油细滤器

1—壳体；2—锁片；3—转子轴；4—止推轴承；5—喷嘴；6—转子体端套；7—滤清器端盖；8—转子盖圈；9—支撑垫圈；10—弹簧；11—压紧螺套；12—压紧螺母；13—衬套；14—转子体；15—挡板；16—螺塞；17—调整螺钉；18—旁通阀；19—进油限压阀；20—管接头；B—滤清器进油孔；C—出油孔；D—进油孔；E—通喷嘴油道；F—滤清器出油口。

离心式滤清器滤清能力高，通过能力好，且不受沉淀物影响，只须定期清洗即可；但对胶质滤清效果较差，这种滤清器由于出油无压力，一般只用作分流式细滤器。在有些小功率发动机上也有用它作为分流式离心细滤器的。

3. 机油冷却器

机油在发动机机体内循环，温度高达 95℃以上，尤其是热负荷较高的发动机。过高的温度使机油黏度下降，不利于在摩擦表面形成油膜润滑，同时加快机油氧化变质，失去作用，所以有些发动机带有机油冷却器。

机油冷却器分风冷和水冷 2 种。风冷式机油冷却器安放在发动机前部，其结构与冷却系统的散热器相似，靠汽车行驶时迎面风对机油进行冷却。

水冷式机油冷却器靠冷却液冷却。如图 5-28 所示，在全流式机油滤清器 4 上带有水冷式机油冷却器，从冷却系统散热器出水管引来的冷却液在冷却器芯 2 的外面流过，而从机油泵来的机油经冷却器芯进入机油滤清器过滤，再经冷却器芯流出，在冷却器内进行热交换。

4. 阀门

在润滑系统中都设有几个限压阀和旁通阀，以确保润滑系统正常工作（图 5-29）。

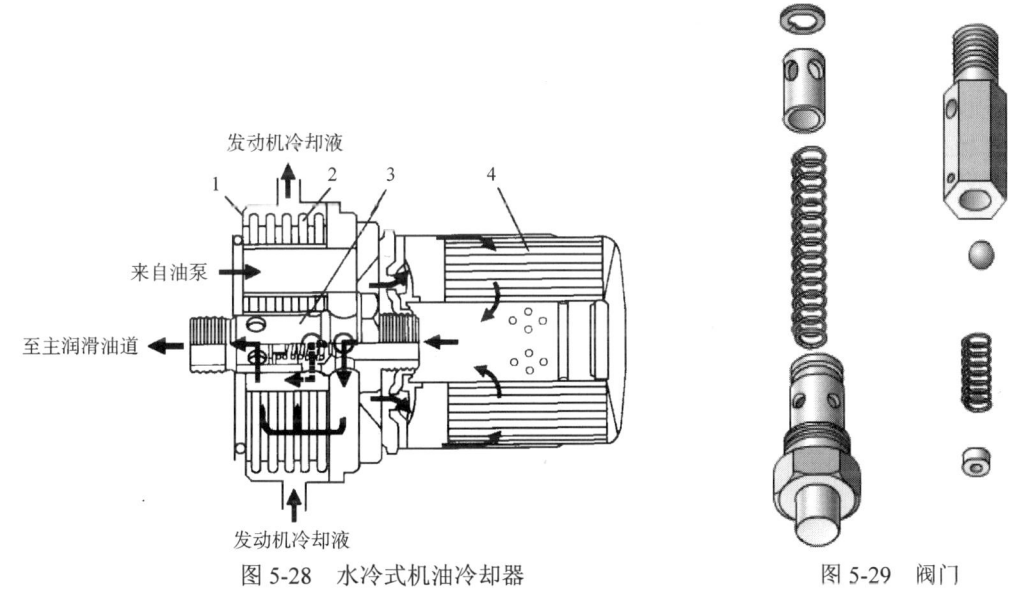

图 5-28　水冷式机油冷却器

图 5-29　阀门

1—冷却器壳体；2—冷却器芯；3—安全阀；4—机油滤清器。

1）限压阀

油压是随发动机转速增加而增高的，并且当润滑系统中油路淤塞、轴承间隙过小或使用的机油黏度过大时，也将使供油压力增高。因此，在润滑系统机油泵和主油道中设有限压阀，限制机油最高压力，以确保安全。

当机油泵和主油道上机油压力超过预定的压力时，克服限压阀弹簧作用力，顶开阀门，一部分机油从侧面通道流入油底壳内，使油道内的油压下降至设定的正常值后，阀门关闭。

2）旁通阀

旁通阀用以保证润滑系统内油路畅通，当机油滤清器堵塞时，机油通过并联在其上的旁通阀直接进入润滑系统的主油道，防止主油道断油。旁通阀与限压阀的结构基本相同，只是其安装位置、控制压力、溢流方向不同，通常旁通阀弹簧刚度要比限压阀弹簧刚度小得多。

5. 油尺和机油压力表

油尺是用来检查油底壳内油量和油面高低的。它是一片金属杆，下端制成扁平，并有刻线。机油油面必须处于油尺上下刻线之间。

机油压力表用以指示发动机工作时润滑系统中机油压力的大小，一般都采用电热式机油压力表，它由油压表和传感器组成，中间用导线连接。传感器装在粗滤器或主油道上，它把感受到的机油压力传给油压表。油压表装在驾驶室内仪表板上，显示机油压力的大小值。

（三）润滑系统维护与调整

1. 发动机油的选用

发动机油的选用：首先根据车辆使用说明书或发动机的工作条件，确定发动机油的质量等级；其次，根据车辆使用地区的气温情况选择合适的发动机油黏度等级。

1) 质量等级的选用

发动机油质量等级的选用，必须严格按照汽车使用说明书的规定。在无车辆使用说明书的情况下，可根据发动机工作条件的苛刻程度，选用合适质量等级的润滑油。具体选用方法如下：

（1）汽油发动机油质量等级的选用。汽油发动机工作条件的苛刻程度与发动机进、排气系统中有无附加装置及其类型有关。由此，可按附加装置选用机油质量等级，如：装有PCV装置的汽车可选用SD级润滑油；装有EGR装置的汽车可选用SE级润滑油；装有废气催化转换装置的汽车可选用SF级润滑油；采用电喷燃油系统的汽车要求使用SF级以上的润滑油，如桑塔纳2000型轿车等。

（2）柴油发动机油质量等级的选用。柴油发动机工作条件的苛刻程度可用柴油发动机强化系数来表示。强化系数越高，表示润滑油工作条件越苛刻，要求选用的润滑油质量等级越高。强化系数小于50的柴油发动机应选用CC级润滑油，如黄河JN1型柴油发动机等；强化系数大于50的柴油发动机应选用CD级以上的润滑油，如南京依维柯等。

2) 黏度等级的选用

黏度等级的选用是根据车辆使用地区和季节气温来选择的，我国发动机润滑油黏度等级与适用温度范围如表5-1所列。由于单级油不可能同时满足低温及高温的要求，因此只能根据当地季节气温适当选用；而多级油的优越性是它的黏温性能好、适用温度范围宽，特别是在严寒地区、短途运输、低温启动较多时，其优越性更为明显，故应尽量选用多级油。

表5-1　发动机润滑油黏度等级与适用温度范围

SAE黏度级别	适用气温/℃	SAE黏度级别	适用气温/℃
5W/30	−30～30	20W/20	−15～20
10W/30	−25～30	30	−10～30
15W/30	−20～30	40	−5～40以上
15W/40	−20～40以上		

3) 发动机油的选用实例

部分汽油车发动机要求选用的机油规格如表5-2所列。

表 5-2　部分汽油车发动机要求选用的机油规格

发动机型号	机油规格	发动机型号	机油规格
AJR	VW 标准 50000 或 API SJ 级以上，机油黏度等级（SAE）标准根据环境温	K20A7/K24 A4/J30A4	API SG 级以上，润滑油黏度等级（SAE）标准根据环境温度选择
ANQ	VW 标准 50000 或 50101，机油黏度等级（SAE）标准根据环境温度选择	CA488	SF 10W/30
ATX/APS	API SF 级或 API SG 级，机油黏度等级（SAE）标准根据环境温度选择	CA6102	SD30 或 SD10W/30
		JUZ-FE（LS400）	SG 或 SH，机油黏度等级（SAE）标准根据环境温度选择
I46W	API SJ 级以上，润滑油黏度等级（SAE）标准根据环境温度选择	M117（BENZ560）	SG 或 SH，机油黏度等级（SAE）标准根据环境温度选择

4）发动机油的使用注意事项

(1) 如果不是通用油，则汽油发动机油不能用于柴油发动机上。同样，柴油发动机油也不能用于汽油发动机上。不同牌号的润滑油不得混用。

(2) 质量等级较高的润滑油可替代质量等级较低的润滑油，反之则不能。

(3) 经常检查润滑油的液面高度。检查时应使发动机处于水平位置，发动机停转几分钟后再进行，机油标尺上的油痕应在 max～min 之间。

(4) 注意车辆使用地区的气温变化，及时换用黏度等级适宜的机油。在满足使用要求的前提下，润滑油的黏度应尽可能选择小些。

(5) 适时（定期或按质）换油。可按车辆使用说明书或该车型规定的换油里程要求换油。

(6) 严防水分、杂质等污染润滑油。

2. 润滑系统的维护

1）日常维护

驾驶员在出车前、行车中和收车后，应坚持检查机油质量，视情况补充或更换。行车中注意观察指示油压。每次出车前应抽出机油尺检查机油油面的位置，必要时添加机油。机油油面位置检查的操作工艺如下：

(1) 将车停在水平路面上。

(2) 当发动机停机后，等候几分钟以使机油回流到油底壳。

(3) 拔出油位指示器（机油尺）。

(4) 将油位指示器擦干净，并将它完全插回到底。

(5) 拔出油位指示器，并查看上面显示的油位。机油油面位置应在机油尺上刻度线和下刻度线这 2 条刻度线之间。

(6) 获取读数后，将油位指示器完全插回到发动机中。

(7) 必要时添加机油，使机油液面保持在 min（最低）线以上且处于标记为"Operating Range"（工作范围）的区域内。不要加注过量的发动机机油，否则可能会导致发动机损坏。

添加机油时，一定要添加相同牌号的机油，以免引起机油变质。若无同一牌号的油，则应全部更换。

如果在发动机冷态时查看机油液面，以便立即获得正确的机油液面读数。

2）一级维护

根据上海大众汽车有限公司的维护要求：机油滤清器每 15000km 更换 1 次；机油每 7500km 更换 1 次。对于那些经常在粉尘较大或高、低温等恶劣条件下行驶的车辆，应根据实际情况需要，提前更换机油和机油滤清器。

换旧机油时，可使用专门的抽油器，也可拧下机油盘底部的放油螺塞，让机油流出来，然后以 30N·m 的力矩拧紧螺塞。放油时应趁热放机油，先使发动机运转 5min 后，然后趁热放尽机油。

添机油时，首先拧开汽缸罩盖上的加油器盖，将机油加入，稍等片刻后拔出油尺检查油面高度是否符合标准。

更换机油时，每次加入容量为 2.5L，如和滤清器一起更换，则需 3L。

更换滤清器时，一定要将滤清器接合面处的衬垫去掉并清除干净，然后按规定力矩拧紧。否则会引起漏油。

（1）更换滤芯或滤清器总成：具体操作工艺如见前面机油滤清器的拆装。

（2）更换机油：具体操作工艺如下：

① 在发动机熄火的热机状态下，拧下油底壳底部的放油螺塞。

② 用专用的容器收集发动机内的旧机油（或直接用抽油机将旧机油抽出）。

③ 按规定力矩装回并上紧放油螺塞。

④ 拧开位于汽缸盖罩上的加油盖，从加机油口加注新的机油，直到油面位置符合要求为止。

⑤ 启动发动机，检查机油油面位置及滤清器和放油螺塞处有无漏油。

3）二级维护

检查规定转速下的机油油压；检查机油报警器系统性能是否良好、可靠；拆检机油细滤器，恢复过滤能力；定期拆卸曲轴箱和机油集滤器；清洗机油散热器。

（1）机油压力的检测方法。

① 在驾驶室仪表盘上有机油压力表的汽车，可由机油压力表直接读取主油道机油压力。

② 在驾驶室仪表盘上装有机油压力报警灯的汽车，当汽车在正常行驶中，若报警灯点亮即表示机油压力过低。

③ 若进一步检测主油道的机油压力，则需要拧下安装在主油道上的机油压力传感器，利用其联接螺纹，安装一机油压力表，由此检测发动机工作时主油道内的机油压力。

（2）机油压力测试操作工艺。

① 将车辆停放在水平面上，运行几分钟后停机，等待足够的时间（2min～3min），使机油沉降，并检测发动机机油油位高度。若油位高度达不到要求，则按要求添加规定级别的发动机机油，直到机油油位指示器检测符合要求。

② 短暂运行发动机（10s～15s），确认压力计测量的压力是否很低，或无机油压力。

③ 拆卸机油压力传感器，如图 5-30 所示。

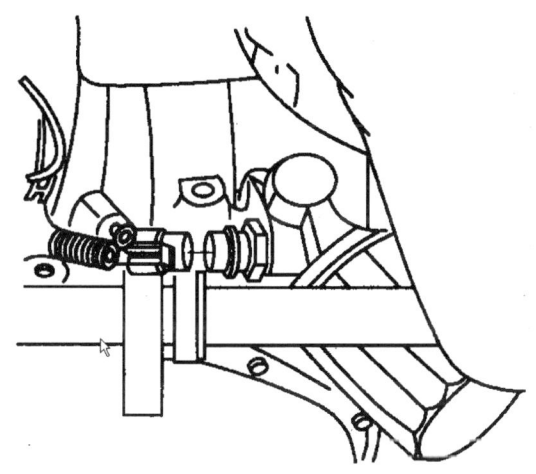

图 5-30　拆卸机油压力传感器

④ 在机油压力传感器位置，安装机油压力表转换接头，如图 5-31 所示。

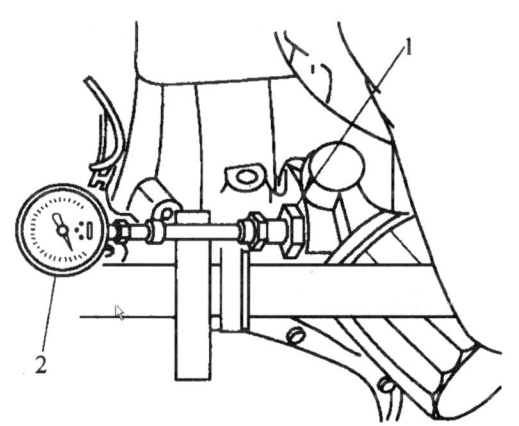

图 5-31　安装机油压力表转换接头

1—机油压力表转换接头；2—机油压力表。

⑤ 连接机油压力传感器至机油压力表转换接头。
⑥ 启动发动机并使其达到正常工作温度。

4）注意事项

（1）润滑油要按照厂家的规定来选择、添加和更换。

（2）检查发动机机油液面高度时最好在机油温热时进行刻度线。而且机油液面高度不能超过上限。

（3）启动发动机并使其达到正常工作温度后，方可检测机油压力。

（四）润滑系统的常见故障诊断与排除

润滑系统的常见故障为机油压力过低、机油压力过高、机油变质、机油消耗异常等。

润滑系统常见故障部位为机油泵、机油滤清器。

1. 机油压力过低

1）故障现象

发动机在正常工作温度和转速下，机油压力表读数低于规定值或机油压力报警灯报警。

2）故障主要原因

故障原因可能是由于电路方面的问题而导致显示错误，也可能是机油压力确实过低。

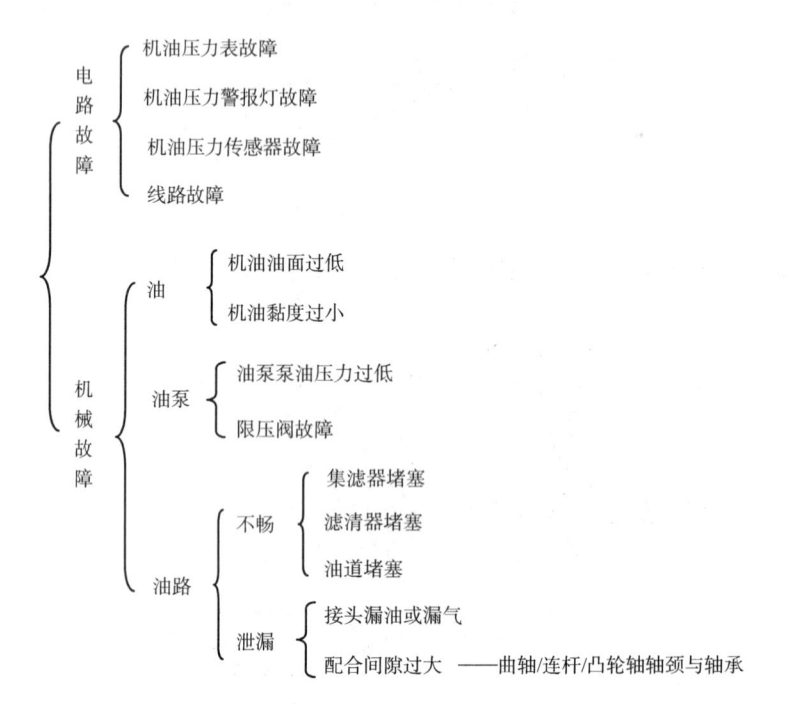

```
           ┌ 电路故障 ┬ 机油压力表故障
           │         ├ 机油压力警报灯故障
           │         ├ 机油压力传感器故障
           │         └ 线路故障
           │
故障 ──────┤         ┌ 油 ┬ 机油油面过低
           │         │    └ 机油黏度过小
           │         │
           │         ├ 油泵 ┬ 油泵泵油压力过低
           └ 机械故障┤      └ 限压阀故障
                     │
                     │      ┌ 不畅 ┬ 集滤器堵塞
                     │      │      ├ 滤清器堵塞
                     └ 油路 ┤      └ 油道堵塞
                            │
                            └ 泄漏 ┬ 接头漏油或漏气
                                   └ 配合间隙过大 —— 曲轴/连杆/凸轮轴轴颈与轴承
```

3）故障诊断方法

机油压力过低故障诊断流程如图 5-32 所示。

2. 机油压力过高

1）故障现象

发动机在正常工作温度和转速下，机油压力表读数高于规定值。

2）故障主要原因

（1）电路故障，参见"机油压力过低"故障。

（2）机油过多或黏度过大。

（3）机油限压阀弹簧压力调整过大。

（4）到机油限压阀的润滑油道堵塞。

3）故障诊断方法

机油压力过高故障诊断流程如图 5-33 所示。

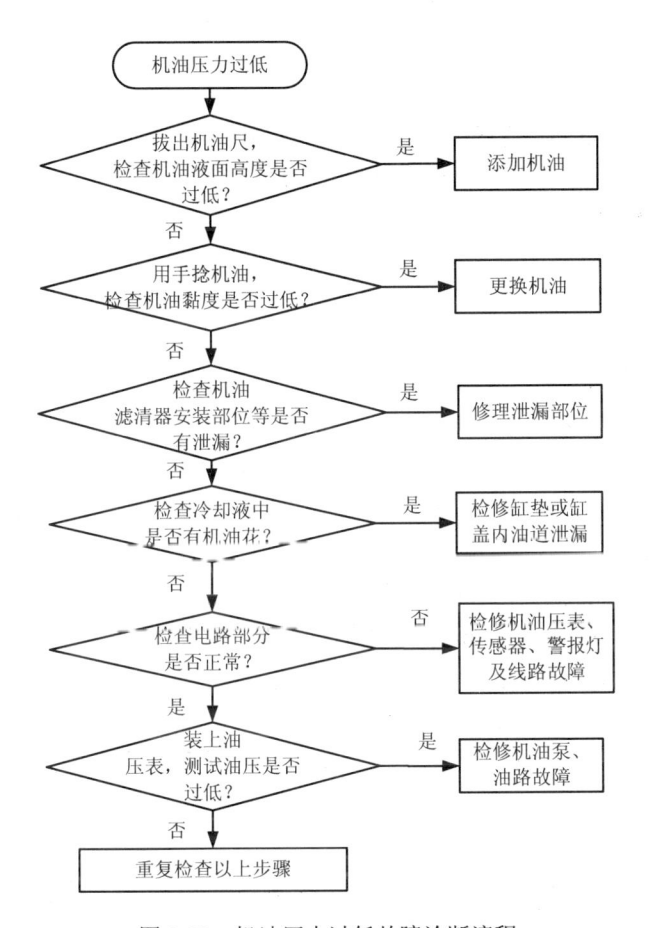

图 5-32　机油压力过低故障诊断流程

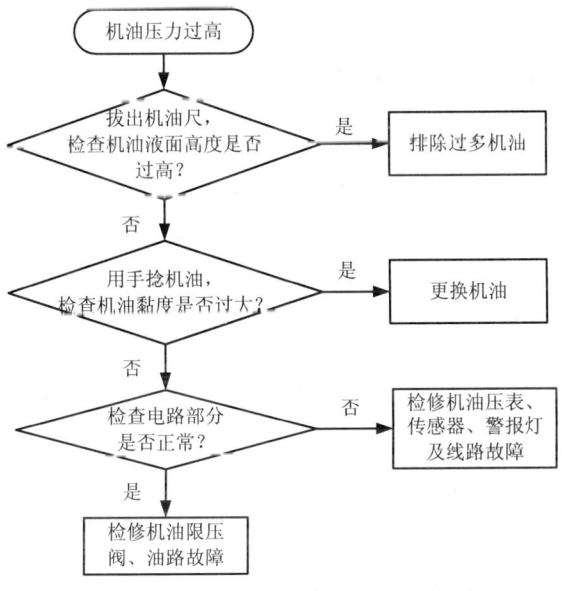

图 5-33　机油压力过高故障诊断流程

3. 机油变质

1) 故障现象

（1）机油颜色变黑，黏度下降。

（2）含有水分，机油乳化，乳浊状并有泡沫。

2) 故障主要原因

（1）活塞环漏气。

（2）机油使用时间太长。

（3）滤清器性能不良。

（4）曲轴箱通风不良。

（5）发动机缸体或缸垫漏水。

3) 故障诊断方法

机油变质故障诊断主要是分析清楚机油变质的原因。一般可通过眼观、手捻和鼻嗅的人工经验诊断法来检验。

（1）用机油尺取几滴机油滴在中性纸上，若发黑则说明机油使用时间过长而变质。

（2）用手捻搓，有滑腻感，说明机油内混有燃油。

（3）若取出的机油为乳浊状且有泡沫，说明机油中进水。

（4）若机油过脏，说明机油滤清器失效。

为精确分析机油变质原因，最好是用油质仪和滤纸斑点试验法进行机油品质检查。

4. 机油消耗过多

1) 故障现象

机油消耗量超过规定值（如捷达轿车大于 1.0L/1000km），排气冒蓝烟，汽缸内积炭增多。

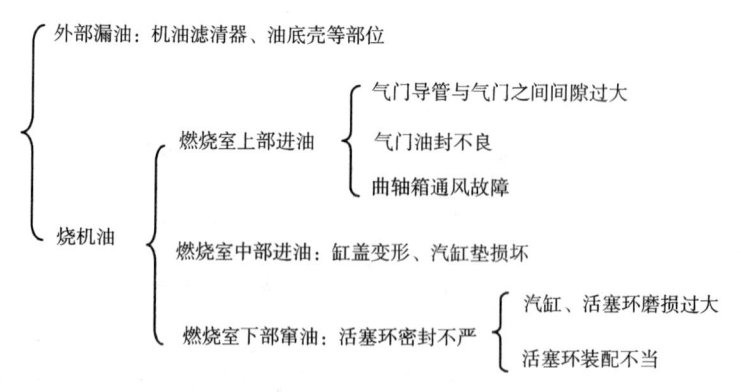

2) 故障主要原因

$$\text{烧机油} \begin{cases} \text{外部漏油：机油滤清器、油底壳等部位} \\ \text{燃烧室上部进油} \begin{cases} \text{气门导管与气门之间间隙过大} \\ \text{气门油封不良} \\ \text{曲轴箱通风故障} \end{cases} \\ \text{燃烧室中部进油：缸盖变形、汽缸垫损坏} \\ \text{燃烧室下部窜油：活塞环密封不严} \begin{cases} \text{汽缸、活塞环磨损过大} \\ \text{活塞环装配不当} \end{cases} \end{cases}$$

3) 故障诊断方法

机油消耗过多故障诊断流程如图 5-34 所示。

项目五 润滑系统的检修

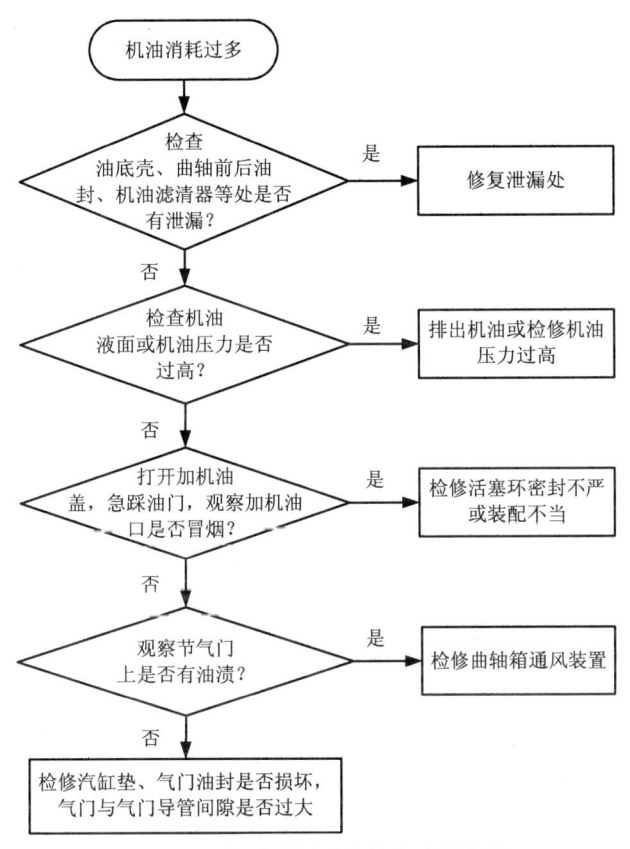

图 5-34 机油消耗过多故障诊断流程

四、自我测试题

（一）概念题

1. 飞溅润滑
2. 压力润滑

（二）填空题

1. 在发动机润滑系统中，凸轮轴轴颈采用_____润滑。
2. 汽车发动机润滑系统所用的润滑剂有_____和_____两种。
3. 发动机的曲柄连杆机构采用_____和_____相结合的润滑方式。
4. 机油细滤器有_____和_____两种类型。

（三）判断题

1. 由于机油粗滤器串联于主油道中，所以一旦粗滤器堵塞，主油道中机油压力便会大大下降，甚至降为零。（   ）
2. 润滑系统主油道中压力越高越好。（   ）

3．细滤清器能过滤掉很小的杂质和胶质，所以经过细滤清器过滤的润滑油直接流向机件的润滑表面。（ ）

4．润滑系统中旁通阀一般都安装在粗滤器中，其功用是限制主油道的最高压力。（ ）

（四）单项选择题

1．学生 a 说，油底壳用薄钢板冲压而成，其与机体结合面应该加垫片和密封胶密封；学生 b 说，油底壳用铸铁材料制造而成，其与机体结合面不用加垫片和密封胶密封。他们说法应该是（ ）。

　　A．只有学生 a 正确　　　　　　　B．只有学生 b 正确
　　C．学生 a 和 b 都正确　　　　　　D．学生 a 和 b 都不正确

2．下列说法正确的是（ ）。
　　A．固定式集滤器的浮筒始终浮在油面上
　　B．浮式集滤器的浮筒能随着油底壳油平面高低浮动
　　C．浮式集滤器的外浮筒被杂质堵塞时，机油仍然可以进入吸油管
　　D．浮式集滤器比固定式集滤器容易吸入油底壳底部杂质

3．学生 a 说，柴油机功率越大，强化程度越高，应选用高级别的机油；学生 b 说，柴油机活塞平均速度越高，强化程度越高，应选用高级别的机油。他们说法应该是（ ）。

　　A．只有学生 a 正确　　　　　　　B．只有学生 b 正确
　　C．学生 a 和 b 都正确　　　　　　D．学生 a 和 b 都不正确

（五）简答题

1．为什么在发动机中要设置润滑系统？
2．为什么发动机的主要部件都采用压力润滑方式？
3．润滑系统主要由哪几部分组成？
4．润滑油路中有哪几种机油滤清器？其特点是什么？它们应该串联还是并联？为什么？
5．简述齿轮式机油泵的检测和性能试验的方法和技术要求。
6．润滑系统的常见故障有哪些？简述故障的现象、原因以及排除方法。
7．试分析发动机机油压力过低的原因。
8．机油消耗过多怎样诊断处理？

项目六 发动机总装、调试与磨合

一、项目描述

接受学习工作单,正确使用安装工具,以小组为单位,熟练清洗及归类摆放发动机零件,按照装配工艺要求,对桑塔纳 AJR 发动机进行装配,并完成发动机装配竣工检验,最后将发动机总成吊装到车辆上。

通过项目的学习,学生能够达到以下要求。

1. 知识要求

(1) 了解零件的清洗方式及零件正确的摆放方法。
(2) 掌握发动机总成装配工艺及竣工检验方法。
(3) 熟悉发动机吊装工艺。

2. 技能要求

(1) 能够正确清洗和摆放零件。
(2) 会按照工艺要求装配发动机总成,并能够进行竣工检验。
(3) 能进行发动机总成的吊装。

3. 素质要求

(1) 注意 5S。
(2) 注意劳动保护与安全操作。
(3) 具备环境保护意识。
(4) 具有团队协作精神。
(5) 具有组织沟通能力。
(6) 操作规范。

二、项目实施

任务一　发动机零件清洗及归类摆放

训练目标与要求

（1）了解汽车发动机零件清洗和归类摆放注意事项。
（2）会使用适当的工具和设备进行零件的清洗。

训练设备

（1）AJR 发动机所分解的零部件若干。
（2）发动机常用的清洗工具。
（3）棉纱、汽油、清洗剂等辅助材料若干。

训练步骤

1. 汽车发动机零件清洗注意事项

（1）橡胶类零件用酒精清洗，严禁用汽油、柴油等清洗，以免发胀变质。
（2）皮质零件，如牛皮油封、皮圈等用肥皂水清洗，清水冲净再用干抹布擦干净。
（3）胶木、塑料、铝合金、摩擦片、含油轴承等不允许浸泡在容易使零件变质的溶液中。
（4）摩擦片不应接触油类。可用少许汽油擦洗，不得用碱水煮洗。
（5）清洗时要将零件分类，对于精密配合部件不能调乱，清洗前要查看是否有标记区分。

2. 清洗前对零件进行分类并确定哪些零件应进行清洗

	零件名称	清洗过程描述，清洗后如何放置
清洗前对零件进行分类并确定哪些零件应进行清洗		

(续)

	零件名称	清洗过程描述，清洗后如何放置
清洗前对零件进行分类并确定哪些零件应进行清洗		

3. 零件清洗质量检验

（1）清洗后零件是否被损伤。
（2）清洗前、后零件数量是否齐全。
（3）缸体油孔是否畅通，水道是否洗干净。
（4）曲轴、凸轮轴油孔是否畅通。

任务二　发动机总成装配

训练目标与要求

（1）能描述发动机装配、调整的方法。
（2）根据维修手册，正确选用工量具及检测设备，安全规范地完成发动机的装配及性能试验。

训练设备

（1）桑塔纳 2000 型轿车 AJR 发动机。
（2）常用及专用工量具。

训练步骤

1. 清洁汽缸体

如图 6-1 所示，装配前，必须认真清洁和检查汽缸体内外表面以及各油道、油孔和螺孔。

2. 安装曲轴与轴承

（1）如图 6-2 所示，将经过清洗、擦拭干净的曲轴和选配或修配好的轴承、轴承盖及垫片等零件依次摆放整齐，准备装配。

图 6-1　清洁汽缸体　　　　　　　图 6-2　安装曲轴和轴承

（2）如图 6-3 所示，在主轴承摩擦表面上涂上清洁机油，将曲轴安装在缸体上，按记号安装珠轴承盖。在第 3 道主轴颈两侧安装止推垫片，垫片上带油槽的减磨合金表面必须朝向曲柄臂。

注意：轴承盖应按序号安装，不得装错和装反。由中向外对称分次紧固主轴承螺栓（扭矩为 65N·m+90°）。全部螺栓拧紧后，应检查曲轴转动阻力矩。

（3）如图 6-4 所示，检查曲轴的轴向间隙。在曲轴前端装妥百分表，沿曲轴轴向抵在曲轴上，前后撬动曲轴，观察百分表上的摆差，即为曲轴轴向间隙，间隙值应为 0.07mm～0.21mm。

提示：曲轴轴向间隙不符合原厂规定，应更换止推片重新检测。

图 6-3　安装带止推垫片轴承盖　　　　　　　图 6-4　检查曲轴轴向间隙

（4）如图6-5所示，使用专用工具安装曲轴后油封和油封座。

3. 安装活塞连杆组件

（1）如图6-6所示，将汽缸体横置，第1、4缸曲柄转到下止点位置，取第1缸的活塞连杆总成（不带连杆轴承盖，上轴承应在连杆上），润滑各运动部件。检查各环开口位置，第一环开口位置与活塞销轴线错开45°。

图6-5 安装曲轴前后油封和油封座 　　　　图6-6 布置活塞环端口位置

（2）如图6-7所示，按活塞顶部装配标记，将活塞连杆组件装入汽缸，用手引导连杆使其对准连杆轴颈，用夹具收紧各活塞环，用木槌柄将活塞连杆组件推入汽缸。

（3）如图6-8所示，按装配记号装合第1缸连杆轴承及盖，按规定力矩分次交替拧紧连杆螺栓，拧紧力矩为30N·m+90°。按上述方法安装第4缸活塞连杆组件；同理，安装第2、3缸活塞连杆组件。

图6-7 活塞连杆组件装入汽缸 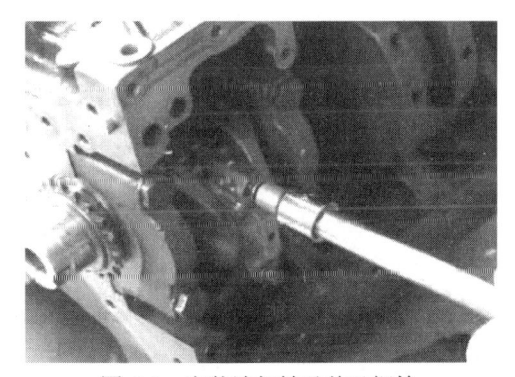　　　　图6-8 安装连杆轴承盖及螺栓

提示：装配时每拧紧一道连杆螺栓应转动曲轴，确认无阻滞现象。

4. 安装机油泵及传动链

（1）如图6-9所示，将机油泵传动链与曲轴链轮相连，按规定力矩紧固机油泵。

（2）如图6-10所示，安装机油泵链张紧器。张紧器应可靠、有效。

5. 安装曲轴前油封和油封座

如图6-11所示，使用专用工具安装曲轴前油封和油封座。

211

6. 安装油底壳

如图 6-12 所示，安装油底壳，并按规定顺序和力矩拧紧螺栓。安装飞轮，并按规定顺序和力矩拧紧飞轮螺栓。

图 6-9　安装机油泵及链

图 6-10　安装机油泵链张紧器

图 6-11　安装曲轴前油封及油封座

图 6-12　安装油底壳

7. 安装汽缸垫及汽缸盖（见图 6-3）

（1）汽缸垫安装时，汽缸垫上有"TOP"字样的一面朝向汽缸盖。

（2）在定位销导向作用下，安装汽缸盖总成，并按规定力矩从中间向两端对称分次拧紧。

提示：安装汽缸盖时，当活塞处于上止点时，必须再旋转 1/4 圈。

8. 安装配气机构

（1）在液压挺柱孔内涂些机油，按原顺序安装液压挺柱。

（2）如图 6-14 所示，安装凸轮轴，按规定顺序和力矩紧固凸轮轴轴承座螺母。紧固轴承座后，检查轴向间隙，其轴向间隙≤0.15mm。

图 6-13　安装汽缸垫及汽缸盖

图 6-14　安装挺柱及凸轮轴

9. 安装正时齿形皮带

（1）齿形带套在曲轴齿形带轮上。

（2）如图 6-15 所示，装上曲轴带盘（螺栓不必拧紧），并定位。

（3）如图 6-16 所示，将凸轮轴齿形带轮标记与气门罩盖平面对齐。

图 6-15　安装曲轴带轮

图 6-16　安装凸轮轴带轮

（4）曲轴带盘的上止点标记对准。

（5）将齿形带套在凸轮轴齿形带轮、水泵齿轮及张紧轮上。

（6）用手指捏在传动带中间，可扭转 90º 为正时带张紧合适。

（7）如图 6-17 所示，拧紧张紧轮紧固螺母，转动曲轴两周，检查正时标记是否正确。

（8）拆下曲轴 V 带盘，装上齿形带下护罩，再安装 V 带盘，以 20N•m 的力矩拧紧固定螺栓。

10. 安装其他附件

（1）如图 6-18 所示，安装机油滤清器及座、火花塞及点火模块、喷油器及燃油总管等，按技术要求安装飞轮及离合器。

图 6-17　安装正时齿形皮带

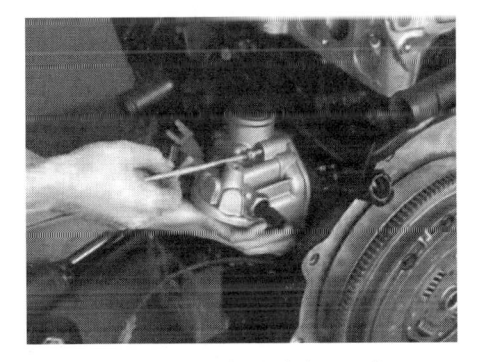

图 6-18　安装机油滤清器及座

（2）如图 6-19 所示，安装进、排气歧管，并装妥发电机、水泵及空调压缩机，套上发电机及压缩机三角皮带并按要求调整松紧度，安装起动机等发动机外部总成和部件，装妥连接导线和气、油管等所有附件。

图 6-19　安装进、排气管等

任务三　发动机总成的吊装

训练目标与要求

（1）了解发动机吊装安全防护措施和车间规范。
（2）掌握发动机吊装安全操作步骤和方法。
（3）掌握发动机吊机、液压千斤顶以及举升器正确使用、维护和保养方法。

训练设备

（1）桑塔纳 2000GSi 轿车及 AJR 发动机。
（2）吊机、液压千斤顶以及举升器各一套。
（3）发动机安装常用及专用工具。

训练步骤

AJR 型发动机的吊装按照拆卸的相反步骤进行（参见项目一之任务一发动机总成的吊卸），但是要特别注意以下几点：

（1）在安装时，应检查发动机和变速器之间的定位销是否安装好。
（2）更换所有的锁紧螺母。
（3）更换所有已经按照拧紧力矩紧固过的螺栓。
（4）更换所有密封圈和衬垫。
（5）在变速器输入轴上涂薄薄的一层 G000100 润滑脂。分离轴承的导向套不必润滑。
（6）必要时检查离合器膜片各分离杠杆的同轴度。
（7）检查曲轴后部滚针轴承是否安装上。
（8）如果汽缸盖和汽缸体都没有更换，则可以使用原来排出的冷却液。
（9）安装发动机支架时，摇动发动机使其安装到位。
（10）调整节气门拉索，使其活动灵活。
（11）在不拧紧螺栓的情况下，调整排气管。
（12）查询故障存储代码。当拔下电气元件接头时，会导致故障代码被存储。查询故障存储代码，必要时删除故障存储代码。
（13）AJR 型发动机主要螺栓螺母拧紧力矩，如表 6-1 所列。

表 6-1　AJR 型发动机主要螺栓螺母拧紧力矩

部位	螺栓螺母型号	拧紧力矩/N·m
一般螺栓螺母	M6	10
	M8	20
	M10	45
	M12	65
发动机支承与副梁螺栓		40±5
发动机支架与发动机支架螺栓		40±5
发动机扭力臂		23±3
前排气管与排气歧管连接螺栓		25±2.5
管子支承与车头连接螺栓		65±6

二、相关知识

（一）零件的清洗方式

燃料在贮存、运输过程中，容易发生氧化反应，生成胶状物质。这些胶状物质按汽油的溶解性可分为可溶胶质和不可溶胶质。不可溶胶质又称为沉积物，它和燃料一起加入汽车油箱后，就会粘附在燃料滤清器上，堵塞过滤介质，使供油量减少，使输油量不足，燃料雾化不良，致使可燃混合气变稀，发动机动力性和经济性下降。

可溶胶质进入燃烧室和燃油一起燃烧后，就会在进气门、活塞顶部、活塞环槽、燃烧室火花塞等部位形成许多坚硬的积炭，造成气门关闭不严，发动机性能下降，如加速不顺、怠速不稳、失速、抖动、爆震等一系列故障。

发动机工作时，燃料或窜入燃烧室的润滑油也不可能百分之百燃烧，未燃烧的部分油料在高温和氧的催化作用下形成盐酸和树脂状的胶质，粘附在零件表面上，再经过高温作用进一步浓缩成沥青质和油焦质等复杂的混合物，即所谓积炭，如图 6-20 和图 6-21 所示。

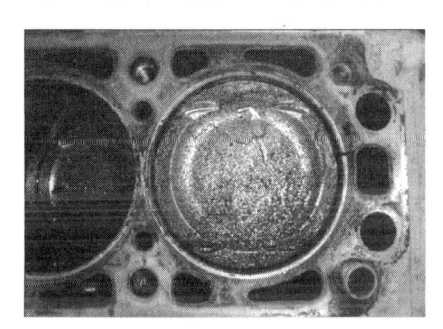

图 6-20　活塞、缸体积炭　　图 6-21　气门积炭

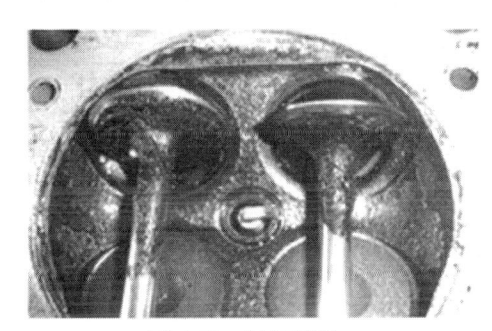

发动机积炭的存在，不仅会减少燃烧室的容积，使燃烧过程中出现许多炙热点，引起混合气先期燃烧，将活塞环粘在活塞环槽中，还能污染发动机润滑系统，堵塞油路和滤油器等。

发动机总成拆散后，拆下的零件不可避免地附有油污和积炭。为了便于对零件进行检验及修理，必须进行清洁及去油作业。燃烧所形成的炭渣积在气缸盖的燃烧室、气门座、气门导管、气门和活塞上。积炭的成分（质量分数）包括：油和树脂 8.5%、沥青质和碳质 60% 及矿物质 30.49%。清除零件上的积炭可以用机械、化学和电化学的方法。

1. 人工清洗方法

（1）在清洗槽内洗刷，如图 6-22 所示。手工清洗中，应注意劳动保护，尽可能戴上手套、眼镜、围裙，以免产生灼伤等事故。

（2）用金属丝刷子除去积炭，如图 6-23 所示。在使用动力驱动的金属丝刷清理零件时，务必戴上面罩或眼镜，以免因刷子上金属丝常会从刷子上掉下而伤人，清洗时注意不要用力过猛，以免对缸体造成损伤。

图 6-22　清洗缸体　　　　　　　　图 6-23　气缸体积炭的清除

（3）气门导管清洗。洁洗气门导管时要求特别仔细，任何积炭或胶质沉积物的残留都将影响气门研磨工作正确进行。气门导管通常用一个手电钻和尺寸合适的尼龙刷或者弹性刮刀加以清理。同时喷丙酮、香蕉水或化油器清洗剂，有助于溶解沉积物。清洗完毕，可用灯光照射导管的一端，从另一端俯视导管孔，检查气门导管的清洗质量。

（4）气门清洗。气门顶部和倒角区表面上的沉积物，可用装在动力磨头上的轮形金属丝刷除去，但应注意气门与气门座圈接触面以及气门杆不能用金属丝刷子去刷，任何微小的擦伤，将导致零件毁坏。气门清除积炭的另一种方法是在积炭清洗剂中浸泡，到软化后，用水冲去。许多修理厂使用玻璃珠球喷丸清理气门，也较有效。

（5）活塞清洗，如图 6-24 所示。现代化车间在清理活塞时采用玻璃珠球喷射法，这是一种快速而彻底的方法，但要注意保护活塞环槽边角，同时经喷丸处理后，应在清洗液中清洗玻璃珠球的残留物。

（6）油道清洗，如图 6-25 所示。全部油道都需用手刷和清洗剂洗净，然后用高压空气吹净、吹通。油道包括连杆轴承润滑油道、曲轴上的油孔、发动机缸体主油孔、摇臂和摇臂轴的润滑孔、推杆和连杆出油孔。其堵塞盖可拆除的，都应卸下，彻底清理。

2. 高压喷射

清洗发动机零件通常采用箱式或立柜式高温高压清洗机。

3. 冷浸泡

化油器清洗剂和积炭清洗剂是最常用的冷浸泡化学剂，它能有效地从零件上清除胶质、油漆、积炭、油泥和其他沉积物。

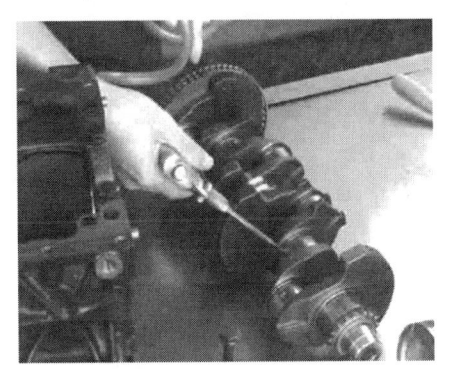

图 6-24　活塞清洗　　　　　　　　　　　图 6-25　油道的清洗

4. 热浸泡

热浸泡是当前小型企业采用最为普遍的清洗方法。

5. 蒸汽清洗

蒸汽清洗可用以清除零件上烤干的脏物、烟灰、润滑油。

6. 玻璃珠球清理

玻璃珠球清理也称玻璃珠球喷丸处理。

7. 热解炉清洗

热解炉是一种干洗设备，主要供修复工作量大的修理厂使用。

8. 超声波清洗

超声波清洗主要用于清洗精密的重要零件。

清除零件上的油污、胶质、积炭、水垢等，以便于零件的检验分类、修理、装配等工作。清洗要求干净彻底，不损伤零件表面和基体，零件表面不允许残留腐蚀剂。清洗时通常根据污垢的性质、零件的材质和表面精度等选用不同的清洗方法和规范。

清洗零件上的油污常用有机溶剂（汽油、柴油、煤油等）或碱溶液。有机溶剂清洗效果好，操作简便，不影响零件表面，但易燃，成本高。碱溶液有不同配方。一般均加有少量乳化剂和防锈剂，成本低。有色金属的清洗液常用易于水解的碱盐如碳酸钠等配制。使用碱溶液清洗油污一般采用清洗机进行清洗。

（二）正确将零件分类摆放

1. 拆卸原则

（1）在拆装顺序上，本着"先装的后拆，后装的先拆，能同时拆就同时拆"的原则。

（2）在拆卸范围上，本着"能不拆的就不拆，尽量避免大拆大卸"的原则。

（3）在拆卸目的上，本着"拆是为了装"的原则。因此，拆卸零件是要特别留意观察、记录零件的安装方向、装配记号、耗损状况并做好零件的分类存放。属同一总成的部件要放在一起，避免丢失或装配时需另花时间寻找。

（4）在拆装细节上。细小的零部件要用小盒子装在一起存放。拆下来的螺栓螺母必须分类装好，不要等到装发动机时再去找螺栓螺母，又要浪费不少时间。

2. 零件分类摆放规律

（1）总成尽量放在一起，并做好记号，如图 6-26 和图 6-27 所示。如活塞总成，外观看起来虽然一样，但每个活塞磨损都不一样，如果调乱装错顺序，将会增加磨损。有些修理厂为了避免错乱，往往在活塞顶部用凿子，人为做记号，以确认该活塞与哪个缸配套。

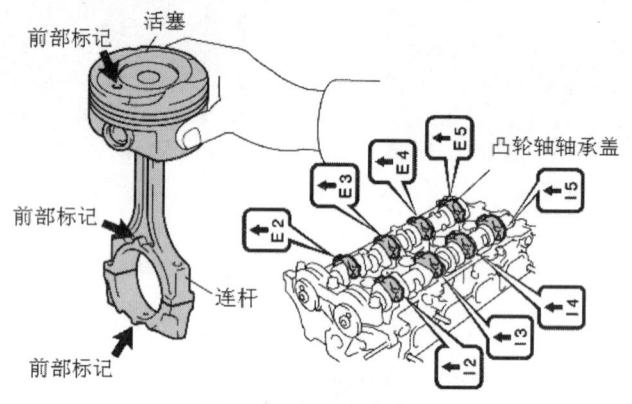

图 6-26 活塞连杆组

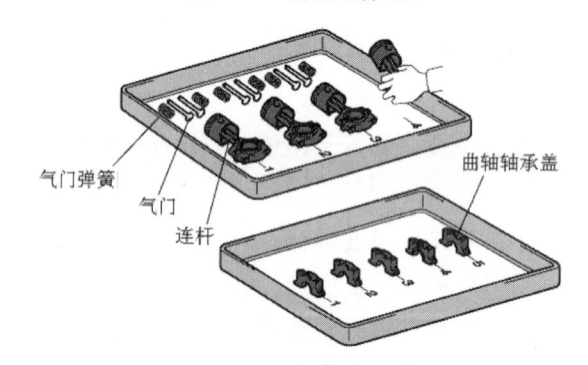

图 6-27 活塞连杆组分类摆放

（2）进排气门摇臂与摇臂轴应串在一起存放，清洗时先做好记号，如图 6-28 所示。

（3）每缸的进气门和排气门要区分好，做好记号，不能错乱，如图 6-29 所示。注意：新车第一次大修时所有气门并无标记，这些标记都是靠人为做的，一般修理人员习惯在气门底部做记号。

图 6-28 气门摇臂与摇臂轴

图 6-29 气门

（4）凸轮轴瓦与凸轮轴属于精密磨合部件，要做记号分类摆放，如图 6-30 和图 6-31 所示。

图 6-30　凸轮轴瓦

图 6-31　凸轮轴

（5）所有气门锁片、气门弹簧、气门垫片可集中存放。如图 6-32 和图 6-33 所示，因为这些零件并不需要分类。

图 6-32　气门锁片

图 6-33　气门弹簧

（6）发动机拆下的螺栓要分类摆放。发动机的螺栓种类繁多，而且有很多都是专用螺栓，不能用普通螺栓代替。如缸盖螺栓、连杆瓦螺栓、曲轴瓦螺栓、凸轮轴瓦螺栓、飞轮紧固螺栓等都属于专用螺栓，不能混淆，也不能用其他螺栓代替。特别是连杆螺栓，在发动机运行中承受很大的交变冲击载荷，是发动机的重要零件之一。一旦连杆螺栓断裂，缸体将会被打穿。

（三）发动机零件清洗机的技术原理、使用方法和注意事项

随着科学技术的进步和汽车维修业的发展，在汽车维护和修理中采用了一些新技术、新工艺、新材料和新设备。它们不仅可以提高汽车的维修速度和质量，而且能增强汽车的可靠性，延长汽车的使用寿命，同时还可以降低汽车维修消耗，减少维修成本，使企业得到较高的经济效益。

汽车维修时需要清洗零件，其目的一是为了对零件检验、分类，便于发现零件的损伤并及时加以修复；二是为了保证维修装配质量。

利用超声波技术的物理清洗作用及清洗介质的化学作用两者的完美结合，并优化选择超声频段及功率密度，实现对各种零部件内外部油污、积炭、胶质等污物充分、彻底地清洗。国外还采用微波清洗技术，使被清洗的零件在微波的作用下，表面形成空穴，再使油

污、油漆自行脱落。因此，在汽车维修中应大力推广这些新技术。下面就超声波技术在汽车维修中的应用作一介绍。

频率高于 20kHz 的声波被称为超声波。声波的传播，亦是能量传递的一种方式。液体中存在微小的气泡（空化核），当超声波以正压和负压交替产生（其交替的频率是每秒钟数万次）的形式在液体中传播时，这些小的空化核会在负压区因负压的突然产生而迅速长大，又会在正压区因正区的突然产生而急速闭合破裂，这就是超声空化。空化作用可以把声场能量集中起来，伴随着空化泡崩溃瞬间，在液体的极小空间内将其高度集中的能量释放出来，形成异乎寻常的高温（>4000℃）和高压（>5×10^{7}Pa）。当被清洗工件浸没于清洗溶液中时，超声波以强大的空化效果作用于工件的内外表面。故其特别适合于复杂多孔、不能用硬物擦洗的光洁表面。

（四）发动机装配工艺及规程

发动机的结构形式很多，整机装配程序也不完全一致，何况有的总成、部件（如启动机、发电机、空版机和滤清器等）的装配顺序先后又无关紧要。但是，发动机装配时仍必须遵循下述工艺原则：

（1）装配时，必须将零部件、总成、工具清洗干净及保持装配场地的清洁。

（2）待装的总成和零部件，必须经过检查或试装确认合格。

（3）不可互换的零部件，如气缸体与飞轮壳、连杆与连杆盖、气门与气门座等，严格按装配标记号安装，不准装错。主要的、有规定要求的螺纹连接件，必须按规定力矩和顺序，分若干次拧紧。

（4）螺纹连接件的所有配套件，如开口销、保险垫片以及垫圈等，一定要按规定装配齐全，不能丢失或漏装。各密封"O"形圈必须更换。

（5）关键部位组合件间的配合间隙，如活塞与气缸、曲轴轴颈与轴承以及轴类零件的轴向间隙、正时齿轮的啮合间隙、配气机构的配气相位、气门间隙等，都必须符合修理技术标准。

（6）装配过程中，应使用规定的工具，采用正确的操作方法和手段，防止拆装中非正常的零部件损伤。禁止野蛮操作。

（7）电路连接各接头、线柱要清洁，接触可靠。

（五）发动机装配过程检验项目、方法、技术要求

发动机的装配是把更换的零件、修理合格的零件和其他辅助零件总成，按照工艺和技术条件要求组装成发动机。发动机的装配过程一般分为两步，即总成装配和整机装配。把修理合格、选配合适的一组零部件，装配成总成的叫做总成装配；把各总成和零部件组装成一台完整的发动机，叫做整机装配。

总成装配和整机装配虽然是两个装配阶段，但在实际操作中却往往是相互连续、相互交叉，并不是截然分开的，有些还是重复进行的，如曲轴主轴承和连杆轴颈的修理与装配等。发动机具体的装配及检验步骤在项目二、项目三、项目四及项目五中已详细介绍。

（六）发动装配竣工检验项目、方法、技术要求

1. 发动机大修出厂前应进行磨合

发动机修理时对零件进行了更换或修复，虽然这些零件都有较高的加工和装配精度，但是零件表面仍然有微小的不平和形位误差，各配合件的实际接触面积小，如果发动机装合后立即投入使用，单位面积上的压力很大，在零件的接触面上将产生剧烈的磨损和高温，甚至产生黏着磨损，导致零件接触面烧伤或拉缸等事故。因此，发动机经大修装复后必须进行磨合。通过磨合提高零件摩擦表面的质量、耐磨性、疲劳强度和抗腐蚀性能，使零件摩擦表面做好承受负荷的准备，及时发现和消除修理和装配中的一些缺陷，最终达到延长发动机使用寿命的目的。

发动机大修后进行无负荷磨合过程应注意以下事项：

（1）无负荷热磨合规范是按规定程序起动发动机，以 600r/min～10000r/min 的转速运转 1h。

（2）检查机油压力、发动机的水温、机油温度是否正常。

（3）检查并校正点火提前角。

（4）检查发动机有无异响。如有异响，应立即停机检查并予以排除。

（5）检查发动机有无漏油、漏水、漏气和漏电现象。

（6）检查发电机充电电压是否正常。

（7）用断缸法检查各缸工作是否良好，测听发动机内部是否有异响（对一些具有电控装置的发动机，不要轻易断开点火高压线）。

2. 发动机大修出厂后走合期磨合

重视新车的走合期在新车走合期内（一般为3000km），发动机内相互配合零件表面的不平部分会被磨去，逐渐形成比较光滑的工作面，改善了零件的表面质量和配合精度，以承受正常的工作负荷。所以走合期内发动机的工作情况直接关系到发动机的使用寿命。车辆在走合期内必须注意：

（1）严禁超负荷运行，不允许超载。一旦发动机工作不平稳，立即换入低挡。

（2）严禁高速行驶。汽车在各挡行驶速度不得超过发动机最高转速的70%。不允许长时间高速行驶。

（3）不要在恶劣道路上行驶，减少振动和冲击。在行驶中应减少突然加速所引起的超负荷现象，例如紧急制动、长时间制动或使用发动机制动等。尽量选择良好路面匀速行驶，走合效果最佳。

（4）发动机刚启动后，不允许猛踩加速踏板，待水温达到正常工作温度后，再平稳起步。起步必须用一挡。

（5）注意发动机冷却液温度、润滑油液面高度等，发现故障要及时排除。

（6）走合期结束后，对汽车进行一次走合保养。

3. 发动机大修后竣工验收

大修后的发动机经装合调整和试验后，要进行验收。技术部门根据 GB/T15764.2—1995《汽车修理质量检查评定标准—发动机大修》、（GB/T3799.1—2005《商用汽车发动机大修

竣工出厂技术条件第一部分：汽油发动机》和 GB/T3799.2—2005《商用汽车发动机大修竣工出厂技术条件第二部分:柴油发动机》进行发动机性能测试，判定其是否符合出厂合格要求，签发合格证，给予质量保证。

发动机竣工验收的具体内容如下：

（1）检查并加足冷却液、机油、燃料。

（2）用检视方法检验发动机装备状况。要求装备齐全、有效，各零部件及附件应符合规定的技术条件。

（3）启动发动机，检查其启动性能。

① 冷车启动。要求在环境温度≥-5℃时应起动顺利，允许连续启动≤3次，每次启动≤5s。

② 热车启动。要求在发动机正常工作温度下，5s内能启动。

（4）检查发动机运转工况。启动发动机运转至正常工作温度。

① 检查怠速工况。用转速表进行运转试验或发动机综合仪测量，要求发动机怠速运转稳定，转速符合原设计规定，转速波动≤50r/min。

② 检查转速变化状况。用转速表检查发动机改变转速时应过渡圆滑，突然加速或减速时，不得有爆燃声、断火、回火、放炮等现象。

（5）检查发动机运转时有无异响。用检视或发动机异响分析仪检查，要求发动机在正常工况下，运转时不得有异常响声。

（6）检视发动机机油压力、冷却液温度、机油温度。在发动机正常运转工况下，应符合原厂设计规定。

（7）检查气缸压力。

① 检查压力值。用转速表测速，气缸压力表测量各缸压力，气缸压力应符合原设计规定。

② 检查各缸压力差。用转速表、气缸压力表或发动机分析仪测量。汽油机要求每缸压力与各缸平均压力差不大于各缸平均压力的8%，柴油机不大于10%。

（8）检查发动机进气歧管真空度。用转速表、真空表检查，要求汽车发动机怠速时，进气歧管真空度应在57kPa～70kPa。

（9）检查发动机功率和转矩。将发动机运转到正常工作温度，用测功机或发动机综合测试仪进行测量，要求发动机最大功率、最大转矩不小于原设计规定值的90%。

（10）检查发动机燃料消耗率。用油耗计、测功机按有关规定测量，要求发动机最低燃料消耗不大于原设计要求。

（11）检查发动机排放。发动机排放应符合国家规定要求。

（12）检查润滑油质量。用检视或润滑油质分析仪检查，要求发动机润滑油规格、数量、质量应符合原设计规定。

（13）检视发动机四漏情况。用检视方法检查，要求发动机应无漏水、漏油、漏气、漏电现象，但润滑油、冷却液密封接合面处允许有不致于形成滴状的浸渍。

（14）检查柴油发动机停机装置。用检视方法检查，要求柴油发动机停机装置应灵活有效。

(15）检查加装限速装置。用检视方法检查，要求发动机应按规定加装限速片或对限速装置作相应调整，并加铅封。

(16）检视发动机涂漆。要求发动机外表应按规定涂漆，漆层均匀，不得有漏涂现象。

(17）填写发动机修理竣工检验表，如图 6-2 所示。

表 6-2　发动机大修竣工出厂检验单

进厂编号		厂牌车型		牌照号码				
发动机号码		竣工日期		主修人				
发动机外观、装备及性能								
发动机外观：	怠速转速/（r/min）：							
涂装：	运转状况： 怠速：　中速：　高速：　加速及过渡：							
四漏检查： 油：　水：　电：　气：	发动机异响：							
螺栓螺母：	机油压力 怠速/MPa：　　高速/MPa：							
润滑油：	汽缸压力/Mpa：							
	1	2	3	4	5	6	7	8
	汽缸压力差/Mpa							
空滤器：	真空度： 怠速/MPa：　　波动范围/MPa：							
	怠速				高速怠速			
	CO/%		HC/10^{-6}	CO/%			HC/10^{-6}	
启动性能：	最大功率/kW 和最大扭矩/N·m							
冷启动：	发动机比油耗/[g/（kW·h）]							
备注：								

竣工检验签字：　　　　　　　　　　　　　年　　月　　日

四、自我测试题

（一）概念题

1．积炭

2．走合期

3．超声波清洗

（二）填空题

1．摩擦片不应接触_____。可用少许_____擦洗，不得用_____煮洗。

2．装配前，必须认真清洁和检查汽缸体_____以及各_____道、_____孔和_____孔。

3．在定位销导向作用下，安装汽缸盖总成，并按规定力矩从_____向_____对称_____拧紧。

4．全部油道都需用手刷和清洗剂洗净，然后用_____吹净、吹通。

5．用转速表、汽缸压力表或发动机分析仪测量。汽油机要求每缸压力与各缸平均压力差不大于各缸平均压力的_____%，柴油机不大于_____%。

（三）判断题

1．橡胶类零件可以用汽油或柴油清洗。（   ）

2．轴承盖应按序号安装，不得装错和装反，由外向中对称分次紧固主轴承螺栓。（   ）

3．化油器清洗剂和积炭清洗剂是最常用的冷浸泡化学剂，它能有效地从零件上清除胶质、油漆、积炭、油泥和其他沉积物。（   ）

4．虽然缸盖螺栓、连杆瓦螺栓、曲轴瓦螺栓、凸轮轴瓦螺栓、飞轮紧固螺栓等都属于专用螺栓，不能混淆，但可用其他螺栓代替。（   ）

5．用检视方法检查，要求发动机应无漏水、漏油、漏气、漏电现象，润滑油、冷却液密封接合面处不允许有形成滴状的浸渍。（   ）

（四）单项选择题

1．将发动机运转到正常工作温度，用测功机或发动机综合测试仪进行测量，要求发动机最大功率、最大转矩不小于原设计规定值的（   ）。
　　A．90%　　　　B．80%　　　　C．70%　　　　D．85%

2．把各总成和零部件组装成一台完整的发动机，叫做（   ）。
　　A．混合装配　　B．整机装配　　C．总成装配　　D．以上都不是

3．频率高于20kHz的声波被称为（   ）。
　　A．超声波　　　B．次声波　　　C．声波　　　　D．以上都不是

4．在发动机大修后进行无负荷磨合过程应注意的事项中，哪个说法是错误的？（   ）
　　A．无负荷热磨合规范是按规定程序起动发动机，以600r/min～1000r/min的转速运转3h。
　　B．检查机油压力、发动机的水温、机油温度是否正常。
　　C．检查并校正点火提前角。
　　D．检查发动机有无异响。如有异响，应立即停机检查并予以排除。

（五）简答题

1．汽车发动机零件清洗注意事项有哪些？

2．简述人工清洗的方法有哪些？

3．发动机装配时必须遵循的工艺原则是什么？

4．发动机大修后竣工验收的参照的技术标准有哪些？

参考文献

[1] 吴文琳. 图解汽车发动机构造手册[M]. 北京:化学工业出版社, 2007.
[2] 仇雅莉, 钱锦武. 汽车发动机构造与维修[M]. 北京：机械工业出版社, 2008.
[3] 郭清华. 汽车发动机检测与维修实训[M]. 北京：机械工业出版社, 2008.
[4] 李宪民. 桑塔纳 2000 系列轿车使用与维修问答[M]. 北京：机械工业出版社, 2003.
[5] 汤定国. 汽车发动机构造与维修[M]. 北京：人民交通出版社, 2005.
[6] 杨益明. 汽车发动机构造与维修[M]. 西安：西安电子科技大学出版社, 2007.
[7] 陈文华. 汽车发动机构造与维修[M]. 北京：人民交通出版社, 2001.
[8] 张大成, 戴汝南. 上海桑塔纳 2000 系列轿车维修手册[M]. 北京：北京理工大学出版社, 2001.
[9] 姜玉波. 汽车发动机构造[M]. 北京：北京大学出版社, 2006.
[10] 蔡兴旺. 汽车构造与原理[M]. 北京：机械工业出版社, 2004.
[11] 陈家瑞. 汽车构造[M]. 北京：人民交通出版社, 2002.

目 录

学习工作单 1 ·· 1

学习工作单 2 ·· 2

学习工作单 3 ·· 6

学习工作单 4 ·· 8

学习工作单 5 ·· 10

学习工作单 6 ·· 12

学习工作单 7 ·· 15

学习工作单 8 ·· 17

学习工作单 9 ·· 20

学习工作单 10 ·· 23

学习工作单 11 ·· 26

学习工作单 12 ·· 29

学习工作单 13 ·· 33

学习工作单 14 ·· 35

学习工作单 15 ·· 39

学习工作单 16 ·· 40

学习工作单 17 ·· 43

学习工作单 1

课程：<u>汽车发动机机械维修</u>　姓名：_____　班级：_____　日期：_____

项目：<u>项目一：发动机基本认识</u> 任务：<u>任务一：发动机总成的吊卸</u>	车　　型：<u>桑塔纳 2000GSi</u> 总成型号：<u>AJR 发动机总成</u>

1. 说出吊装发动机用到的专用工具名称，并说明使用关键注意事项。

2. 进行发动机总成的吊卸，并简述其操作要点。

评阅教师_____　成绩（等级）：_____　日期：_____

学习工作单 2

课程：__汽车发动机机械维修__ 姓名：_____ 班级：_____ 日期：_____

项目：项目一：发动机基本认识 任务：任务二：发动机总体构造认识与常用工具的使用	车　　型：桑塔纳 2000GSi 总成型号：AJR 发动机总成

（1）将工具分类摆放，观察认识工具，并写出其名称。

（2）观察发动机，认识发动机外围各附件，对照教材图 1-13，找出学习工作单表 1 所列标号的发动机零件并在表中填写其名称（或标号），并写出该零件的作用。在已分解的发动机中查找到后在"认识"一档中打"√"。

表 1　发动机外围各附件认识

标号	零件名称	作　　用	认识	考核
1	空调压缩机			
2	张紧装置			
3				
4				
5				
6				

（3）小组讨论分解发动机的顺序，并记录讨论结果并向指导教师汇报。

（4）拆开气门室盖和正时皮带罩后，转动发动机曲轴观察汽缸盖上配气机构的运动和曲轴运动的关系。曲轴每转动两圈，凸轮轴转动_____圈。

(5) 拆除汽缸盖后，转动发动机曲轴，观察活塞的运动和第一缸上止点记号，画图记录观察结果。

(6) 分解发动机，对照教材图 1-14，找出表 2 所列标号的发动机零件并在表中填写其名称，并写出该零件的作用。在已分解的发动机中查找到后在"认识"一档中打"√"。

表 2　AJR 型发动机汽缸盖分解零件认识

标号	零件名称	作　用	认识	考核
4				
5				
6				
16				
21				
22				
29				

(7) 继续分解发动机，对照教材图 1-15，找出学习工作单表 3 所列标号的发动机零件并在表中填写其名称（或标号），并写出该零件的作用。在已分解的发动机中查找到后在"认识"一档中打"√"。

表 3　AJR 型发动机配气机构零件分解

标号	零件名称	作　用	认识	考核
2				
6				
7				
8				
9				
10				

(续)

标号	零件名称	作用	认识	考核
11				
12				
13				
14				
15				

（8）继续分解发动机，对照教材图 1-16，找出表 4 所列标号的发动机零件（或找出已列出零件在表中填写其名称（或标号），并写出该零件的作用。在已分解的发动机中查找到后在"认识"一档中打"√"。

表 4 AJR 型发动机汽缸体总成分解

标号	零件名称	作用	认识	考核
1				
2				
3				
4				
7				
11				
13				
14				

（9）小组各成员相互考核对发动机零部件的认识情况（结果记录在表 2、表 3、表 4 中）。

（10）安装发动机。在安装汽缸盖之前，转动发动机，用直尺测量有关尺寸，据此计算该发动机的排量(记录测量结果，列出计算公式，计算结果)。

① 发动机排量的计算公式是：

② 为测量发动机的排量，应测量：

③ 计算过程和计算结果：

（11）由指导教师随机选取 5 件工具，考核各位学生对工具的认识情况，并记录学习工作单表 5 中去。

表 5　工具的认识情况考核表

序号	工具名称	考核	序号	工具名称	考核
1	（　　）#套筒扳手		8	活塞环拆装钳	
2	（　　）#开口扳手		9	棘轮扳手	
3	（　　）#梅花扳手		10	内六角扳手	
4	扭力扳手		11	旋转手柄	
5	鲤鱼钳		12	尖嘴钳	

评阅教师＿＿＿＿＿＿　成绩（等级）：＿＿＿＿＿＿　日期：＿＿＿＿＿＿

学习工作单 3

课程：<u>汽车发动机机械维修</u>　　姓名：_____　　班级：_____　　日期：_____

项目：<u>项目二：汽缸盖和配气机构的检修</u> 任务：<u>任务一：发动机正时带/传动带的检查与更换</u>	车　　型：<u>桑塔纳 2000GSi</u> 总成型号：<u>AJR 发动机总成</u>

1. 发动机传动带的拆装和检查

（1）观察发动机，判断其传送带的类型，画出发动机传送带的驱动简图。

（2）在什么情况下需要检查发动机传送带？

（3）发动机传送带过松或过紧有什么危害？其张紧度有哪几种调节方法？

（4）如何检查传送带和张紧器？

2．发动机正时带的拆装和检查调整

（1）发动机正时带为什么要在规定的周期内进行调整？查阅维修资料，AJR 发动机正时带的更换周期？

（2）如何就车拆卸 AJR 发动机正时带？

（3）如何检查发动机正时带和张紧器？

（4）如何安装 AJR 发动机正时带和张紧器？

（5）如何调整 AJR 发动机正时带和张紧器？

评阅教师_____成绩（等级）：_____日期：_____

学习工作单 4

课程：__汽车发动机机械维修__　　姓名：_____　　班级：_____　　日期：_____

	项目：<u>项目二：汽缸盖和配气机构的检修</u> 任务：<u>任务二：汽缸盖和汽缸垫的拆装与检修</u>	车　　型：<u>桑塔纳 2000GSi</u> 总成型号：<u>AJR 发动机总成</u>

　　1. 就车拆卸汽缸盖之前的准备工作

　　2. 汽缸盖的拆装

（1）汽缸盖螺栓松开顺序。

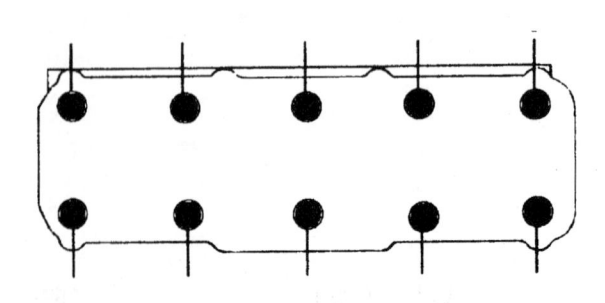

（2）汽缸盖螺栓的紧固顺序。

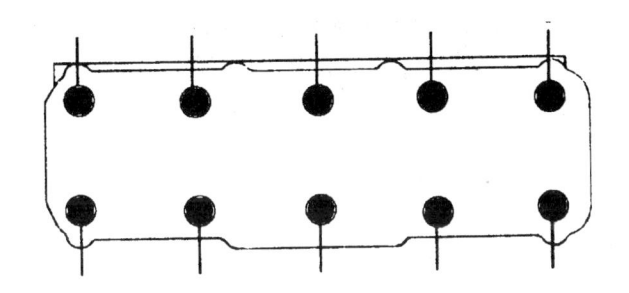

3. 检查汽缸盖平面度

（1）写出汽缸盖平面度检查的量具。

（2）如何检查汽缸盖平面度？并画图说明。

4. 检查汽缸盖与进排气歧管结合平面（侧平面）的平面度，并画图说明

评阅教师＿＿＿＿＿＿成绩（等级）：＿＿＿＿＿＿日期：＿＿＿＿＿

学习工作单 5

课程：__汽车发动机机械维修__　姓名：_____　班级：_____　日期：_____

 项目：**项目二：汽缸盖和配气机构的检修** 任务：**任务三：气门传动组的拆装与检修**	车　　型：**桑塔纳 2000GSi** 总成型号：**AJR 发动机总成**

1. 凸轮轴的拆卸步骤

2. 看图介绍凸轮轴同轴度检测方法及标准

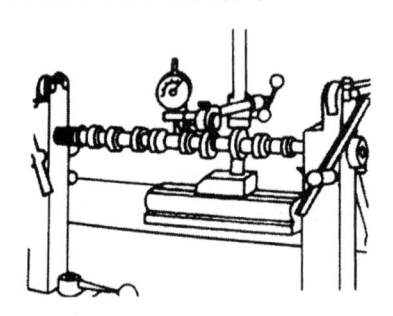

3. 看图介绍凸轮轴轴向间隙检测方法及标准

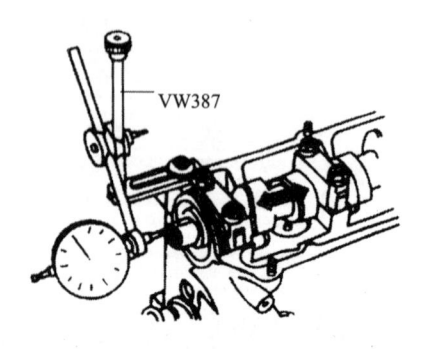

4. 看图介绍凸轮磨损的检测方法及标准

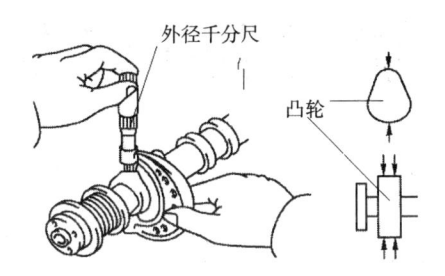

5. 看图介绍凸轮轴轴颈磨损的检测方法及标准

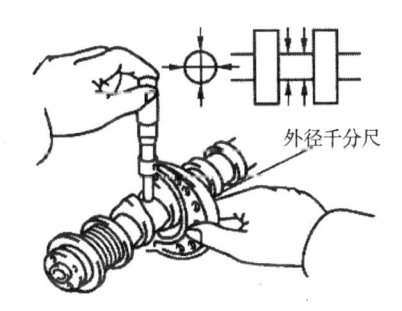

6. 看图介绍凸轮轴油膜间隙的检测方法及标准

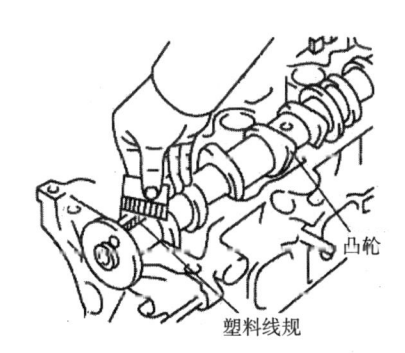

7. 写出凸轮轴的安装步骤

评阅教师_____ 成绩（等级）：_____ 日期：_____

学习工作单 6

课程：__汽车发动机机械维修__　　姓名：_____　　班级：_____　　日期：_____

项目：**项目二：汽缸盖和配气机构的检修**　　车　　型：**桑塔纳 2000GSi**
任务：**任务四：气门组的拆装与检修**　　总成型号：**AJR 发动机总成**

1. 气门弹簧的检测

（1）目视检验气门弹簧，说出目视检验结果，如有不正常现象，怎么办？

（2）看图介绍气门弹簧自由长度的检测方法。

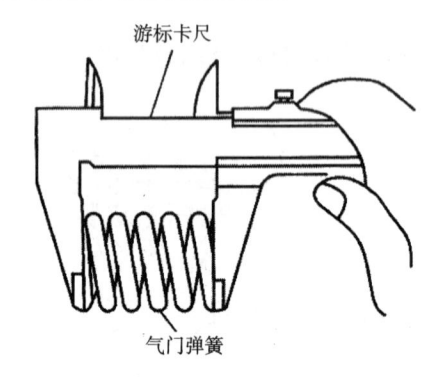

游标卡尺

气门弹簧

（3）看图介绍气门弹簧垂直度的检测方法。

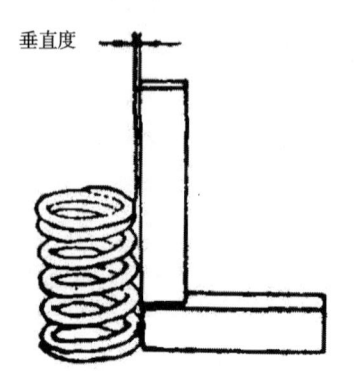

垂直度

（4）看图介绍气门弹簧弹力的检测方法。

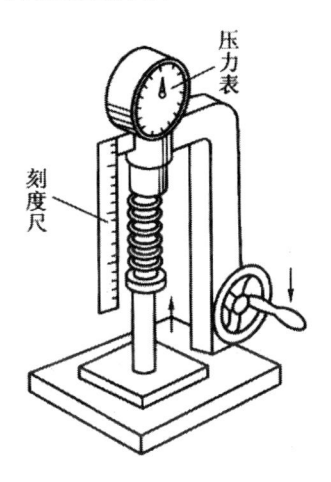

压力表

刻度尺

2. 气门与气门座的检修

（1）目测气门时，观察积炭的部位并说明。

（2）如何测量气门的尺寸？并用图说明。

（3）如何检查气门和气门座之间的接触情况？

（4）如何检测气门与气门座之间的密封性？

（5）如何检查气门杆与气门导管的配合间隙？

评阅教师＿＿＿＿＿＿＿　成绩（等级）：＿＿＿＿＿＿＿　日期：＿＿＿＿＿＿

学习工作单 7

课程：<u>汽车发动机机械维修</u>　　姓名：_____　　班级：_____　　日期：_____

项目：项目二：汽缸盖和配气机构的检修	车　　型：桑塔纳 2000GSi
任务：任务五：气门间隙的检查和调整	总成型号：EQ6100 或 5A/8A 发动机总成

1. 气门间隙过大、过小有什么危害？

2. 调整气门间隙的条件是什么？

3. 该发动机进排气门的气门间隙的技术要求填写在表 1 中。

表 1　气门间隙的调整

发动机的做功顺序	气门间隙技术要求/mm		在合适的选项中打"√"		
^	进气门	排气门	逐缸调整法	两次调整法	
^	^	^	^	第一次可调气门（写上气门序号）	第二次可调气门（写上气门序号）

4．在两次调整法调整气门间隙时，如何判断和确认第一缸处于压缩上止点？

5．如何调整气门间隙？并写出步骤

学习工作单 8

课程：__汽车发动机机械维修__　姓名：_____　班级：_____　日期：_____

项目：__项目三：汽缸体和曲柄连杆机构检修__　　车　　型：桑塔纳 2000GSi
任务：__任务一：汽缸体和曲柄连杆机构的拆装__　　总成型号：AJR 发动机总成

1．活塞连杆组的拆卸

（1）用_____去掉炭缸内壁积炭。

（2）拆卸连杆轴承盖，用_____在连杆螺栓上，以保护曲轴和汽缸壁不受损伤。

（3）AJR 型发动机活塞销采用_____连接方式。

（4）拆下实训台架上 AJR 型发动机活塞连杆组，观察其结构，对照下图和表 1，查找标号所列的部位，找到的在"认识"一档中打"√"，未找到的打"×"。老师抽检考核。

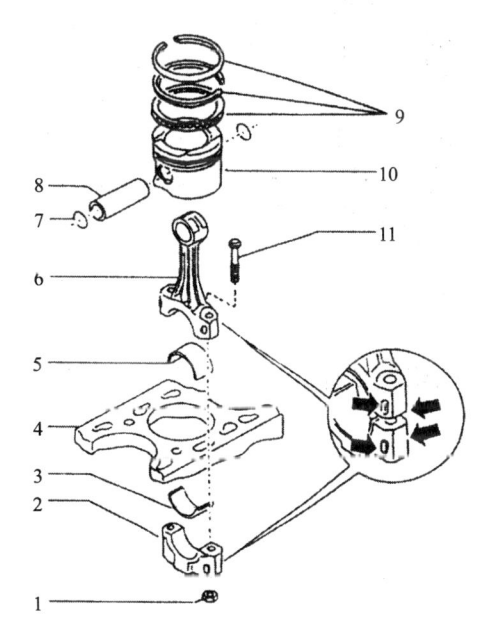

表 1　活塞连杆组结构认识

标号	名　称	作　用	认识	考核
1				
2				
3				

（续）

标号	名　称	作　　用	认识	考核
4				
5				
6				
7				
8				
9				
10				
11				

2．曲轴飞轮组的拆解

(1) 在下图标出主轴承盖紧固螺栓的拆卸顺序。

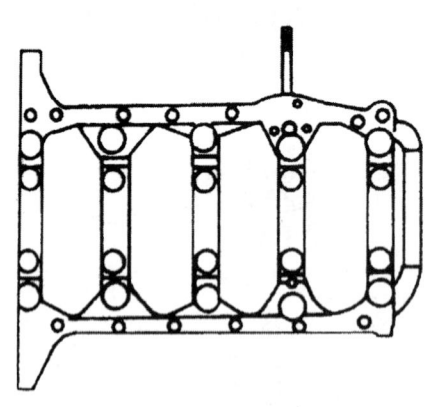

(2) 拆下的主轴承盖要做好_____和_____。

3．说出活塞连杆组的组装步骤

4. 说出活塞环装配的注意事项

评阅教师＿＿＿＿＿＿＿成绩（等级）：＿＿＿＿＿＿日期：＿＿＿＿＿＿

学习工作单 9

课程：__汽车发动机机械维修__　　姓名：_____　　班级：_____　　日期：_____

项目：<u>项目三：汽缸体和曲柄连杆机构检修</u> 任务：<u>任务二：汽缸体的检修</u>	车　　型：<u>桑塔纳 2000GSi</u> 总成型号：<u>AJR 发动机总成</u>

1. 发动机汽缸体水套和汽缸盖水套的裂纹检查

（1）水压试验法简要步骤。

（2）如何使用染色渗透剂法？

2. 汽缸体上平面的变形检查

（1）写出检查上平面的变形检查量具。

（2）应在哪些位置和方向测量汽缸体上平面的平面度，在下图中标注说明。

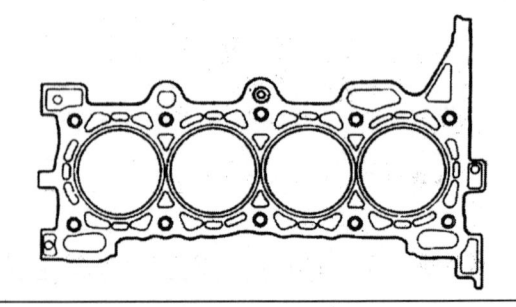

(3) 在表 1 中记录汽缸体平面变形检查。

表 1　汽缸体平面变形检查记录表

方向	位置 1/mm	位置 2/mm	位置 3/mm	位置 4/mm	位置 5/mm	位置 6/mm
变形量						

3．汽缸磨损的检查

(1) 写出测量汽缸磨损应使用的工具和量具。

(2) 请说明应在哪些位置和方向上测量汽缸直径，并在下图中标注说明。

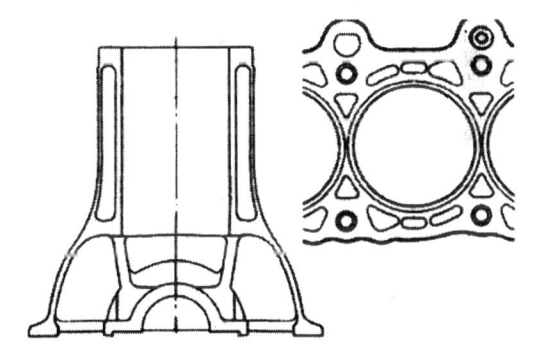

(3) 请说明如何计算汽缸的圆度和圆柱度，列出计算公式：

圆度=_____

圆柱度=_____

(4) 将检测结果记录在表 2 中，并计算汽缸的圆度和圆柱度。

表 2　汽缸磨损记录表

汽缸 截面	一缸 A向	一缸 B向	圆度	二缸 A向	二缸 B向	圆度	三缸 A向	三缸 B向	圆度	四缸 A向	四缸 B向	圆度
①（上）												
②（中）												
③（下）												
圆柱度												
最大磨损量												

汽缸圆度	汽缸圆柱度	汽缸最大磨损量

4．如何确定该汽缸的修理等级？如何计算修理尺寸？

评阅教师_____ 成绩（等级）：_____ 日期：_____

学习工作单 10

课程： 汽车发动机机械维修　　姓名：＿＿＿＿　　班级：＿＿＿＿　　日期：＿＿＿＿

项目： 项目三：汽缸体和曲柄连杆机构检修　　　车　型： 桑塔纳 2000GSi
任务： 任务三：检修活塞连杆组　　　　　　　　总成型号： AJR 发动机总成

1. 活塞环的检查

（1）活塞环间隙的检查。

① 写出测量活塞环开口间隙的工具和量具。

② 说明应如何测量活塞环的开口间隙。

③ 测量两个活塞环开口间隙，将检测结果记录在表 1 中，并说明是否正常。

表 1　活塞环开口间隙记录表

间隙 汽缸	第一道气环端隙/mm	第一道气环端隙/mm	油环端隙/mm
一缸			
二缸			
三缸			
四缸			

（2）检查活塞环侧隙。

① 写出测量活塞环侧隙的工具和量具。

② 说明应如何测量活塞环的侧隙。

③ 测量两个活塞环侧隙，将检测结果记录在表2中，并说明是否正常。

表2 活塞环侧隙记录表

间隙 汽缸	第一道气环侧隙/mm	第二道气环侧隙/mm
一缸		
二缸		
三缸		
四缸		

（3）查阅维修手册，制订维修计划（表3）。

表3 活塞环修复计划

技术参数 活塞环	活塞环端隙 技术要求/mm	活塞环侧隙 技术要求/mm	在以下合适的选项中打"√"	
			可以使用	重新选配
第一道气环				
第二道气环				
油环				

2．活塞直径的检查

（1）在哪个地方测量活塞的直径？在下图上标出。

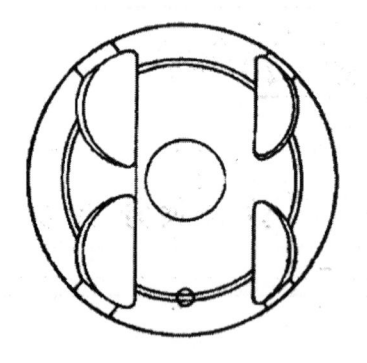

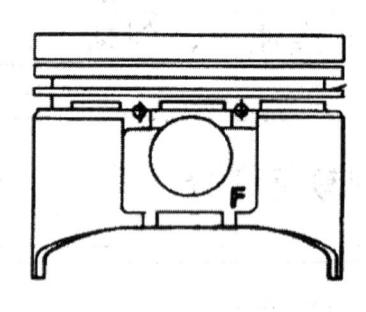

（2）选择任一汽缸，测量其活塞直径，并计算活塞和汽缸的配合间隙：

活塞直径测量值_____

活塞和汽缸的配合间隙_____

3. 检查连杆轴向间隙

在表 4 中记录检查数据。查阅维修手册,制订修复计划。

表 4 连杆轴向间隙

标准轴向间隙/mm	允许最大间隙/mm	各汽缸连杆的轴向间隙/mm				在以下合适的选项中打"√"	
		一缸	二缸	三缸	四缸	更换连杆	正常

4. 采用哪种方法检查连杆径向间隙

评阅教师＿＿＿＿　成绩（等级）：＿＿＿＿　日期：＿＿＿＿

学习工作单 11

课程：__汽车发动机机械维修__　姓名：_____　班级：_____　日期：_____

| | 项目：<u>项目三：汽缸体和曲柄连杆机构检修</u>
任务：<u>任务四：检修曲轴飞轮组</u> | 车　　型：<u>桑塔纳 2000GSi</u>
总成型号：<u>AJR 发动机总成</u> |

1. 曲轴裂纹的检查方法有哪两种

2. 曲轴变形的检查

（1）看图介绍曲轴的弯曲变形的测量方法。

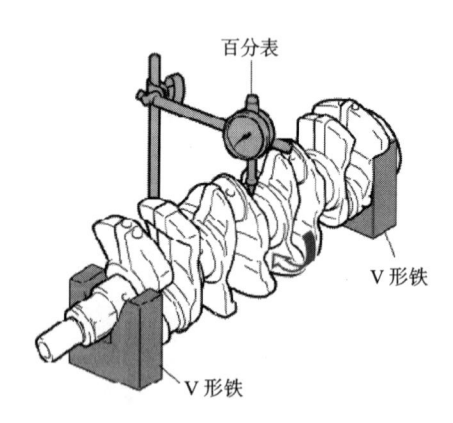

（2）如何测量曲轴的扭曲变形？

3. 曲轴轴颈磨损的检测

（1）写出轴颈测量使用工具和量具。

（2）说明应当在连杆轴颈、主轴颈的哪些位置测量其直径，并在下图中标注说明。

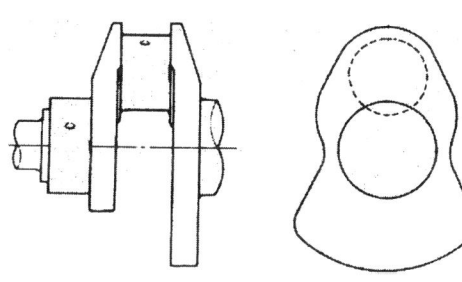

（3）分别在表1、表2中记录连杆轴颈和主轴颈检测数据（单位：mm）。

表 1　连杆轴颈检测数据表

		第一连杆轴颈	第二连杆轴颈	第三连杆轴颈	第四连杆轴颈
第一截面	垂直直径				
	水平直径				
第二截面	垂直直径				
	水平直径				

表 2　主轴颈检测数据表

		第一主轴颈	第二主轴颈	第三主轴颈	第四主轴颈	第五主轴颈
第一截面	垂直直径					
	水平直径					
第二截面	垂直直径					
	水平直径					

（4）填写连杆轴颈和主轴颈磨损最大的数据（表3）。

表 3　连杆轴颈和主轴颈磨损最大的数据

最大磨损的轴颈		第（　）连杆轴颈	第（　）主轴颈
第一截面	垂直直径		
	水平直径		
第二截面	垂直直径		
	水平直径		

（续）

最大磨损的轴颈	第（ ）连杆轴颈	第（ ）主轴颈
计算圆度（$\phi\max-\phi\min$）/2 （同一截面）		
计算圆柱度（$\phi\max-\phi\min$）/2 （整个轴颈）		

4．曲轴轴向间隙的检查

（1）说出曲轴轴向间隙的检查步骤。

（2）在表4中记录曲轴轴向间隙的测量值。查阅维修手册，制订修复计划。

表4 测量值记录和修复计划

标准轴向间隙/mm	允许的轴向间隙极限/mm	轴向间隙测量值/mm	在以下合适的选项打"√"	
			更换止推片	符合技术要求

评阅教师＿＿＿＿＿＿ 成绩（等级）：＿＿＿＿＿＿ 日期：＿＿＿＿＿＿

学习工作单 12

课程：__汽车发动机机械维修__ 　姓名：_____　班级：_____　日期：_____

项目：项目四：冷却系统的检修 任务：任务一：冷却系统的拆装与主要零部件的检修	车　　型：桑塔纳 2000GSi 总成型号：AJR 发动机总成

1. 冷却系统组成认识

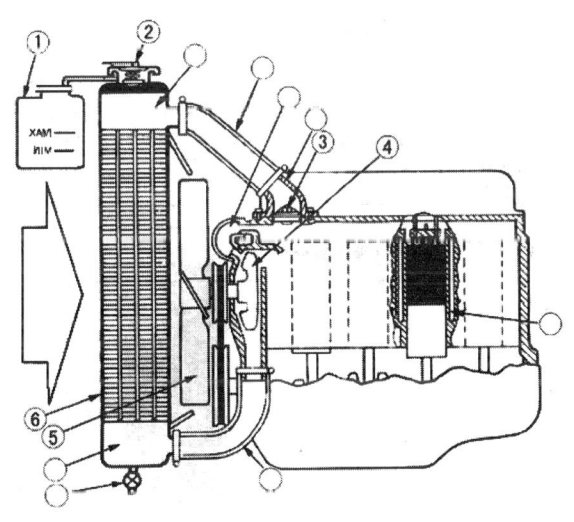

冷却系统示意图

（1）对照上图，将图中注有标号的部件名称填在表 1 中，并写出其作用。

表 1　冷却系统结构认识

标号	名称	作　　用	认识	考核
1				
2				
3				
4				
5				
6				

（2）对照上图和表 2，将表 2 中其他所列零件的标号写在图中相应的标注处。

表 2　冷却系统结构认识

序号	名　　称	考核	序号	名　　称	考核
7	水箱上水室		11	发动机进水管	
8	水箱下水室		12	小循环通道	
9	放水开关		13	发动机出水口	
10	发动机出水管		14	水套	

（3）在发动机台架或实训车辆上查找表 1、表 2 所列零部件，找到的在表 1 "认识" 一栏中打 "√"，未找到的打 "×"。

2．水泵的检修

（1）水泵拆卸前的准备工作有哪些？

（2）发动机水泵常见的损坏形式。

（3）如果发动机停止后水泵的泄水孔有水流出，说明什么，应如何处理？

3．节温器检查

（1）对照下图，将表 3 中注有标号的部位名称填在表 3 中，并写出其作用。写出表 3 中其他部位在图中的标号。观察节温器实物，查找表 3 所列各部位，找到的在表 3 "认识" 一栏中打 "√"，未找到的打 "×"。

单阀式　　　　双阀式

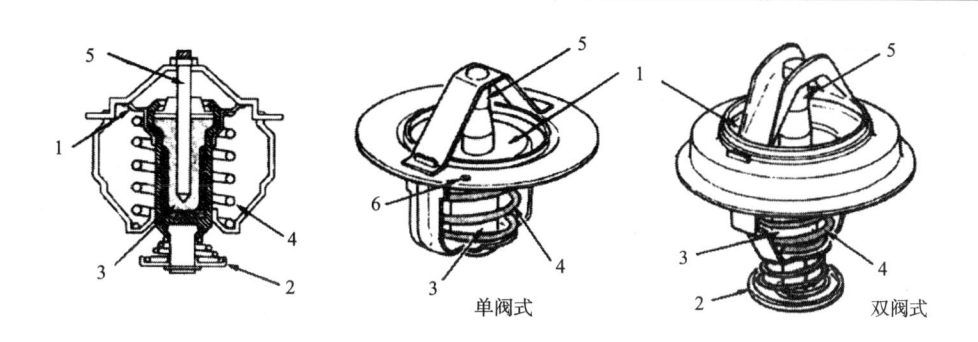

表3　节温器结构认识

标号	名　称	作　用	认识	考核
1				
2				
	通气孔	排气口，可以在常温下节温器不工作时保持水箱和机体水道的联通		
	弹簧			
	感应体（蜡包）			
	中心杆			

（2）如下图所示，检查节温器开启温度和阀门升程。

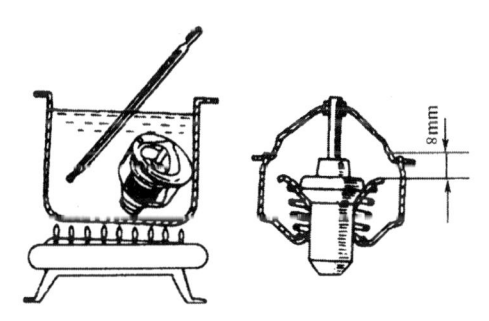

在表4中记录检查结果。查阅维修手册，确定节温器可否继续使用。

表4　节温器检查表

较低温度时节温器状态	节温器开启温度		节温器阀门升程		可否继续使用	
	实测值	标准值	实测值	标准值	是	否

4．散热器的检修

（1）散热器水垢的清洗方法。

（2）散热器的堵漏如何进行？

评阅教师＿＿＿＿＿＿＿＿　　成绩（等级）：＿＿＿＿＿＿＿　　日期：＿＿＿＿＿＿＿＿

学习工作单 13

课程：__汽车发动机机械维修__　姓名：_____　班级：_____　日期：_____

项目：项目四：冷却系统的检修 任务：任务二：冷却系统的维护与调整	车　　型：桑塔纳 2000GSi 总成型号：AJR 发动机总成

1. 如下图所示，如何进行冷却液液位的检查

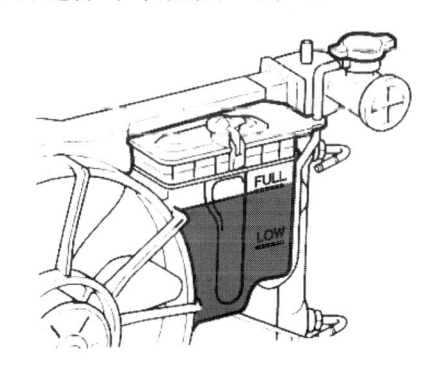

2. 散热器盖的检查

（1）对照下图，将图中注有标号的散热器盖各部位名称填在表 1 中，并写出其作用。

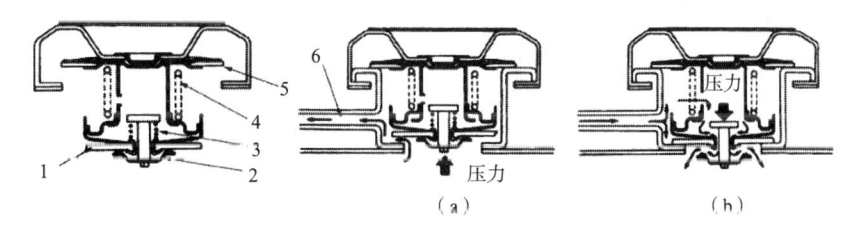

表 1　散热器盖结构认识

标号	名称	作　用	认识	考核
1				
2				
3				
4				
5				
6				

33

（2）拆下实训台架上的发动机散热器盖，观察其结构，对照上图和表 1，查找标号所列的部位，找到的在"认识"一栏中打"√"，未找到的打"×"。

（3）在上图中，（　　）图表示冷却系统温度过高、压力太大时散热器盖的工作状态。（　　）图表示冷却系统温度低、出现真空时散热器盖的工作状态。

（4）说明散热器盖的外观检查的内容和要求。

（5）按下图所示方法，用专用工具检查。

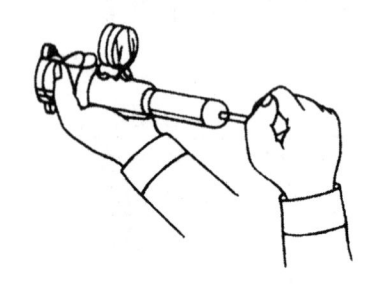

散热器盖的性能，记录检查结果：
主阀门开启压力_____
副阀门开启压力_____

评阅教师_____　　成绩（等级）：_____　　日期：_____

学习工作单 14

课程：__汽车发动机机械维修__   姓名：_____   班级：_____   日期：_____

	项目：项目五：润滑系统的检修 任务：任务一：润滑系统的统拆装与主要零部件的检修	车　　型：桑塔纳 2000GSi 总成型号：AJR 发动机总成

1. 润滑系统油路的认识

对照图 1，将图中注有标号的部件名称填在表 1 中，并写出其作用。

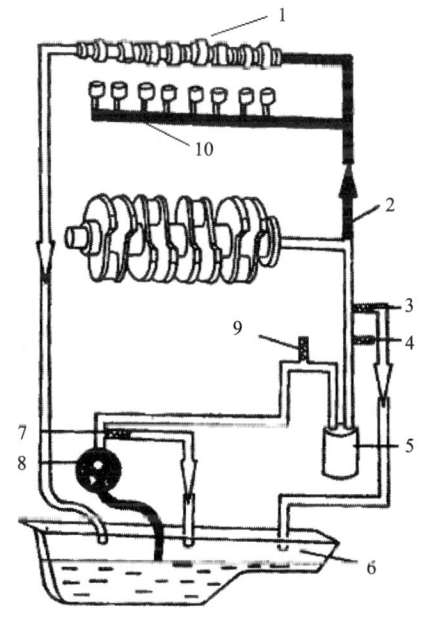

图 1　润滑系统油路图

表 1　润滑系统油路认识

标号	零件名称	作　　用	认识	考核
1				
2				
3				
4				
5				

35

(续)

标号	零件名称	作　用	认识	考核
6				
7				
8				
9				
10				

2. AJR 发动机润滑系统零件的认识

对照图 2，找出表 2 所列标号的润滑系统零件并在表中填写其名称，并写出该零件的作用。在已分解的发动机中查找到后在"认识"一栏中打"√"。

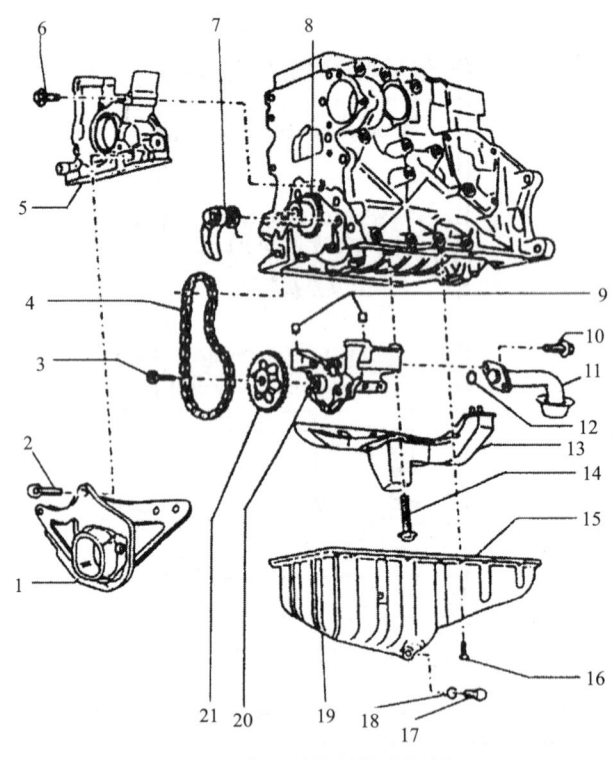

图 2　润滑系统零件分解图

表 2　润滑系统零件认识

标号	零件名称	作　用	认识	考核
1				
2				
3				

(续)

标号	零件名称	作　　用	认识	考核
4				
5				
6				
7				
8				
9				
10				
11				
12				
13				
14				
15				
16				
17				
18				
19				
20				
21				

3. 看图区分下列机油泵的类型

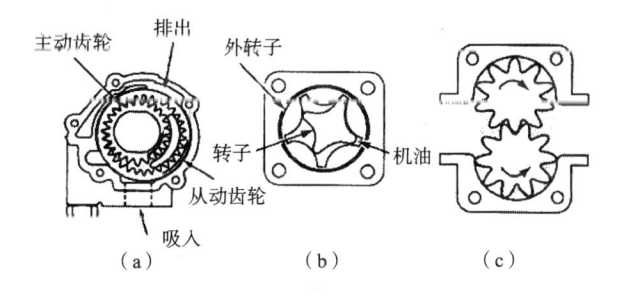

(a)　　　（b）　　　（c）

4. 看图说出下列机油泵检修的内容

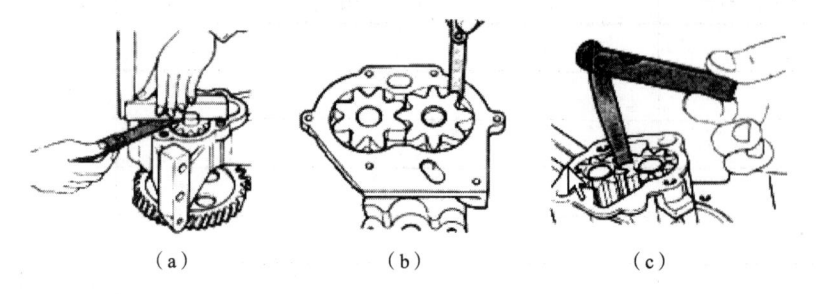

（a）　　　　　　（b）　　　　　　（c）

5. 如何检查发动机机油泵的性能

6. 根据下列图的提示，说出机油滤清器的更换步骤

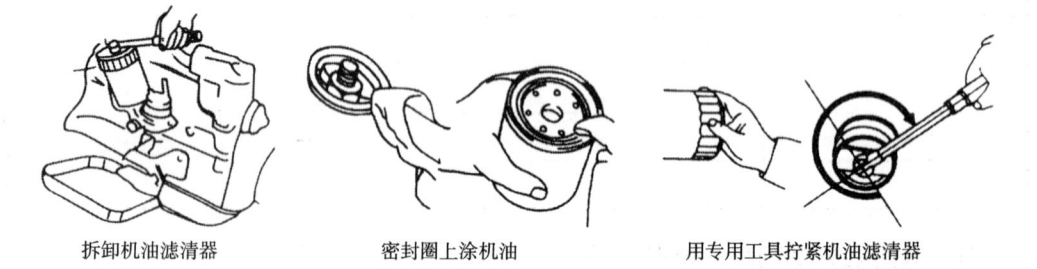

拆卸机油滤清器　　　　密封圈上涂机油　　　　用专用工具拧紧机油滤清器

7. 机油压力过低现象、原因及诊断方法

评阅教师＿＿＿＿＿＿　　成绩（等级）：＿＿＿＿＿＿　　日期：＿＿＿＿＿＿

学习工作单 15

课程： __汽车发动机机械维修__　　姓名：_____　　班级：_____　　日期：_____

项目：<u>项目六：发动机总装、调整与磨合</u> 任务：<u>任务一：发动机零件清洗及归类摆</u> <u>放</u>	车　　型：<u>桑塔纳 2000GSi</u> 总成型号：<u>AJR 发动机总成</u>

1. 简述汽车发动机零件清洗注意事项

2. 清洗前对零件进行分类并确定哪些零件应进行清洗

	零件名称	清洗过程描述，清洗后如何放置
清洗前对零件进行分类并确定哪些零件应进行清洗		

评阅教师_____　　成绩（等级）：_____　　日期：_____

学习工作单 16

课程： __汽车发动机机械维修__ 姓名：_____ 班级：_____ 日期：_____

项目：**项目六：发动机总装、调整与磨合** 任务：**任务二：发动机总成装配**	车　型：__桑塔纳 2000GSi__ 总成型号：__AJR 发动机总成__

1. 进行发动机总成的安装，看图并描述其操作步骤及技术要求

序号	图示	操作及技术要求说明
1		
2		
3		
4		
5		

（续）

序号	图示	操作及技术要求说明
6		
7		
8		
9		
10		
11		
12		

(续)

序号	图示	操作及技术要求说明
13		
14		
15		
16		
17		
18		

评阅教师：_____ 成绩（等级）：_____ 日期：_____

学习工作单 17

课程：__汽车发动机机械维修__　姓名：_____　班级：_____　日期：_____

	项目：项目六：发动机总装、调整与磨合 任务：任务三：发动机总成的吊装	车　　型：桑塔纳 2000GSi 总成型号：AJR 发动机总成

1. 列出 AJR 型发动机的吊装简要步骤

2. 查阅维修手册，写出 AJR 型发动机主要螺栓螺母拧紧力矩

部位	螺栓螺母型号	拧紧力矩/N·m
一般螺栓螺母		
发动机支承与副梁螺栓		
发动机支架与发动机支架螺栓		
发动机扭力臂		
前排气管与排气歧管连接螺栓		
管子支承与车头连接螺栓		

评阅教师_____ 成绩（等级）：_____ 日期：_____

图书在版编目（CIP）数据

汽车发动机机械维修 / 郭彬主编. —2版，—北京：
国防工业出版社，2015.3（2016.7重印）
"十二五"职业教育国家规划教材
ISBN 978-7-118-10001-3

Ⅰ.①汽… Ⅱ.①郭… Ⅲ.①汽车－发动机－车辆
修理－高等职业教育－教材 Ⅳ.①U472.43

中国版本图书馆CIP数据核字(2015)第019903号

※

国防工业出版社 出版发行
（北京市海淀区紫竹院南路23号 邮政编码100048）
天利华印刷装订有发公司印刷
新华书店经售

*

开本 787×1092 1/16 印张 3 字数 64千字
2016年7月第2版第2次印刷 印数3001—6000册 总定价34.80元 教材29.00元
工作单5.80元

（本书如有印装错误，我社负责调换）

国防书店：(010)88540777 发行邮购：(010)88540776
发行传真：(010)88540755 发行业务：(010)88540717